Anton Diemand

Das Zeremoniell der Kaiserkrönungen von Otto I. bis Friedrich II.

Anton Diemand

Das Zeremoniell der Kaiserkrönungen von Otto I. bis Friedrich II.

ISBN/EAN: 9783955641665

Auflage: 1

Erscheinungsjahr: 2013

Erscheinungsort: Bremen, Deutschland

EHV
HISTORY

DAS CEREMONIELL

DER

KAISERKRÖNUNGEN

VON OTTO I. BIS FRIEDRICH II.

VON

DR. ANTON DIEMAND.

MÜNCHEN
DR. H. LÜNEBURG, VERLAG.
1894.

„Dulce est, inter maiorum versari habitacula et veterum dicta factaque recensere memoria.“

Egesippus.

INES der grossartigsten Schauspiele des an sinnigen Festen so reichen Mittelalters bot der Tag, an welchem zu Rom, der Hauptstadt und dem Mittelpunkte der Christenheit, der König der Deutschen vom Nachfolger des hl. Petrus durch Salbung und Krönung zur Würde eines Kaisers, zum weltlichen Haupte der Christenheit erhoben wurde. Grossartig war es durch die äussere Pracht, die Mannigfaltigkeit der Ceremonien, die Menge der beteiligten geistlichen und weltlichen Würdenträger, die in ungewöhnlicher Zahl aus Deutschland und Italien und selbst aus ferneren Staaten sich da versammelten; in glänzenden Reihen entfalteten sich die Gruppen der in bestem Waffenschmucke prangenden Krieger und die Massen des Volkes mit ihren malerischen Trachten; grossartig war das Schauspiel aber insbesondere durch die Bedeutsamkeit und hohe Wichtigkeit des Aktes selbst. Eine genaue Darstellung der Kaiserkrönung, näherhin des dabei angewandten Ceremoniells, dürfte daher ebenso interessant wie wichtig sein, wichtig besonders für die Bedeutung des Kaisertums und dessen Verhältnis zum Papsttum. Das Ceremoniell für die Kaiserkrönung blieb aber mit nichten immer dasselbe, es erfuhr im Laufe der Zeit manche beachtenswerte Aenderungen entsprechend den sich ändernden Verhältnissen und Anschauungen.

Wir besitzen nun eine Reihe von Ordines oder Formeln, welche genau die bei der Krönung des Kaisers anzuwendenden Ceremonien und Gebete vorschreiben. Diese Formeln stimmen teils mit einander überein, teils zeigen sie bedeutende Abweichungen. Eine richtige Darstellung der Kaiserkrönung setzt somit eine kritische Sichtung der einzelnen Ordines voraus; es muss erst bestimmt werden, welcher Ordo bei jeder einzelnen Krönung oder zu einer bestimmten Zeit in Geltung war. In der That haben sich neben einer früheren Untersuchung von Schreiber: De ceremoniis condicionibusque, quibus in imperatoribus coronandis pontifex maximus populusque Romanus inde a Carolo magno usque ad Fridericum III. usi sunt. Halis Saxon. 1871, zwei eingehende und sorgfältige Abhandlungen, die eine von G. Waitz (die Formeln der Deutschen Königs- und der Römischen Kaiserkrönung vom 10.—12. Jahrhundert, Abhandlungen der K. Gesellschaft der Wissenschaften zu Göttingen, 18. Band), die andere von J. Schwarzer (die Ordines der Kaiserkrönung, Forsch. zur Deutschen Geschichte 22. Band) mit den Ordines und ihrer Beziehung auf bestimmte Krönungen befasst und auch wichtige Resultate zu Tage gefördert. Wenn ich nun im folgenden, ehe ich mit der Darstellung des Krönungsceremoniells selbst beginne, die Ordines nochmals einer Prüfung unterziehe, so geschieht es deshalb, weil ich nicht nur einige neue Gedanken beibringen zu können, sondern auch in einigen Punkten von den Resultaten der genannten Forscher abweichen zu müssen glaube. Insbesondere habe ich es für nötig gehalten, in einem besonderen Abschnitte die Ordines der Kaiserkrönung mit denen der Königskrönung zu vergleichen und die betreffende Untersuchung hat in der That einen wichtigen Beweis gerade für die Punkte ergeben, in denen ich mit Waitz und Schwarzer nicht übereinstimme.

Möge es meinen noch unerprobten Kräften gelungen sein, den Wunsch, welchen E. Winkelmann in den Jahrbüchern der D. Geschichte, Philipp von Schwaben und Otto IV. von Braunschweig gelegentlich der Kaiserkrönung Ottos ausspricht, »dass jemand endlich einmal den Verlauf der Kaiserkrönung in ihren einzelnen Stufen und die Wandlungen derselben im Zusammenhange und gründlich darlegen möge«, wenigstens einigermassen erfüllt zu haben. Der Umstand, dass die vorliegende Untersuchung meine Erstlingsarbeit ist, möge die Mängel und Unvollkommenheiten derselben nachsichtig beurteilen lassen.

Allen denjenigen Herren, die mir durch sachliche Mitteilungen oder leitende Winke hilfreich an die Hand gegangen sind, insbesondere meinem hochverehrten Lehrer, Herrn Professor Dr. Grauert, sage ich an dieser Stelle meinen herzlichsten Dank.

I. Abschnitt.

Feststellung der bei den einzelnen Kaiserkrönungen angewandten Ordines.

M eine sichere Grundlage für die Feststellung der bei den einzelnen Kaiserkrönungen angewandten Ordines zu gewinnen, dürfte es sich empfehlen, nach drei Gesichtspunkten zu verfahren:

a) Einmal aus den Angaben der Annalen und anderweitigen Nachrichten einige feste Wendepunkte in dem bei den Krönungen gebrauchten Ceremoniell festzustellen zu suchen.

b) Hierauf zu prüfen, ob unter der Anzahl der bekannten Ordines nicht gewisse für die so gefundenen Zeiträume passend seien.

c) Zu untersuchen, ob die auf diese Weise für die einzelnen Kaiserkrönungen in Anspruch genommenen Ordines durch ihr Verhältnis zu einander die Richtigkeit ihrer Beziehung bestätigen.

Bei der Spärlichkeit der Nachrichten über die Feierlichkeit der Kaiserkrönungen, bei der vielfachen Unwissenheit und Verwechslung der Schriftsteller, wenn sie wirklich hierüber da und dort berichten, ist es schwer, mit Sicherheit feste Wendepunkte in dem Ceremoniell der Kaiserkrönung festzustellen; doch werden sich immerhin bei genauer Vergleichung der einzelnen Angaben bestimmte Unterschiede ergeben, die als Handhabe dienen können.

Ein erster Wendepunkt in dem Ceremoniell der Kaiserkrönung zeigt sich bei Vergleichung der Nachrichten über die Krönung Heinrichs V. mit dem, was wir über die Krönung Friedrichs I. erfahren, und zwar ergiebt sich ein doppelter Unterschied:

a) in Betreff des Ortes, an welchem die Salbung stattfindet,

b) in Betreff des Ortes, an welchem die Ableistung des vor der Krönung geforderten Eides erfolgt.

Betreffs der Krönung Heinrichs V. erzählt Wilhelm von Malmesbury (Gesta reg. Angl. lib. V c. 420 SS. X, 479) auf Grund der Darstellung eines Augenzeugen, des Schotten David: Deinde duxerunt eum (sc. imperatorem) cum letaniis usque ad Confessionem apostolorum, et ibi unxit eum Hostiensis episcopus inter scapulas et in brachio dextro. Die Annales Romani (SS. V, 474) berichten: Et eum (sc. imp.) ex equo descendentem usque ad sancti Petri gradus cum laudibus deduxerunt. Cum vero ad superiora graduum ascendisset, illic dominus papa cum episcopis pluribus, cum cardinalibus presbyteris, et diaconibus, cum subdiaconibus, et ceteris scole cantorum ministris affuit. Mox dexteram pontificis tenens, cum magno populorum gaudio et clamore ad portam pervenit argenteam. Ibi ex libro professionem imperatoriam fecit.

Bei Friedrich I. kommt vor allem Petrus Mallius in Betracht, der eben unter Friedrich I. und Alexander III. eine Schilderung der Basilika St. Petri fertigte und dabei naturgemäss alles so darstellte, wie es zu seiner Zeit gehalten wurde. An seiner Glaubwürdigkeit ist nicht zu zweifeln, da er selbst Kanonikus am St. Peter war und als solcher genau unterrichtet sein musste. Petrus Mallius schreibt nun (in der Sammlung der Bollandisten Acta Sanct. Juni VII, 39): Altare S. Mauritii martyris, ad quod scilicet altare de antiqua consuetudine Romanorum imperator a dominis episcopis cardinalibus benedicitur et ungitur; ad altare vero majus b. Petri a domino papa benedicitur et coronatur, et de sacrosancto altari ejus per manus Romani pontificis ad defendendam ecclesiam gladium accipit. Zudem berichtet derselbe Petrus Mallius von einem angeblichen Privileg Gregors d. Gr., auf Grund dessen sich eben damals die Meinung zu verbreiten begann, dass vor der confessio nur der Papst und sonst niemand gesalbt werden dürfe. Er sagt nämlich (Acta Sanct. Juni VII, 43): Praecepit quoque (sc. Gregorius), ut ad altare majus b. Petri nulla consecratio fieret nisi Romani pontificis, et quando dominus pontifex facit consecrationem, ibi descendat ad S. Andream et facit ibi consecrationem; und ebendaselbst S. 48: Quadam praerogativa nullus patriarcha, nullus archiepiscopus, nullus episcopus sive sacerdos ad sacrosanctum altare ejusdem apostoli consecratur, nisi tantum successor ejus Romanus pontifex. Zu erwähnen ist sodann die Angabe Bosos, Vita Hadriani IV. (bei Watterich Vitae Pontif. Rom. II, 328): (Rex) ad ecclesiam beatae Mariae in turri, in qua eum ante altare pontifex respectabat (sic!), ascendens, genua sua fixit coram eo, et manus suas inter ipsius pontificis manus imponens, consuetam professionem et plenariam securitatem secundum quod in ordine continetur publice exhibuit sibi. Relicto autem ibidem rege, pontifex ad beati Petri altare conscendit, cujus vestigia rex cum processione subsequens, ante portas Argenteas orationem primam ab uno episcoporum nostrorum suscepit, et secundam infra ecclesiam in rota super eundem regem alius ex episcopis nostris dedit, orationem vero tertiam et unctionem tertius episcopus ante Confessionem beati Petri eidem regi nichilominus contulit. Missa itaque incepta et graduali post epistolam decantato, rex ad pontificem coronandus accessit, et praesentibus imperialibus signis gladium et sceptrum atque imperii coronam de manibus ejusdem papae suscepit. Wenn hier Boso die Salbung noch vor der Confessio erfolgen lässt, so muss dies den Angaben des Petrus Mallius gegenüber als Irrtum betrachtet werden; dieser Irrtum ist um so begreiflicher, als Boso erst 22 Jahre nach der Krönung Friedrichs I. schrieb; er ist wohl dadurch entstanden, dass Boso auch das frühere Verfahren kannte und dieses in der Erinnerung auf Friedrich I. übertrug.[1])

Der Unterschied zwischen den beiderseitigen Krönungen, der sich nach Vergleich obiger Angaben ergiebt, besteht also darin, dass

a) Heinrich V. vor der confessio s. Petri, Friedrich I. aber am Altare des hl. Mauritius gesalbt wird;

b) dass Heinrich V. ad portam argenteam, Friedrich I. aber in der ecclesia b. Mariae in Turri vor dem dort befindlichen Altare die professio ablegt.

Einen zweiten Anhaltspunkt giebt eine Bulle Clemens' V. und ein Ausspruch Innocenz' III. Clemens V. schreibt an seine Legaten i. J. 1311 als er ihnen Weisung gab für die Krönung Heinrichs VII. und ihnen zugleich einen Ordo mitteilte (Mon. Germ. Legg. II., 531): Et ne quis in agendis solemnibus antedictis error, quod absit, intervenire valeret, modum et formam et locum agendorum et ubi et per quas personas agenda fuerint, particulariter et distincte duximus presentibus inserenda, prout in archivio ecclesie et pontificali ordinario continetur. Quorum forma talis est (folgt der Ordo). Innocenz III. aber sagt in der deliberatio super facto imperii de tribus electis (Reg. de negot. imp. n. 29 ed. Baluze I, 697): Quod Henricus (VI.) optime recognoscens a bonae memoriae Coelestino papa post susceptam ab eo coronam, quum aliquantulum abscessisset, rediens tandem ad se ab ipso de imperio per pallam auream petiit investiri.

Aus jener Bulle geht hervor, dass der bei Heinrich VII. gebrauchte Ordo kein neuer, sondern nur eine Abschrift eines früher schon benützten Ordo war; wir dürfen somit keinen Anstand nehmen, den Ordo, der bei Heinrich VII. zur Anwendung kam, auch für dessen Vorgänger im Kaisertum, Friedrich II., zu bean-

---

[1]) S. Schwarzer a. a. O. S. 187. Auch Waitz a. a. O. S. 54 spricht die Vermutung aus, »dass Boso in Beschreibung jener (der Krönungen Friedrichs I. und allenfalls Lothars) sich hier mehr an den alten Ordo als an die Thatsache selbst gehalten hätte«.

sprüchen. Vergleichen wir nun den Inhalt dieses Ordo mit dem, was sich aus der deliberatio Innocenz' III. entnehmen lässt, so ergiebt sich folgender Unterschied: In dem Ordo für die Krönung Friedrichs II., bezw. Heinrichs VII. erfolgt die Aufsetzung der Krone auf das Haupt des Kaisers zuerst, hierauf die Ueberreichung der übrigen Insignien; aus der deliberatio aber erhellt, dass bei Heinrich VI. gerade das Umgekehrte der Fall war, nämlich, dass die Krönung zuletzt erfolgte, nachdem die übrigen Insignien schon übergeben waren.[1])

Somit liegt zwischen den Krönungen Heinrichs VI. und Friedrichs II. wieder ein Wendepunkt.

Als Resultat der bisherigen Betrachtung ergeben sich fol-

---

[1]) Schwarzer a. a. O. S. 172 übersetzt das Wort »palla« der deliberatio mit »Reichsapfel« (eine Bedeutung, die das Wort allerdings haben kann: Graphia aureae urbis Romae bei Ozanam, Documents inédits S. 178: Habet autem imperator cum aquila et pallam auream in manibus suis cf. Waitz, Verfassungsgeschichte VI, 226, N. 3) und schliesst daraus, dass die Uebergabe eines Reichsapfels während der Krönung Heinrichs VI. auf dessen eigenen Wunsch eingeführt wurde. Es ist aber sehr zweifelhaft, ob hier palla wirklich mit »Reichsapfel« zu übersetzen ist. Palla heisst auch »Mantel« und diese Uebersetzung erscheint in Verbindung mit investiri viel natürlicher: Heinrich bat, mit dem golddurchwirkten (Königs- oder Kaiser-) Mantel bekleidet zu werden. Der Vorgang entspricht einem ähnlichen bei der Krönung des Papstes: Ordinarium Jac. Gajetani c. X (Mabillon, Museum Italicum II, 252): Prior diaconorum — ponit ei (sc. papae) mantum, et dicit »Investio te de Papatu Romano ut praesis urbi et orbi.« Thatsächlich wird im Ordo des Cencius (LL. II, 187) der kaiserliche Mantel mit »palla« bezeichnet: Camerarius domini papae electi pallam accipit sibi habendam; für »Reichsapfel« steht dagegen in den Ordines ausnahmslos »pomus,« niemals »palla.« Auch das bei palla stehende aurea darf nicht irreführen, da aurea auch sonst im Sinne von »golddurchwirkt« bei Gewandstoffen vorkommt: Ademarus Cabannensis, Hist. lib. III. c. 37 (S.S. IV, 133) spricht von einem vestimentum imperiale aureum, das Heinrich II. an Clugny schenkt; ähnliche Ausdrücke sind vestes aurae, mantilia aurea (cf. Ducange Glossarium). — In dem Ordo, den wir für die Zeit Ottos I. bis Heinrich V. beanspruchen werden, übergiebt der Kaiser seinen Mantel nach Ablegung des Krönungseides dem päpstlichen Kämmerer und erhält ihn erst wieder, wenn der Papst die Präfation der Krönungsmesse beginnt, nachdem Salbung und Krönung längst vorüber sind. In den Ordines dagegen, die wir auf die Kaiserkrönungen Lothars bis Friedrich II. beziehen werden, nimmt der päpstliche Kämmerer den Mantel des Kaisers in der Kirche St. Mariä in Turri in Empfang; wann er aber den Mantel dem Kaiser zurückgiebt, wird in keinem der bezüglichen Ordines gesagt; es wird nur bemerkt, dass der Kaiser nach dem Evangelium den Mantel abzulegen habe; derselbe muss ihm also vorher wieder übergeben worden sein. Vermutlich geschah dies, bevor der Kaiser zu der für ihn errichteten Tribüne zurückkehrte, nachdem er mit sämtlichen Insignien des Kaisertums geschmückt war (cf. den Ordo LL. II, 531). Mit diesem Vorgang stimmt die Angabe Innocenz' in der deliberatio überein, nur dass nach dieser der Mantel nicht vom päpstlichen Kämmerer, wie es früher der Brauch war, sondern auf ausdrücklichen Wunsch des Kaisers vom Papste selbst übergeben wurde. Innocenz freilich benutzt den Vorgang, um von einer Investitur, von einer Belehnung mit dem Kaisertum zu sprechen, was sicherlich nicht die ursprüngliche Bedeutung des Vorganges war, namentlich nicht im Sinne des Kaisers.

gende Perioden der Kaiserkrönung, in denen je éin bestimmter Ordo in Geltung war:

a) ? bis Heinrich V.

b) Friedrich I. bis Heinrich VI.

c) Friedrich II. bis Heinrich VII. (der aber ausser den Bereich unserer Untersuchung fällt).

Sehen wir uns nun in der Reihe der bekannten Ordines zunächst nach einer Formel um, die für die Kaiserkrönung Heinrichs V. passend wäre, in welcher also die Salbung vor der Confessio s. Petri und die Ablegung des Eides wenigstens nicht in der ecclesia S. Mariae in Turri erfolgt, so haben wir in der That Einen ausführlichen Ordo, der diesen Anforderungen entspricht. Es ist dies der längere der beiden Ordines, die sich in dem liber censuum des Albinus-Cencius aus dem Jahre 1192 finden (in der Zusammenstellung der Ordines bei Schwarzer Nr. 10 (Cenc. II.)[1]). Die Ablegung des Eides erfolgt hier auf dem suggestus areae superioris, quae est in capite graduum (sc. basilicae s. Petri) ante portas aereas[2]) sanctae Mariae in Turri (also nicht in der ecclesia s. M. vor dem dortigen Altare); die Salbung aber erfolgt ante arcam beati Petri.

Bei dem Versuche, diesen Ordo, den wir somit zunächst für Heinrich V. in Anspruch nehmen müssen, auch schon bei früheren Kaiserkrönungen nachzuweisen, ist uns das Glück günstig, indem der Eid, welchen der Ordo enthält, zum Teil wörtlich übereinstimmt mit demjenigen, den Thietmar von Merseburg, Chron. VII, c. 1 (Ss. III, 835) von Heinrich II. berichtet.[3])

Ordo:	Thietmar:
In nomine domini nostri Jesu Christi Ego N. rex, et futurus imperator Romanorum, promitto, spondeo, polliceor, atque per haec evangelia iuro coram Deo et beato Petro apostolo tibi N. beati Petri apostoli vicario fidelitatem, tuisque successoribus canonice intrantibus; meque amodo protectorem ac defensorem fore	— interrogatus, si fidelis vellet Romanae patronus esse et defensor aecclesiae, sibi autem suisque successoribus per omnia fidelis, devota professione respondit.

[1]) Im folgenden sollen die Ordines der Einfachheit halber und um Verwechslungen zu vermeiden, immer nach der Zusammenstellung von Schwarzer (a. a. O. S. 162 bis 166), die ich zur Orientierung als Beilage VIII der Abhandlung angefügt habe, bezeichnet werden.

[2]) Die portas aereas haben somit die Ann. Romani mit der porta argentea verwechselt cf. oben S. 10.

[3]) cf. Schwarzer a. a. O. S. 196.

huius sanctae Romanae ecclesiae, et vestrae personae, vestrorumque successorum in omnibus utilitatibus, in quantum divino fultus fuero adiutorio, secundum scire meum ac posse, sine fraude et malo ingenio. Sic me Deus adiuvet et haec sancta Dei evangelia.

Wenn auch Thietmar den Eid indirekt gibt, so ist die Uebereinstimmung doch zu gross, als dass man noch daran zweifeln könnte, dass Thietmar eben den Eid, den der genannte Ordo enthält, im Sinne habe und dass somit dieser Ordo bereits bei der Kaiserkrönung Heinrichs II., also schon beinahe ein Jahrhundert vorher zur Anwendung kam. Besonders spricht hiefür der Umstand, dass der Ordo ebenso wie Thietmar den Eid nicht nur dem gegenwärtigen Papste, sondern auch dessen Nachfolgern schwören lässt.[1]) Zudem legte Heinrich II. den betreffenden Eid an derselben Stelle ab, an welche die Eidesleistung im Ordo verlegt wird, wenigstens lassen darauf schliessen die Worte Thietmars a. a. O.: Heinricus — cum dilecta suimet coniuge Cunigunda ad aecclesiam sancti Petri, papa expectante, venit; et antequam introduceretur, ab eodem interrogatus, si. Aus dem Wortlaut geht hervor, dass Heinrich II. an dem gleichen Orte schwur, an dem der Empfang durch den Papst stattfand; letzterer aber geschah stets auf der Terrasse über den Stufen der Peterskirche, wie es ja auch der Ordo verlangt.[2])

Neben dem genannten Ordo des Cencius (10 Cenc. II), findet sich noch eine grössere Anzahl von Ordines, in welchen gleichfalls

[1]) Bis auf Heinrich II. schwur der Kaiser nur dem gegenwärtigen Papste allein. Die Worte »canonice intrantibus« sind wahrscheinlich erst seit Heinrich III. dem Krönungseide eingefügt worden; um die Form des Eides, den Heinrich II. schwur, zu erhalten, sind sie auszuscheiden. cf. den Excurs über die Krönungseide § 1. — Mit den Worten »(iuro) coram Deo et beato Petro apostolo tibi N. beati Petri apostoli vicario fidelitatem tuisque successoribus canonice intrantibus« giebt der Kaiser dem Papste das Versprechen der Sicherheit, denn wie Scheffer-Boichorst, Der Sicherheitseid unserer Könige, Neues Archiv Bd. 18 S. 173 f. nachweist, ist hier das Wort »fidelitas« gleichbedeutend mit dem Ausdruck »securitas«. Daher heisst es in zwei Papstkatalogen (bei Watterich I, 700) vom gleichen Akte, den Thietmar a. a. O. im Auge hat, »data utrobique sacrae fidei securitate«. Damit sind hinfällig die Bedenken, die Waitz, Formeln S. 52 ff. aus der Bedeutung des Wortes »fidelitas« gegen die Beziehung des Ordo des Cencius auf Heinrich III. ableitet. Schwarzer, Ordines a. a. O. S. 181 definiert den Begriff »fidelitas« dahin, »dass er einen gewissen Grad von Ergebenheit und treuen Schutz der Rechte des anderen neben einer in dem Worte »fidelitas« möglicherweise noch liegenden Nebenbedeutung der Rechtgläubigkeit ausdrücke.«

[2]) cf. unten Abschnitt III, § 2.

die Salbung vor der Confessio s. Petri erfolgt (während der Ort, wo die Eidesablegung stattfindet, nicht angegeben ist[1]), die also in diesem Punkte ebenfalls für die Zeit Heinrichs V. resp. schon für Heinrich II. passend sind. Alle diese Ordines zeigen eine grosse, fast wörtliche Uebereinstimmung mit einander (nur zwei von ihnen geben den andern gegenüber nach der Salbung ein Gebet mehr), zeichnen sich indessen durch auffallende Kürze aus[2]); sie enthalten nur die notwendigsten Rubriken und Gebete bezw. diejenigen Gebete, die als die bedeutsamsten erschienen und auf die man deshalb das meiste Gewicht legte[3]), weshalb die Vermutung nahe liegt, dass sie blosse Auszüge aus einem längeren Ordo seien. Diese Vermutung wird verstärkt durch folgende Umstände:

a) Die betreffenden Ordines enthalten nichts über den Empfang des Kaisers, der, wie aus den übereinstimmenden Nachrichten der Schriftsteller aus den Zeiten der meisten Kaiser hervorgeht, nach bestimmten Formen erfolgte.

---

[1]) Doch geht soviel aus dem Ganzen hervor, dass sie nicht innerhalb der Peterskirche erfolgt.

[2]) Die Ordines sind nach Schwarzers Zusammenstellung folgende:

a) Ordinatio imperatoris aus einem Bamberger Codex (3 a Bamb.)

b) Romanus ordo ad benedicendum imperatorem quando coronam accipit aus einem Schaffhausener Codex (4 a Schaffh.)

c) Ordo Romanus ad benedicendum imperatorem quando coronam accipit in der Ausgabe des ordo Romanus bei Hittorp (5 a Hitt.)

d) Ordo Romanus ad benedicendum imperatorem quando coronam accipit aus einem Pariser Codex (6 a Paris).

e) Ordo Romanus ad benedicendum imperatorem quando coronam accipit aus einem Münchner Codex (7 a München).

f) Ordo Romanus ad benedicendum quando imperator coronam accipit aus einem Aachener Chartular (jetzt in Berlin) (8 a Aachen).

g) Ordo Romanus ad bened. imp. quando coronam accipit aus dem liber censuum des Albinus-Cencius (9 Cenc. I.).

h) Ordo Romanus ad bened. imp. quando coronam accipit aus dem Dresdener Codex des Chronicon Altinate (15 a Alt.).

i) Ordo ad bened. imp. quando coronam accipit aus einem Pontificale eccl. Arelatensis (16 Arel.).

Einen Ueberblick über diese sämtlichen Ordines und ihre Aehnlichkeit erhält man, wenn man Ordo I. bei Waitz (a. a. O. S. 62) betrachtet, wo die Lesarten aller Formeln angegeben sind.

Zu diesen kommen noch zwei weitere bisher unbekannte Ordines, die mit den angeführten im wesentlichen genau übereinstimmen:

k) Ordo romanus ad benedicendum imperatorem, quando coronam accipit aus einem Pontificale ecclesiae Bamberg. s. XI. (vielleicht schon saec. X.) (abgedruckt als Beilage I).

l) Orationes ad benedicendum imperatorem quando coronam accipit aus einem Florentiner Codex saec. X (abgedruckt als Beilage II).

[3]) Das zeigt sich schon darin, dass man an diesen Gebeten nie etwas zu ändern wagte, so dass sie auch in den späteren Ordines ganz in der gleichen Gestalt wiederkehren.

b) Sie nennen weder den Ort der Eidesleistung, noch enthalten sie etwas über die Ueberreichung von Schwert, Scepter und Ring, welche Insignien doch bei den Schriftstellern da und dort erwähnt werden.

c) Sie sind überhaupt viel zu kurz, um eine Feier begleiten zu können, die von morgens früh bis 3 Uhr nachmittags währte[1]), wenn man auch annimmt, dass die Krönungsmesse allein vielleicht zwei Stunden ausfüllte.

Suchen wir nun nach einem Ordo, aus welchem jene Auszüge stammen könnten, so finden wir nur Einen, dessen Beschaffenheit hiefür spräche, nämlich eben den längeren der beiden Ordines des Cencius (10 Cenc. II.), weil in allen anderen Ordines die Salbung vor dem Altare des hl. Mauritius und nicht vor der Confessio s. Petri stattfindet, wie es die Auszüge verlangen. Die Gebete stimmen vollständig mit denen des Ordo bei Cencius überein, nur die Eidesformel ist verschieden. Daraus folgt, dass jene kurzen Ordines Auszüge, wenn nicht gerade aus Ordo 10 (Cenc. II.) selbst, so doch aus einem mit diesem sehr nahe verwandten Ordo sind. Wenn man in den Ordo des Cencius an Stelle seiner Eidesformel die[2]) der kurzen Ordines einsetzt, so dürfte man wohl die im wesentlichen richtige Gestalt desjenigen Ordo haben, als dessen Auszüge die kurzen Ordines zu betrachten sind. Dieser so hergestellte Ordo muss aber vor die Zeit Heinrichs II. gesetzt werden, weil

a) die Eidesformel im Vergleich zu der im Ordo 10 Cenc. II. durch ihre Kürze sich als die ältere erweist,

---

[1]) Boso, vita Hadriani IV. (Watterich II, 328): Dispositis quae ad coronationem spectabant, eadem die ante horam tertiam rex ad gradus b. Petri . . accessit, ibique etc. (p. 330): His (Die Krönungsceremonien) igitur ante horam nonam in pace ac tranquillitate peractis etc. — Otto von Freising (Gesta Frid. imp. lib. II. c. 22 Ss. XX, 406) schreibt: Sole orto, transacta prima hora — rex castra movens — Leoninam urbem, in qua beati Petri ecclesia sita noscitur, intravit. Als der Kampf mit den Römern etwa um die 10. Stunde (praelium hoc a decima pene diei hora usque ad noctem protractum est) begann, waren nach der epistola Frid. (Ss. XX, 348) die Soldaten infolge der langen Dauer der Krönung omnes nimio labore et aestu confecti; auch Otto von Freising erzählt a. a. O.: Audiens haec (den Aufstand der Römer) imperator, militem ex aestus magnitudine sitisque ac laboris defatigatione recreari cupientem armari iubet. Auch früher schon müssen die Krönungsfeierlichkeiten nicht von allzu kurzer Dauer gewesen sein, wie der Panegyricus Berengarii v. 170 ff. (Gesta Bereng. imp. ed. E. Dümmler S. 132) beweist: Advenit et domini pastor praepostus ovili Officio laetus quamvis resonaret utrinque Clamor: Ades presul, totiens quid gaudia differs. Innumeris optata modis? Per vincla magistri Te petimus, depone moras et suffice votis. Cf. Schwarzer a. a. O. S. 176.

[2]) S. den Wortlaut dieser Eidesformel unten Excurs § 1.

b) die kurzen Ordines handschriftlich teilweise bis in das 10. Jahrhundert zurückgehen[1]).

Aus der ganzen Betrachtung ergiebt sich also das Resultat, dass der Ordo 10 Cenc. II. oder vielmehr der diesem nahe verwandte Ordo, welcher sich nach Einsetzung der älteren Eidesformel in diesen ergiebt, schon vor der Zeit Heinrichs II., näherhin bereits zur Zeit Ottos I. gebraucht wurde, aber nicht früher, da die Handschriften bezw. deren Vorlagen, nicht über die Zeit der Ottonen hinausreichen, wie es ja begreiflich ist, dass mit der Neuerrichtung des Kaisertums durch Otto d. G. auch ein neuer Ordo eingeführt wurde, entsprechend dem neuen Verhältnis, das zwischen Papst und Kaiser entstanden war.

Wenn wir so den längeren Ordo des Cencius für die lange Periode von Otto I. bis Heinrich V. in Anspruch nehmen mit der Modifikation, dass für die Zeit von Otto I. bis Otto III. die kürzere Eidesformel einzusetzen ist, so erhält diese Annahme noch eine Stütze in den häufigen Bemerkungen der Schriftsteller, worin sie darauf hinweisen, dass man bei der Krönung nach alter Sitte, nach väterlicher Weise verfahren sei.

Bei Otto I. findet sich der Natur der Verhältnisse gemäss keine solche Andeutung,[2]) dagegen bei Otto II.: Hrotsuithae Gesta Oddonis (Ss. IV, 335): Exemploque sui digne fecit benedici (Otto I. seinen Sohn, wie es ja selbstverständlich ist, dass der Vater den Sohn nicht anders gekrönt wissen wollte, als wie er selbst gekrönt

---

[1]) Das Alter der Handschriften ist folgendes: Die Bamberger Handschrift stammt aus dem 11. Jahrh. (nach Giesebrecht aus dem J. 1067); Waitz a. a. O. S. 14 meint, dass sie auf eine Vorlage zurückgehe, verfasst in Rom zur Zeit Ottos III. — Die Schaffhausener Handschrift gehört dem 11. Jahrh. an, (Schwarzer a. a. O. S. 162). — Was die Ausgabe des Ordo Romanus bei Hittorp betrifft, so hatte derselbe nach Waitz (a. a. O. S. 14) einen Codex vor sich, der dem Bamberger verwandt, aber nicht ganz mit ihm identisch war. »Was mit der Bamberger Handschrift zusammenfällt« — wozu aber auch der Krönungsordo gehört — »muss wie diese, wenigstens dem 11. Jahrh. angehören. Für vieles wird aber noch ein höheres Alter angenommen werden müssen.« Ebendaselbst macht Waitz auf Mabillon aufmerksam, welcher (Museum Italicum II, 9), noch zwei Handschriften nennt, die nach seiner Versicherung mit der Sammlung Hittorps übereinstimmen und von denen die eine aus dem 11. Jahrh., die andere aus der Zeit der Ottonen stammt. — Die Pariser Handschrift gehört dem 12. Jahrh. an (Waitz a. a. O. S. 16). — Das Aachener Chartular stammt aus dem 12. Jahrh., die Formel der Kaiserkrönung indessen ist erst im 13. Jahrh. geschrieben (Waitz a. a. O. S. 20). — Der liber censuum des Albinus-Cencius datiert aus dem J. 1192. — Das Chron. Altinate ist nach Simonsfeld schon im 10. Jahrh. zusammengestellt (Wattenbach, Geschichtsquellen 6. A. I., 433). — Das Pontif. eccl. Arel. stammt aus dem 14. Jahrh. — Der von mir angeführte Bamberger Codex stammt aus dem 11. (wenn nicht schon aus dem 10.) Jahrh., der Florentiner Codex endlich aus dem 10. Jahrh.

[2]) Im Gegenteil bemerkt Liutprand in seinem Liber de rebus gestis Ottonis Magni c. 3 (SS. III, 340), dass Otto miro ornatu novoque apparatu empfangen worden sei.

worden war)[1]); bei Otto III.: Vita S. Adalberti c. 21 (Ss. IV, 591): Superveniens etiam rex Romano more egregie accipitur; bei Heinrich II.: Rodulfi Glabri Hist. I, 5 (Ss. VII, 59): Cumque postmodum praedictus papa imperatori videlicet Heinrico — obviam cum maxima utrorumque sacrorum ordinum multitudine processisset ex more; bei Konrad II.: Rodulfi Hist. IV, Einl. (Ss. VII, 66): Sicque Romam deveniens, coronam ex more sumpsit imperii; bei Heinrich III.: Ann. Altahenses maiores ad a. 1047 (Ss. XX, 803): Papa — legittime consecravit imperatorem cum imperatrice. Bei dem von einem Gegenpapste gekrönten Heinrich IV. habe ich eine solche Bemerkung nicht gefunden; dagegen wieder bei Heinrich V.: Ekkehardi Chronicon Universale ad a. 1111 (Ss. VI, 244): Per Argenteam portam usque ad mediam rotam antiquo Romanorum instituto deductus. — Herimanni hist. rest. abb. Tornacensis c. 84 (Ss. XII, 662): At ubi ex more pedibus papae summissus ad osculum eius levatus est. — Sugerii vita Ludovici VI. Francorum regis (Ss. XXVI, 51): More augustorum ad sacratissimum apostolorum altare — deducitur. Paschalis II. verspricht Heinrich V. (LL. II, 67): Regem benigne et onorifice suscipiet, et more praedecessorum ipsius catholicorum scienter et non subtracto coronabit; in der 2. Convention (LL. II, 71) verspricht er abermals: Nec remanebit in domno papa, quin coronet eum sicut in Ordine continetur.

Wenn nun Schwarzer entgegen unserer Annahme den Ordo 10 (Cenc. II.) nur bis auf Heinrich II. zurückbeziehen will und hiefür (a. a. O. S. 196) anführt, dass »die mit dem Ordo zu einem Ganzen innig verschmolzene Krönung der Kaiserin nicht vor die Zeit Heinrichs II. weise, denn sowohl Otto III. als Otto II. wurden ohne Gemahlin gekrönt«, so ist darauf zu erwidern, dass man — wie Schwarzer selbst einigemal (z. B. a. a. O. S. 175) bemerkt — die Ordines nicht als Relationen über stattgehabte Krönungen betrachten darf, dass man somit auch nicht, wenn Otto II. und III. ohne Gemahlin gekrönt wurden, dies in dem Ordo ausgedrückt finden muss. Immerhin wurde ja doch Otto I. mit Gemahlin gekrönt und da eben mit ihm ein neuer Ordo eingeführt wurde, so musste man in diesem Rücksicht auf die Kaiserin nehmen.[2])

Bevor wir uns von der soweit festgestellten ersten Periode der Kaiserkrönung abwenden, ist noch ein Ordo zu erwähnen,

---

[1]) cf. Schwarzer a. a. O. S. 198.

[2]) Einen weiteren Beweis für unsere Ansicht ergiebt die Betrachtung des Verhältnisses der Formeln der römischen Kaiserkrönung zu den Formeln der Königskrönung, welcher der 2. Abschnitt unserer Abhandlung (S. 40 ff.) gewidmet ist; siehe dort besonders das S. 44 Gesagte.

der sich in einer Handschrift des Kölner Domkapitels Nr. 141 findet (Ordo 2 Köln). Wattenbach versetzt den Codex in's 11. Jahrhundert, Waitz in das Ende des 10. Jahrhunderts (a. a. O. S. 15). Der Ordo ist jedenfalls wie die oben besprochenen kurzen Ordines nur als ein Auszug zu betrachten; im Vergleich zu jenen hat er aber folgende Eigentümlichkeiten: Am Eingang enthält er eine kurze Notiz über den Empfang des Kaisers; das Gebet des Bischofs von Albano, ebenso das erste Gebet des Bischofs von Ostia bei der Salbung ist verschieden, letzteres beginnend mit den Worten: »Deus, qui es justorum gloria« (das 2. Gebet bei der Salbung ist gleich dem ersten der obigen Ordines); nach der Krönung folgt auf das gewöhnliche Gebet »Accipe signum gloriae« noch ein zweites »Coronet te Deus corona gloriae«; der Ordo schliesst mit der eigentümlichen Bemerkung »Et sic firmetur in regno.« Am auffallendsten ist jedoch, dass die Ablegung der professio vor der Confessio s. Petri erfolgt, bevor der archidiaconus mit der Litanei beginnt, ganz entgegen der sonstigen Sitte, nach welcher das Versprechen immer schon vor dem Eintritt in die Kirche geleistet werden musste[1]). In allen übrigen Punkten stimmt der Ordo mit den andern kurzen Ordines überein. Waitz a. a. O. S. 61 hält es nun für nicht unwahrscheinlich, »dass wir in dem Ordo dieser (der Kölner) Handschrift nicht sowohl eine wirklich praktisch gültige Ordnung als eine sozusagen theoretisch aufgestellte Formel haben.« Doch giebt er selbst zu, dass Bestandteile eines echten Ordo darin enthalten sind, was die Brücke bildet zu der Ansicht Schwarzers, der den Ordo überhaupt für echt hält und ihn auf die Krönung Ottos III. beziehen will. Die Gründe, die er hiefür anführt (a. a. O. S. 198), sind einmal die Thatsache, dass der Ordo verschiedene Bestandteile enthält, die aus dem Ordo der Deutschen Königskrönung stammen, was eben am besten dadurch sich erklären lasse, dass Gregor V., der Otto III. krönte, dieselben als der erste deutsche Papst dem römischen Ordo eingefügt habe; sodann meint Schwarzer, dass die Erlaubnis, den Krönungseid vor der Confessio abzulegen, eine Rücksicht sei, wie sie der Papst nur seinem Vetter erweisen konnte. Ist die Ansicht Schwarzers richtig — was immerhin nicht absolut sicher erscheint, indem seine Gründe eben doch nicht viel mehr als Wahrscheinlichkeitsgründe sein dürften — so erhält unsere obige Aufstellung nochmals eine Modifikation dahin gehend, dass die Anwendung des regelmässigen Ordo Einmal um des ganz speziellen

[1]) So geschah es schon von seiten Ludwigs II. gegenüber Sergius II. (cf. Duchesne, liber Pontificalis II, 88) und ebenso bei der Krönung Berengars (Gesta Bereng. v. 147 in der angeführten Ausgabe bei Dümmler S. 131).

Verhältnisses zwischen Otto III. und Gregor V. willen umgangen[1]), bei der nächsten Krönung aber wieder aufgenommen wurde[2]).

Nach Feststellung der ersten grossen Periode ist es nicht mehr so schwer, für die folgenden Kaiser die bei ihrer Krönung angewandten Ordines ausfindig zu machen, zumal wir hier immerhin festere Anhaltspunkte haben.

Was Friedrich I. betrifft, so giebt es zwei Ordines, welche die Momente enthalten, die wir bezüglich seiner Krönung zum Kaiser gefunden haben, in welchen also die Salbung am Altare des hl. Mauritius und die Ablegung des Eides in der Kirche St. Mariä in Turri stattfindet. Es sind dies ein Ordo aus einem Pontificale Constantinopolitanum (Ordo 11 Const.) und ein Ordo aus einem Pontificale eccl. Apamiensis in Syrien (Ordo 12 Ap.). Da in den genannten Ordines auch die Aufsetzung der Krone zuletzt, erst nach Ueberreichung der übrigen Insignien erfolgt, — eine Reihenfolge der Akte, wie wir sie für die Krönung Heinrichs VI. festgestellt haben[3]) —, so folgt daraus, dass die Ordines 11 und 12 auch für Heinrich VI. in Anspruch zu nehmen sind.[4])

Hier dürfte die Stelle sein, nunmehr auch über Lothar von Supplinburg zu entscheiden, über dessen Krönung sich aus den Nachrichten der Schriftsteller nichts ergiebt. Betreffs des bei Lothar gebrauchten Ordo sind drei Fälle möglich: Entweder kam der Ordo, der bei Heinrich V. benutzt wurde, auch noch bei Lothar zur Anwendung, oder man schuf für Lothar einen neuen Ordo. Letzterer kann wiederum entweder von dem bei Friedrich I. und

---

[1]) Mit dieser Annahme würde dann auch die Vermutung von Waitz, dass die Kölner Handschrift aus dem Ende des 10. Jahrhunderts stamme, sehr gut stimmen (Otto III. gekrönt 21. Mai 996).

[2]) Schwarzer a. a. O. S. 199 macht noch darauf aufmerksam, dass Ordo 2 Köln nur in einem einzigen Exemplar erhalten ist, während Ordo 3a Bamb. (er versteht darunter sämtliche oben angeführten kleineren Ordines) uns in verhältnismässig sehr zahlreichen Handschriften begegnet.

[3]) cf. oben S. 12.

[4]) Friedrich Barbarossa wünschte thatsächlich, dass die Krönung seines Sohnes Heinrich und der Konstanze nach altem Recht und alter Gewohnheit erfolge; von Hagenau aus schreibt er am 10. April 1189 an den Papst Clemens III.: Latores presentium magistrum Henricum protonotarium nostrum et nobiles viros Leonem de Monumento et Gerlacum de Jsemburc vestre transmittimus Paternitati, monentes attentius et cum filiali affectu rogantes quatinus in facto memorate coronationis (Heinrichs und der Konstanze) ita pie ac sincere procedatis, secundum quod jus et consuetudo ab antiquo ad hec usque tempora pertulisse perhibentur. Huillard-Bréholles, Examen des chartes de l'Eglise Romaine, Appendice IV (Notices et extraits des manuscrits de la bibliothèque impériale tom. 21, pag. 325.) Ein ähnliches Schreiben sandte Heinrich selbst an den Papst (dat. Bingen, 18. April 1189). Huillard-Bréholles a. a. O. App. V (= Notices et extraits a. a. O. pag. 326).

Heinrich VI. gebrauchten verschieden sein oder mit ihm zusammenfallen. Verschiedene Umstände sprechen nun für den dritten Fall:

Dass nämlich 1) mit Lothar ein neuer Ordo eingeführt wurde, machen sehr wahrscheinlich die Verhältnisse, welche seiner Krönung vorausgingen. Es befand sich die Peterskirche und mit ihr ohne Zweifel auch das Krönungsformular — denn die für die Peterskirche berechneten gottesdienstlichen Bücher wurden auch dort verwahrt [1] — in den Händen des Gegenpapstes Anaklet; auch der Lateran musste von Lothar erst erobert werden. Wenn sich das Königsformular im dortigen Archive befunden hätte, so würde Anaklet dasselbe sicherlich rechtzeitig an sich gebracht haben, um seinem Gegner Innocenz die Krönung Lothars unmöglich zu machen oder wenigstens zu erschweren. So konnte also Innocenz II. nicht in den Besitz des Ordo gelangen, er war also gezwungen, einen neuen anzufertigen; derselbe war, obwohl die Krönung Lothars schliesslich zu St. Johann im Lateran erfolgen musste, doch für die Peterskirche berechnet, da man die Möglichkeit nicht aufgab, sie am Ende doch zu nehmen [2]. Zeit, ein solches Formular zu fertigen, war genug vorhanden, indem Lothar nicht weniger als sechs Wochen, ehe er gekrönt wurde, in Rom weilte [3].

Dass sodann 2) der bei Lothar neuformierte Ordo auch bei Friedrich I. beibehalten wurde, beweist

a) Die Angabe der Schriftsteller, dass Friedrich I. nach altgewohnter Weise seiner Vorgänger gekrönt worden sei: Willermus Tyrius XVIII, 2 (Watterich II, 340) sagt: Interpositis conditionibus solitis in ecclesia beati Petri solemniter et ex more — coronatus est. — Boso, Vita Hadriani (Watterich II, 328): Consuetam professionem . . . secundum quod in Ordine continetur publice exhibuit. Vielleicht kann auch noch das Chronicon Ursperg. (Ss. XXIII, 345) angeführt werden: Aggressus est iter arripere in Italiam, quatenus . . . more avito diadema imperatorium in Romana ecclesia reciperet.

b) Einer der beiden Ordines, die wir auf Friedrich I. bezogen haben, enthält selbst eine Andeutung, dass das Ceremoniell, wie er es angiebt, früher schon zur Anwendung kam. Ordo 12 (Ap.) sagt: Qua finita (nach Beendigung der Litanei) episcopus Hostiensis vel in eodem loco (vor der confessio), vel ante altare sancti Mauricii, sicut aliquando a multis actum esse dicitur, debet ei inungere brachium dextrum etc.

---

[1] cf. Bunsen und Platner, Beschreibung der Stadt Rom Bd. 1, S. 439.

[2] Ann. Erphesfurdenses ad a. 1133 (Ss. VI, 539): Qui tamen locus (die Peterskirche) ab exercitu regis facile poterat expugnari.

[3] Ann. Magdeburgenses ad a. 1133 (Ss. XVI, 184): Ibidem ergo sex continuas ebdomadas commoratus, tandem . . . imperialem suscepit benedictionem.

c) Es entspricht ganz der Lage, in welcher sich Lothar in Rom befand, wenn die genannten beiden Ordines die Prozession zum Lateran nicht mehr haben; denn wenn Lothar auch die Peterskirche noch zu gewinnen hoffte, so musste er doch auf jeden Fall jene Prozession zum Lateran mitten durch die Stadt fallen lassen, da ihm der grössere Theil der römischen Bevölkerung feindlich gesinnt war und er nicht die nötige Mannschaft besass, etwaige Ausbrüche dieser feindlichen Gesinnung abzuwehren. Den Ausfall dieser Prozession konnte Lothar aber um so leichter verschmerzen, als auch die letzten salischen Kaiser darauf hatten verzichten müssen.[1])

Allem nach wurde also bei Lothar zum erstenmale nach einer langen Periode ein wesentlich neugestalteter Ordo gebraucht, der dann auch in Geltung blieb bis zur Krönung Heinrichs VI. einschliesslich.

Was die Frage bezüglich des bei der Krönung Friedrichs II. gebrauchten Ordo betrifft, so ist dieselbe eigentlich bereits oben[2]) gelöst worden, wo dargethan wurde, dass der von Clemens V. für die Krönung Heinrichs VII. bestimmte Ordo (Ordo 17 Vat. I.) oder wenigstens ein diesem sehr ähnlicher Ordo schon bei der Krönung Friedrichs II. gebraucht wurde. Daneben kommen aber noch zwei Ordines in Betracht, die wegen ihrer grossen Aehnlichkeit mit dem eben genannten ebenfalls diesem Kaiser zuzuteilen sind, nämlich ein Ordo aus einem Rituale pontificale, das ehemals dem Ritter Maffei gehörte (Ordo 13 Maff.) und ein mit diesem beinahe wörtlich übereinstimmender Ordo aus dem Ordinarium des Gajetanus (Ordo 14 Gaj.). Mit den beiden letzteren Formeln zeigt wiederum ein Schwarzer unbekannt gebliebener Ordo, welcher der Züricher Handschrift des Chronicon Ottonis Frisingensis (Cod. C. 33 der Bibliothek der kantonalen Lehranstalten [Universitätsbibliothek] in Zürich) nachträglich angefügt ist,[3]) so grosse Aehnlichkeit, ja fast wortgetreue Uebereinstimmung, dass man auch diesen Ordo als eine Formel betrachten muss, die das bei Friedrichs II. Krönung gebrauchte Ceremoniell wiedergiebt.

---

[1]) Siehe unten Abschn. III § 6.

[2]) Seite 11 f.

[3]) Auf diesen Ordo wird in einer Schrift von Dr. Max Büdinger, Von den Anfängen des Schulzwanges, Zürich 1865 S. 42 hingewiesen. Herr Prof. Dr. Grauert hatte die Güte, mich auf diese Schrift, in welcher man eine derartige Notiz kaum suchen würde, aufmerksam zu machen. Durch freundliche Vermittlung des Direktoriums der Kantonsbibliothek in Zürich erhielt ich eine Abschrift von dem Ordo, nachdem bereits Herr Dr. Ludwig Sutter in Luzern von der Handschrift Einsicht genommen und Herrn Prof. Dr. Grauert einen Auszug des Ordo gütigst übersandt hatte. — Näheres über diesen Ordo s. unten S. 29. Als Beilage IV. habe ich den Wortlaut des Ordo angefügt.

Zu den in den Rahmen unserer Abhandlung fallenden Kaiserkrönungen gehört noch die Krönung Ottos IV. Bevor jedoch der bei der Krönung dieses Kaisers gebrauchte Ordo näher bestimmt werden kann, müssen wir das Verhältnis der einzelnen Ordines zu einander selbst einer näheren Prüfung unterziehen.

Bei dieser Prüfung wird man am besten von Ordo 17 (Vat. I) ausgehen, da wir hier einen Ordo haben, der gleich von Anfang über allen Zweifel feststeht und daher auch die beste Basis bilden kann für die Verfolgung des Verhältnisses der anderen Ordines. Bevor jedoch dieses Verhältnis selbst bestimmt wird, ist zuerst der Charakter der einzelnen Ordines festzustellen, ob sie offizielle Formulare sind oder nur Privatarbeit eines einzelnen.

Während der Ordo, den Clemens seinen Legaten mitgab, selbstverständlich der Klasse der offiziellen Ordines angehört, sind die drei anderen Ordines (13, 14 und der Ordo des Züricher Codex, den wir als 13a [Zürich] bezeichnen wollen), die ebenfalls in die Zeit Friedrichs II. fallen, als Privatarbeiten anzusehen. Das ergiebt sich bei allen drei Ordines aus folgenden Umständen:

Es wird bei der Aufsetzung der Krone in das Belieben des Papstes gelegt, noch zwei weitere Orationen zu sprechen[1]):

Sciendum est, quod peracta communione (sollte wohl heissen coronatione)[2]) cum ipso, in impositione diadematis dicere, si forte velit Apostolicus, valet orationes huiusmodi, Dominus vobiscum. Et cum Spiritu tuo.

Oratio.

Prospice, quaesumus Domine omnipotens etc.

Alia oratio.

Deus Pater aeternae gloriae etc.

Sodann bemerken die Verfasser, dass es in anderen Ordines auch anders gehalten werde:

Sed sciendum est, quod in aliquibus libris primo datur gladius, postea diadema: sed dato gladio ponitur ista rubrica u. s. w.[3])

[1]) Der folgende Text ist nach dem Ordo des Gajetanus (Mabillon, Museum Italicum II, 397 ff.) gegeben. Der Wortlaut der Ordines 13 und 13a stimmt mit diesem in der Hauptsache überein.

[2]) Ordo 13a hat »facta conmonitione cum impositione dyadematis«, Ordo 13 »peracta commotione cum impositione Diadematis«, wozu Muratori, der den Ordo in seiner Liturgia Romana vetus (Venetiis 1748) II, 455 ff. ediert, bemerkt, dass vielleicht »coronatione« zu lesen sei. Thatsächlich hat nach dem Zusammenhange nur coronatione einen Sinn, wie denn an der betreffenden Stelle die Uebergabe von Krone, Scepter und Reichsapfel schon geschehen ist.

[3]) Bei Ordo 13a offenbaren den Charakter der Privatarbeit überdies noch die Worte »accipe coronam Romanam« im Gebete bei der Krönung der Kaiserin; ein offizieller Ordo könnte den Beisatz »Romanam« unmöglich enthalten, wie er denn überhaupt in keinem anderen Ordo steht.

Vergleichen wir nun die Ordines 13, 13a und 14, die selbst mit einander fast wörtlich übereinstimmen, nach Weglassung obiger Zusätze, die von vornherein in Abrechnung zu bringen sind, mit Ordo 17, so ist die Verwandtschaft eine sehr grosse; die Unterschiede sind im wesentlichen nur folgende:

Nach der Litanei des prior diaconorum fährt Ordo 17 fort:

	Ordo 14 dagegen:
Qua finita prior presbyterorum dicat orationem dominicam, cum capitulis istis: salvum fac servum tuum Domine. Mitte ei auxilium de sancto. Domine salvum fac regem.	Qua finita, episcopus Ostiensis annunciet; priorque presbyterorum dicat, Pater noster. vers. Et ne nos. ℣. Salvum fac regem tuum. ℟. Deus meus sperantem in te. ℣. Esto ei Domine turris fortitudinis. ℟. A facie inimici. ℣. Nihil proficiat inimicus in eo. ℟. Et filius iniquitatis. ℣. Domine exaudi orationem meam. ℟. Et clamor meus ad te veniat. ℣. Dominus vobiscum. ℟. Et cum spiritu tuo.

Dann fehlt in Ordo 17 das gleich darauffolgende Gebet »Praetende quaesumus Domine« u. s. w.

Weiter haben Ordo 14, 13a und 13 vor der Ueberreichung des Schwertes eine Rubrik, die wiederum in Ordo 17 fehlt: Interpolata ergo cantilena, coram altari beati Petri praesentatur domino Papae in supereminenti specula residenti. Is itaque tunc ad ipsum altare ascendit, et gladium evaginatum de altari sumit, et ei tradit curam intelligens imperii totius in gladio.

Auch das Gebet bei Ueberreichung des Schwertes scheint verschieden zu sein, soviel sich aus den Anfangsworten schliessen lässt:

Ordo 17:	Ordo 14:
Accipe gladium ad vindictam etc.	Accipe gladium desuper beati Petri corpore sumptum, per nostras manus . . . . tibi concessum, nostraeque benedictionis officio . . . ordinatum ad vindictam malefactorum u. s. w.

Ausserdem haben die Ordines 14, 13a und 13 noch folgendes: His verbis expletis, accingit illi ensem iterans ita dictum, Accingere gladio tuo super femur tuum potentissime, et attende quia sancti non in gladio, sed per fidem vicerunt regna. Ordo 14 (und 13) fährt dann fort: Sed sciendum est, quod in aliquibus libris primo datur gladius, postea diadema: sed dato gladio ponitur ista rubrica: »Mox autem ut coronandus accinctus ense fuerit, eximit eum de vagina, et viriliter ter eum vibrat, et vaginae continuo recommendat«. Eo igitur sic accincto, et beati Petri milite mirabiliter facto, subsequenter Apostolicus de altari diadema sumit, et ponit in capite coronandi, et dicit: Accipe signum gloriae u. s. w. Ilico procedens nuper coronatus osculatur Apostolico pedes: quibus gloriosissime gestis, Apostolicus ad eminentiam redeat speculae tribunalis, et imperator ad faldistorium scandit ei in amplo gradu sub Apostolici dextera praeparatum.[1]) Alle diese Einzelheiten fehlen in Ordo 17, der auch von dem Schwingen des Schwertes nichts weiss.

Bei der Krönung der Kaiserin haben 14, 13a und 13 drei Gebete, die sich in Ordo 17 nicht finden:

Item benedictio reginae vel imperatricis. Ad ingressum ecclesiae sic oratur.

Omnipotens sempiterne Deus, fons et origo u. s. w., dann ein Gebet, das der Papst nach vollzogener Krönung des Kaisers über die Kaiserin spricht:

Et post coronationem imperatricis (i. e. imperatoris) deducatur (sc. regina) ad altare ante summum Pontificem amicta regalibus indumentis: et summus Pontifex det super eam hanc benedictionem, dicens:

Deus, qui solus habes immortalitatem, lucemque habitas inaccessibilem u. s. w.

Ferner in sacri olei unctione:

Spiritus sancti gratia nostrae humilitatis officio u. s. w.

Auch beim Gebet bei der Krönung der Kaiserin haben die obigen Ordines im Gegensatz zu Ordo 17 einen einleitenden Zusatz:

Ordo 17:	Ordo 14:
Accipe coronam imperialis excellentiae etc.	Officio nostrae indignitatis in reginam, vel imperatricem sollemniter benedicta, accipe coronam regalis, vel imperialis excellentiae, quae licet ab indignis, episcopalibus tamen manibus u. s. w.

[1]) Etwas anders Ordo 13a (Zürich): Sciendum quod in aliquibus libris primo datur gladius et postea dyadema. Mox autem ubi coronatus accinctus ense fuerit, eximit illum de vagina viriliterque illum ter vibrat, et vagine continuo recommendat, et statim procidens osculatur pedes pape. Quibus gloriosissime gestis papa redit ad eminentiam specule tribunalis, et imperator ad faldistorium scandit ei in amplo gradu sub apostolici dextera praeparatum. Der Verfasser von Ordo 13a scheint seine Vorlage nicht verstanden und falscher Weise korrigiert zu haben. cf. unten S. 30.

Uebrigens lässt sich die Quelle einiger dieser Zusätze in den Ordines 14, 13a und 13 insoweit nachweisen, als Ordo 11 (Const.) manches enthält, was mit diesen Zusätzen fast wörtlich übereinstimmt.

Ordo 14:	Ordo 11:
Interpolata ergo cantilena, coram altari beati Petri praesentatur domino Papae in supereminenti specula residenti. Is itaque tunc ad ipsum altare ascendit, et gladium evaginatum de altari sumit, et ei tradit curam intelligens imperii totius in gladio, sic dicens: Accipe gladium desuper beati Petri corpore sumptum, per nostras manus licet indignas u. s. w.	Interpolata ergo cantilena, coram altari B. Petri praesentatur inunctus Domino papae in supereminenti specula residenti: Is itaque tunc ad ipsum altare descendit, et gladium vaginatum de altari sumit et inuncto tradit, curam intelligens imperii totius in gladio sic dicens: Accipe gladium desuper B. Petri corpore sumptum.

Es stimmt somit auch das Gebet bei Ueberreichung des Schwertes im Gegensatze zu Ordo 17 fast wörtlich mit Ordo 11 überein; ebenso das folgende, das in Ordo 17, wie oben bemerkt, ganz fehlt:

Ordo 14:	Ordo 11:
His verbis expletis, accingit illi ensem iterans ita dictum, Accingere gladio tuo super femur tuum u. s. w.	His verbis expletis, accingit illi ensem iterans ita dictum: Accingere gladio tuo super femur, etc.

Endlich enthält Ordo 11 sämtliche Gebete bei der Krönung der Kaiserin ganz in der gleichen Weise wie Ordo 14.

Somit ist — nach Abzug auch dieser Partieen — der Unterschied zwischen den Ordines 14, 13a (Zürich) und 13 einerseits und Ordo 17 andererseits ein kleiner und kein Anstand zu nehmen, sie alle auf dieselben Krönungen zu beziehen. Uebrigens ist auch bei Ordo 17, trotzdem wir ihn als einen offiziellen zu betrachten haben, einiger Mangel vorhanden, indem namentlich über die Salbung der Kaiserin gar nichts angegeben ist und verschiedene notwendige Gebete fehlen. Dies erklärt sich wohl daraus, dass die Abschrift, die Clemens V. von dem Original, das er dem Archive entnommen, anfertigen liess, ziemlich rasch und flüchtig gemacht wurde, was sich schon darin zeigt, dass bei allen Gebeten bloss die Anfangsworte gegeben werden. So konnte es wohl geschehen, dass das eine oder andere Gebet ganz weggelassen wurde. Der Hauptwert war überdies auf die Rubriken zu legen, die Gebete konnten wohl als grösstenteils bekannt vorausgesetzt werden.

Was aber die Ordines 13, 13 a und 14 betrifft, so lassen sich wenigstens zwei Ordines als bei ihnen benützt nachweisen: Der Hauptbestandteil stammt aus dem offiziellen Ordo, der bei der Krönung Friedrichs II. in Geltung war; daneben kam aber auch der frühere Ordo, wie er bei den Krönungen von Lothar bis Heinrich VI. gebraucht wurde, zur Verwendung und zwar wahrscheinlich eben Ordo 11 bezw. da Ordo 11 auch blosse Privatarbeit ist[1]), der diesem zu Grunde liegende offizielle Ordo. Dies beweisen neben den oben angeführten übereinstimmenden Stellen besonders jene beiden subjektiven Bemerkungen, welche die Ordines 13, 13 a und 14 gleich von vorneherein als Privatarbeit charakterisierten. Von diesen findet sich die eine ebenfalls fast wörtlich in Ordo 11, welcher wiederum gerade die Umstände enthält, auf welche die andere Bemerkung hinweist:

Ordo 14:	Ordo 11:
Sciendum est, quod peracta communione cum ipso[2]), in impositione diadematis dicere, si forte velit Apostolicus, valet orationes huiusmodi, Dominus vobiscum. Et cum spiritu tuo.	Sciendum quod peracta commonitione[2]) cum impositione diadematis, dicere si forte velit Apostolicus, valet orationes huiusmodi: Dominus vobiscum.
Oratio.	
Prospice quaesumus Domine omnipotens Deus u. s. w.	Prospice quaesumus omnipotens Deus, serenis obtutibus, etc.
Benedic † Domine, quaesumus, hunc principem nostrum N. u. s. w.	Benedic, Domine, hunc principem nostrum ill. etc.
Alia oratio.	
Deus Pater aeternae gloriae sit adiutor tuus u. s. w.	Deus Pater aeternae gloriae sit adiutor tuus etc.

Sodann:

Sed sciendum est, quod in aliquibus libris primo datur gladius, postea diadema: sed dato gladio ponitur ista rubrica.	

[1]) Siehe unten S. 31.

[2]) cf. hiezu die Note 2 S. 23. Dass nicht etwa an eine Wiederaufsetzung der Krone nach der Kommunion zu denken ist, zeigt der als Beilage III angeführte Ordo aus Cod. Vat. 4748, in welchem für unsere ganze Stelle einfach steht »Quo facto (d. h. nach Uebergabe von Scepter und Reichsapfel, welche dort als letzte Insignien überreicht werden, nachdem der Kaiser bereits mit Schwert und Krone geschmückt ist) dicit (sc. apostolicus) super eum (sc. imperatorem) orationes huiusmodi«.

Mox autem ut coronandus accinctus ense fuerit, eximit eum de vagina et viriliter ter illum vibrat, et vaginae continuo recommendat.	**Mox ut coronandus accinctus ense fuerit, eximit eum de vagina viriliterque ter illum vibrat, et vaginae continuo recommendat.**
Eo igitur sic accincto, et beati Petri milite mirabiliter facto, subsequenter Apostolicus de altari diadema sumit, et ponit in capite coronandi, et dicat:	Eo igitur sic accincto, et B. Petri milite mirabiliter facto subsequenter apostolicus de altare diadema sumit, et ponit in capite coronandi, et dicit:
Accipe signum gloriae, diadema regni, coronam imperii in nomine Patris u. s. w.	Accipe diadema regni, coronam imperii, signum gloriae, in nomine Patris, et Filii, et Spiritus sancti.
Ilico procedens nuper coronatus osculatur Apostolico pedes: quibus gloriosissime gestis, Apostolicus ad eminentiam resideat speculae tribunalis, et imperator ad faldistorium scandit, ei in amplo gradu sub Apostolici dextera praeparatum.	Illico procidens imperator osculatur apostolicos pedes. Quibus gloriosissime gestis, apostolicus ad eminentiam remeat speculae tribunalis, et imperator ad faldistorium scandit, ei in amplo gradu sub Apostolici dextera praeparatum.

Die letztgenannte Stelle zeigt klar und deutlich, dass Ordo 14 (und mit ihm die Ordines 13a und 13) den Ordo 11 zur Voraussetzung haben, dieser also früher zu setzen ist. Damit wird aber die Reihenfolge der Ordines, wie wir sie festgestellt haben, bestätigt, denn auch Ordo 12, den wir mit Ordo 11 auf Lothar, Friedrich I. und Heinrich VI. bezogen haben, hat eine Stelle bei der Uebergabe des Schwertes, die einer Stelle am gleichen Orte in Ordo 14 entspricht:

Ordo 12:	Ordo 14:
Ipse autem imperator acceptum gladium de manu pontificis primum vibrat, et statim in vaginam reponit.	— eximit eum (sc. ensem) de vagina, et viriliter ter eum vibrat, et vaginae continuo recommendat.

Das Verhältnis der beiden Ordines 13 und 14 zu einander selbst ist dahin zu bestimmen, dass Ordo 13 vor Ordo 14 gesetzt werden muss, indem eine Stelle, die im Ordo 13 als Randbemerkung stand, im Ordo 14 in den Context aufgenommen ist[1]). Das Alter des Ordo 14 selbst lässt sich, was Schwarzer über-

[1]) Muratori, Liturgia Romana Vetus II, 462 Note k: Haec in margine notantur: His itaque gestis tunc ad ipsum Altare descendat.

sehen hat, ziemlich genau bestimmen. Jacobus Gajetanus nennt nämlich in den Cap. II und IV seines Ordinariums (bei Mabillon[1]), Museum Italicum II, 247 ff.) die Namen mehrerer Kardinäle. Von den dort aufgeführten Kardinälen wurden, wie aus dem Verzeichnisse der Kardinäle bei W. Souchon, die Papstwahlen von Bonifaz VIII. bis Urban VI., Beilage I hervorgeht, die beiden jüngsten im Dezember 1310 ernannt. Es sind dies der Kardinal Arnaldus Nouveau tit. s. Priscae presbyter (ernannt 19. Dez. 1310, gest. 14. Aug. 1317 cf. Souchon a. a. O. num. 56) und der Kardinal Arnaldus Falterie Sabinensis episcopus (ernannt im Dez. 1310, gest. 12. Sept. 1317 cf. Souchon a. a. O. num. 53). Da nun der Ordo für die Kaiserkrönung jedenfalls vor der Krönung Heinrichs VII. geschrieben worden ist, diese aber auf den 2. Febr. 1312 festgesetzt wurde (cf. LL. II, 493; thatsächlich erfolgte die Krönung zum Kaiser erst am 29. Juni 1312), so ergiebt sich als Abfassungszeit des Ordo etwa das Jahr 1311. Der Ordo 13 ist der einzige Ordo, von dem wir sowohl den Verfasser als auch die nähere Zeit der Abfassung kennen.

Ueber die Entstehungszeit des Ordo im Züricher Codex giebt eine auf fol. 159 b neben der Ueberschrift stehende Randbemerkung Aufschluss. Dieselbe lautet: Istum ordinem et modum consecrandi regem Romanum in Imperatorem scripsit frater Lutoldus de Reginsberg, ordinis fratrum praedicatorum de Turigo, Laterani de libro cuiusdam cardinalis anno M.° cc.° LXXVI.° et huic libro in memoriale perpetuum annotavit anno domini M.° cc.° LXXVII.° crastino Verene virginis gloriose.

Lutold von Reginsberg, der mit dem Hause Rudolfs von Habsburg verwandt war, hat also den Ordo im Jahre 1276 gelegentlich einer Reise nach Rom abgeschrieben und ihn dann nach seiner Heimkehr in die Handschrift der Chronik Ottos von Freising, die sich bereits in Zürich befunden haben mag, am 21. Sept. 1277 eingetragen.

In ähnlicher Weise wie Ordo 14 setzt auch der Ordo der Züricher Handschrift den Ordo 13 voraus, da die Stelle, welche im

[1]) Mabillon hat das Ordinarium des Jac. Gajetanus nach dem Manuskript des Ciampini herausgegeben. Diese Form des Ordinariums ist aber das Werk eines Kompilators, der die Ceremonialien des Gajetanus, des Pierre Amelii und des Wilhelm von Estouteville benützte, entstanden am Ende des 15. oder Anfang des 16. Jahrhunderts. Als Kopie der 1. Redaktion des Ordinariums ist der Text des Cod. mscpt. 1706 der Bibliothek in Avignon zu betrachten. cf. die Ausführungen von L.-H. Labande, le cérémonial Romain de Jacques Gajétan in der Bibliothèque de l'école des chartes LIV (1893) pag. 45 bis 52. Labande weist dort zugleich nach, dass Jacobus Gajetanus der alleinige Urheber des Ordinariums nach der Form der Avignoner Handschrift ist.

Ordo 13 als Randbemerkung steht,[1]) ebenfalls bereits in den Kontext aufgenommen ist; er steht also in der Mitte zwischen den Ordines 13 und 14.

Der Verfasser des Ordo, den Lutold im Lateran kopierte, muss eine Vorlage gehabt haben, die dem Ordo 13 sehr ähnlich war, sonst könnte nicht die Kopie Lutolds fast wörtlich mit Ordo 13 übereinstimmen. Doch hat jener unbekannte Verfasser [2]) manches an seiner Vorlage geändert. Unter anderem setzt er immer nur »imperialis«, »imperii« statt »imperialis vel regalis«, »regni vel imperii« des Ordo 13; er sagt statt »apostolicus« stets »papa«, hat aber doch einmal »apostolicus« stehen lassen; den Passus »sed sciendum est, quod in aliquibus libris primo datur gladius, postea diadema, sed dato gladio ponitur ista rubrica: »Mox autem ut coronandus — recommendat. Eo igitur sic accincto – Apostolicus de altari diadema sumit et ponit in capite coronandi et dicit: Accipe signum gloriae« etc. hat er ganz missverstanden. Er übersah, dass die Worte »Mox autem ut coronandus« etc. einfach ein Citat aus den aliquibus libris sind; um nun die infolge seines Irrtums sich ergebende scheinbare zweimalige Uebergabe der Krone zu vermeiden, liess er den Passus »Eo igitur sic accincto — dicit: Accipe signum gloriae« etc. ganz aus. Die sonstigen Aenderungen sind nicht von grossem Belang, sie können daher hier übergangen werden.

Um die Ordines 11 und 12 noch näher zu betrachten, so haben wir es auch hier nicht mit offiziellen Ordines zu thun; vielmehr tragen auch sie Merkmale von blosser Privatarbeit an sich und zwar in noch höherem Grade als dies bei den Ordines 13, 13a und 14 der Fall ist.

Bei Ordo 12 sind es folgende Punkte:

Schon die Ueberschrift »Incipit ordo qualiter rex Teutonicus Romam ad suscipiendam coronam imperii venire debeat« verrät den Charakter der Privatarbeit; denn der Ausdruck »Teutonicus« steht in keinem offiziellen römischen Ordo.

Der Ordo enthält als Einleitung eine Angabe über die Gesandtschaften und Verhandlungen, die der Kaiserkrönung nach Erwählung eines neuen Königs vorauszugehen haben, ein Umstand, der in einem offiziellen römischen Ordo sich nicht finden würde und in der That auch in keinem anderen Ordo vorkommt;

---

[1]) cf. oben S. 28.

[2]) Dass Lutold selbst Aenderungen bei der Anfertigung seiner Kopie vorgenommen habe, scheint nicht anzunehmen zu sein, da er selbst sagt, dass er den Ordo einfach abgeschrieben habe; möglich ist, dass er das eine oder andere Wort unrichtig las.

sodann enthält der Ordo selbst eine Hinweisung auf einen römischen Ordo: ut in ordine Romano;

der Papst wird durchweg mit dem ungewöhnlichen Namen Romanus pontifex bezeichnet.

Besonders bezeichnend ist es, wenn der Verfasser im Zweifel ist, ob die Salbung vor der Confessio oder am Altare des hl. Mauritius stattfinden soll, ein Zweifel, der in ihm durch die Aussage anderer rege wird: Qua (sc. letania) finita episcopus Hostiensis vel in eodem loco, vel ante altare sancti Mauricii, sicut aliquando a multis actum esse dicitur, debet ei inungere brachium dextrum.

Endlich kann noch die dunkle Bezeichnung des Ortes angeführt werden, an den sich der Kaiser nach der Ueberreichung der Insignien begeben soll: Et imperator deducitur ad locum quendam honorabilem prope cathedram.

Wie der Ueberblick über den ganzen Ordo zeigt, hat der Verfasser einen Auszug aus einem offiziellen Ordo gemacht und damit dasjenige, was er sonst noch wusste (aus einem oder mehreren anderen Ordines und aus den Nachrichten der Schriftsteller) vermengt.

Bei Ordo 11 zeigt sich der nicht offizielle Charakter alsbald in der schon erwähnten subjektiven Bemerkung: Sciendum est quod peracta commonitione[1]) u. s. w. Der Ordo teilt sich deutlich in zwei Abschnitte: Bis zur Salbung einschliesslich hat er nur kurze Rubriken und Gebete, ganz so wie die oben genannten kurzen Ordines[2]), selbst die Eidesformel ist mit jenen übereinstimmend. Nach der Salbung aber wird der Ordo ausführlicher ganz in der Weise eines offiziellen Ordo und zwar ist dem Verfasser hier ein Ordo vorgelegen, in welchem im Gegensatz zum ersten Teile die Salbung nicht vor der Confessio, sondern am Altare des hl. Mauritius stattfand, wobei er noch anderweitige Nachrichten von Schriftstellern vor sich oder wenigstens in der Erinnerung hatte, welche ebenfalls die Salbung an letzterem Orte vor sich gehen liessen. Die Stelle, mit welcher die Wendung im Ordo beginnt, lautet also:

His dictis (nachdem das 2. Gebet bei der Salbung gesprochen), ante altare S. Mauritii procedit inunctus, et est ibi usque epistolam et cantilenam fere peractam. Aliquibus tamen videtur ab Ostiensi episcopo coram altari S. Mauritii, nec alias inungi.

Der Verfasser hat also seinen Ordo aus mindestens zwei ihm vorliegenden Ordines kombiniert, von denen der eine die Kaiserkrönung in der früheren Zeit (in der Zeit von Otto I. bis

[1]) cf. oben S. 27.

[2]) cf. oben S. 15.

Otto III., wie die Eidesformel zeigt), der andere in der Zeit von Lothar bis Heinrich VI. darstellt. Wie schon oben bemerkt, wurde dieser Ordo wieder vom Verfasser des Ordo 14 (bezw. 13a und 13) benützt. Es ist aber auch möglich, dass sowohl Ordo 11 als die Ordines 13, 13a und 14 in den Bestandteilen, welche Vorgänge schildern, wie sie bei Lothar, Friedrich I. und Heinrich VI. stattfanden, auf einen einzigen Ordo zurückgehen, welcher eben bei der Krönung dieser Kaiser in Geltung war. Letzterer könnte aber dann wiederum nicht ganz offiziell gewesen sein, sondern müsste jene subjektive Bemerkung: »Sciendum quod peracta commonitione etc.« schon gehabt haben, denn sonst hätte sie nicht fast gleichlautend in die angeführten Ordines übergehen können.

Selbstverständlich kann die Eidesformel, die Ordo 11 giebt, nicht mehr in die Zeit Lothars und seiner nächsten Nachfolger gehören, nachdem dieselbe schon bei Heinrich II. durch eine andere, längere ersetzt worden war; vielmehr muss für Lothar bereits die Eidesformel in Anspruch genommen werden, welche Ordo 17 und mit ihm die Ordines 13, 13a und 14 geben.[1])

Im Ordo des Cencius (10 Cenc. II.) haben wir einen offiziellen Ordo vor uns; es lässt sich in ihm nichts nachweisen, das dem widerspräche.

Ueber die übrigen Ordines, 11 an der Zahl resp. 12 mit Ordo 2 (Köln), haben wir bereits oben[2]) das Nötige bemerkt. Es sind dies Auszüge, die aber immerhin aus einem offiziellen Ordo, welcher dem Ordo 10 sehr ähnlich gewesen sein muss, stammen.

Nach der nunmehrigen Feststellung des Charakters und des Verhältnisses der bisherigen Ordines zu einander ist die Möglichkeit gegeben, endlich auch über Otto's IV. Krönung zu entscheiden. Auf diese Krönung ist allem nach ein Ordo der Kaiserkrönung in Cod. Vat. 4748 saec. XIV fol. LV—LXVIII zu beziehen, von welchem ich durch gütige Vermittlung des kgl. preuss. hist. Institutes in Rom, dessen Sekretär Dr. W. Friedensburg ich zu grossem Danke verpflichtet bin, eine Abschrift erhalten habe, nachdem ich durch freundliche Mitteilung des Hrn. Dr. Adalbert Ebner (Brief vom 27. Jan. 1892 an Prof. Dr. Grauert) auf den Ordo aufmerksam gemacht worden war.

[1]) Pertz LL II, 68 hat den Eid dieser Ordines bereits für Heinrich V. in Anspruch genommen, was nach unserer bisherigen Untersuchung nicht richtig sein dürfte. Auch Waitz a. a. O. S. 51 ist der Ansicht, dass dieser Eid »auf keinen Fall in so frühe Zeit gesetzt werden darf.« — Wenn aber Pertz trotz dieser seiner Verlegung des Eides bis in die Zeit Heinrichs V. die Eidesformel aus dem Ordo 10 (Cenc. II) ohne den Zusatz »possessiones et honores et iura eius« in den Krönungsordo Friedrichs I. setzt (LL. II, 97), so ist das nicht begreiflich.

[2]) cf. oben S. 15 ff.

Der betreffende Ordo ist in mehr als einer Beziehung interessant. Bis zur Ueberreichung der Insignien stimmt er mit den Ordines 13, 13a und 14 der 3. Periode der Kaiserkrönung vollständig überein; bei dem Akte der Uebergabe der Insignien weicht er aber von diesen ab, indem er eine andere Reihenfolge der Insignien aufweist, nämlich Schwert, Krone mit Mitra, Scepter mit Reichsapfel. Er hat hier gerade die Reihenfolge, auf welche die Ordines 13, 13a und 14 hinweisen mit den Worten: Sed sciendum est, quod in aliquibus libris primo datur gladius, postea diadema u. s. w. (cf. oben S. 27). Er wird also in ähnlicher Weise wie Ordo 11 von den obigen 3 Ordines vorausgesetzt. Mit Ordo 11 stimmt in der That der ganze Passus von Pontifex gladium evaginatum — b. Petri milite mirabiliter facto fast wörtlich überein[1]). Von da an weicht er auch von Ordo 11 insofern ab, als neben der Krone auch eine Mitra und nach diesen Scepter und Reichsapfel übergeben werden. Nachdem sich unser Ordo dann noch einmal Ordo 11 genähert hat — die Stelle Ilico procedens — praeparatum ist in beiden Ordines fast gleichlautend — fährt er mit den Worten »deinde coronatus incedens sceptrum in dextera manu portat, in sinistra pomum et sic ad thalamum redeat« weiter, um sich von da an bis fast zum Schlusse wieder ganz an die Ordines 17, 14, 13a und 13 anzuschliessen; nur die letzten Worte »et post imperator ad castra revertitur coronatus« fehlen in diesen, während sie umgekehrt in Ordo 11 sich wieder finden.

Was die Krönung der Kaiserin betrifft, so ist kein wesentlicher Unterschied zwischen unserem Ordo und dem Ordo 11 bezw. den Ordines 13, 13a, 14 und 17 vorhanden.

Aus dem Ganzen geht hervor, dass der Ordo in Cod. Vat. 4748 den Uebergang von der zweiten in die dritte Periode der Kaiserkrönung bildet; der Umstand, dass in dem Ordo ein Reichsapfel übergeben wird, weist darauf hin, dass er nach Ordo 11 zu setzen ist, während er wiederum von den Ordines 13, 13a und 14 vorausgesetzt wird. Der Ordo kann demnach nur bei der Krönung Ottos IV. zur Verwendung gekommen sein und die Annahme Schwarzers (S. 168 ff.), der für Otto IV. die Ordines 13 und 14 in Anspruch nimmt, dürfte nicht mehr zu halten sein. Vielmehr sind die Ordines 13, 13a und 14 zusammen mit Ordo 17 auf Friedrich II. zu beziehen, letzterer als offizieller Ordo, die drei ersteren als private Bearbeitungen des offiziellen.

Was den Charakter des Ordo betrifft, so scheint er ein offizieller zu sein, wenigstens finden sich keine subjektiven Be-

---

[1]) Doch giebt unser Ordo die Gebete vollständig, Ordo 11 nur nach dem Anfang.

merkungen in demselben. Allerdings enthält auch er die Gebete, welche die Ordines 11, 13, 13a und 14 mit den Worten einführen: Sciendum est, quod peracta commonitione (sollte wohl heissen coronatione)[1]) cum impositione diadematis, dicere si forte velit Apostolicus, valet orationes huius modi. Es scheint aber, dass diese Gebete — sie werden nach der Uebergabe des Scepters und Reichsapfels eingefügt — in diesem Uebergangsordo wirkliche, offizielle Aufnahme gefunden haben, indem es in demselben ohne jegliche Bemerkung heisst: Quo facto dicit super eum (der Papst über den Kaiser) orationes hujusmodi ℣ Dominus vobiscum. ℟ Et cum spiritu tuo. Oratio. Respice quaesumus omnipotens deus serenis obtutibus u. s. w. Bene ✝ dic domine u. s. w. Deus pater eterne glorie u. s. w. Bei der abermaligen, definitiven Umgestaltung des Ordo für die Krönung Friedrichs II. wurden dann diese Gebete wieder fallen gelassen.

Der Cod. Vat. 4748 stammt erst aus dem 14. Jahrhundert; aus mehr als einer Stelle geht hervor, dass der Ordo, den er enthält, nur eine ziemlich fehlerhafte Copie ist, so dass aus dem Alter der Handschrift kein Schluss gegen unsere Annahme gezogen werden kann.

Unter allen Ordines, die wir betrachtet, finden sich also nur drei vollständige, offizielle Formeln (Ordo 10 [Cencius II], der Ordo des Cod. Vat. 4748 und Ordo 17 [Vat. I]), dann eine Anzahl (11) abgekürzte Ordines, die aber doch in dem, was sie geben, offiziellen Charakter zeigen, über Ordo 2 (Köln) gehen die Ansichten auseinander[2]); die übrigen Ordines (fünf an der Zahl: 11, 12, 13, 13a und 14) sind Privatarbeiten von ziemlich starker subjektiver Färbung. Letztere können natürlich nicht an und für sich für eine bestimmte Krönung in Anspruch genommen werden, sie sind vielmehr nur ein Beweis dafür, dass ein wirklicher Ordo vorhanden gewesen sein muss, der die Momente enthielt, die sie geben. Sie haben aber doch in den Einzelnheiten, die sie bieten, grossen Wert und werfen Licht auf die Ausführung der in den offiziellen Ordines gegebenen Bestimmungen. In besonderem Maasse gilt dies von den Ordines 13, 13a und 14, durch welche erst der — trotz seines offiziellen Charakters mangelhafte — Ordo 17 recht verständlich wird. Dass die Einzelheiten, welche jene Privatarbeiten anführen, auf Wahrheit beruhen, zeigt der offizielle Ordo des Cod. Vat. 4748, der sie grösstenteils ebenfalls hat, das beweist auch die Thatsache, dass manche Schriftsteller in ihren Angaben über das Krönungsceremoniell gleichfalls von jenen Einzelheiten berichten.

---

[1]) cf. oben S. 23 N. 2.

[2]) cf. oben S. 19.

Das wichtigste Ergebnis unserer Betrachtung über das Verhältnis der Ordines zu einander ist das, dass durch eben dieses Verhältnis die Reihenfolge, welche wir den Ordines zugewiesen haben, bestätigt wird. Der Ordo des Cencius (10 Cenc. II.) wird nämlich von manchen auf Heinrich VI. bezogen. Die bei den laudes in den Worten »Domino nostro C. a Deo decreto summo pontifici et universali papae vita« enthaltene Andeutung auf den krönenden Papst kann nämlich ebenso auf die Krönung Heinrichs VI. durch Cölestin III. wie auf die Krönung Heinrichs III. durch Clemens II. bezw. Heinrichs IV. durch Clemens III. bezogen werden, indem sämtliche drei Kaiser auch mit Gemahlin gekrönt wurden, wie es im Ordo vorgesehen ist. Beide Ansichten haben bedeutende Vertreter. Für Heinrich III. nehmen den Ordo in Anspruch: Cenni[1]), Gfrörer[2]), Höfler[3]), Gregorovius[4]), Phillips[5]), auch Ficker[6]). Für Heinrich VI. treten ein und bringen auch Beweise zuerst Pertz[7]) und ihm folgend Giesebrecht[8]), dann Waitz[9]) u. a. Auf die Bedeutung und das Gewicht der Gründe, welche die Vertreter der beiderseitigen Meinungen anführen, näher einzugehen, dürfte hier überflüssig sein, nachdem Schwarzer[10]) ausführlich darüber gehandelt hat. Dass aber der bezügliche Ordo unmöglich in die Zeit Heinrichs VI. verlegt werden kann, zeigt — abgesehen von unserer bisherigen Untersuchung — schon eine nähere Betrachtung der in ihm angegebenen[11]) Aemter und Ehrenstellen, Verhältnisse und Ceremonien:

Das Amt eines praefectus Urbis wird zum erstenmale wieder genannt in einer Urkunde vom Jahre 955, nachdem es ein und ein halbes Jahrhundert erloschen war; cf. Giesebrecht a. a. O. 5. A. I, 875.

Der comes sacrosancti palatii Lateranensis wird zum erstenmale ausdrücklich erwähnt zur Zeit Ottos III. und zwar als ein Beamter des päpstlichen Hofes; cf. Gregorovius a. a. O. 1 A. III, 482; ebendaselbst IV, 56 Nr. 2 sagt er, das Amt des Lateran-

---

1) Monumenta dominationis pontificiae II, 261 ff;
2) Allgemeine Kirchengeschichte IV, 429;
3) Die deutschen Päpste I, 235;
4) Geschichte der Stadt Rom IV, 56;
5) Kirchenrecht VI, 187 ff.;
6) Forsch. zur Reichs- und Rechtsgesch. Italiens II, 112;
7) LL. II, 187;
8) Gesch. der deutschen Kaiserzeit 5. A. II, 665 f.;
9) a. a. O. S. 52.
10) a. a. O. S. 172—186. Er entscheidet sich in scharfsinniger Untersuchung für Heinrich III.

11) Natürlich braucht hiebei nicht jedes Amt geprüft zu werden, sondern nur diejenigen, die für die zeitliche Beziehung des Ordo von Bedeutung sind.

ensischen Pfalzgrafen sei am Ende saec. XII. fast ganz verwischt; dies ist jedoch nach Schwarzer (a. a. O. S. 184) nicht richtig, denn gerade im 12. Jahrhundert wird sein Amt urkundlich mehr genannt, als früher. [1])

Die judices dativi kommen in Rom zuerst vor in einer Urkunde vom Jahre 961, in Ravenna aber schon mehr als 100 Jahre früher. S. Giesebrecht 5. A. I, 875 und Gregorovius 1. A. III, 474.

Der arcarius, der dritte der sieben Palatinalrichter, judices palatini, zugleich Bewahrer der arca, der päpstlichen Kasse, lässt sich nachweisen vom 6. Jahrh. bis 1195. Cf. Phillips, Kirchenrecht VI, 343 und 348.

Der camerarius, der Vorstand der camera (thesauraria), die zur Aufbewahrung von Kostbarkeiten und Schätzen diente, wird erst seit dem 12. Jahrh. ausdrücklich erwähnt. S. Phillips a. a. O. S. 405.

Der Name des archidiaconus, der die Verwaltung der äusseren Verhältnisse der Kirche in der Hand hatte, verschwindet mit dem Ausgange des 13. Jahrhunderts und es tritt für ihn der Name prior diaconorum cardinalium ein. S. Phillips a. a. O. S. 246.

Der Name des archipresbyter, der an der Spitze des römischen Presbyteriums stand, erlischt mit dem 12. Jahrh. (letzte Erwähnung nach Schwarzer a. a. O. S. 186 im Jahre 1159) und wird durch den prior diaconorum presbyterorum (auch decanus genannt) ersetzt. S. Phillips a. a. O. S. 241 ff.

Die sieben lateranensischen Bischöfe, nämlich die Bischöfe von Ostia, Albano, Porto, Silva Candida oder S. Rufina, Sabina, Präneste und Tusculum, bestanden bis zum Jahre 1119 oder 1120; von da an sind es nur noch sechs Bischöfe, indem Silva Candida mit Porto vereinigt wurde. Phillips a. a. O. S. 178 und 221.

Der primicerius judicum (oder notariorum, auch schlechthin primicerius genannt), der oberste der 7 Palatinalrichter, ist vom Jahre 544 bis 1297 urkundlich nachgewiesen. S. Phillips a. a. O. S. 343 ff. und S. 348.

Der secundicerius judicum (oder notariorum), der alsbald im Range nach dem primicerius kam, ist vom Jahre 536—1217 nachgewiesen. S. Phillips a. a. O. S. 348 ff.

Der praefectus navalis wird unter Otto III. erwähnt.

Wie ein Blick auf diese Zusammenstellung zeigt, bestand die Siebenzahl der lateranensischen Bischöfe zur Zeit Heinrichs VI. nicht mehr, ebensowenig war der Name »archipresbyter« damals

---

[1]) cf. Ficker, Forschungen zur Reichs- und Rechtsgeschichte Italiens II, 112 Anm. 3. Auch in den Ordines, die wir auf Otto IV. und Friedrich II. bezogen haben, tritt noch der comes palatii Lateran. auf.

noch im Gebrauch, zwei Momente, welche die Beziehung des Ordo des Cencius auf Heinrich VI. unmöglich machen. Auf der andern Seite werden sämtliche erwähnte Aemter bereits zur Zeit der Ottonen genannt, auf welche wir den Ordo bezogen haben; eine Ausnahme macht nur der camerarius, der erst im 12. Jahrhundert auftritt. Diese Schwierigkeit lässt sich indessen beseitigen durch die Erwägung, dass wohl Cencius, der selbst das Amt eines päpstlichen Kämmerers versah, diese neuentstandene Ehrenstelle dem Ordo einfügte, als er ihn abschrieb, wie überhaupt wohl anzunehmen ist, dass den Trägern neuerrichteter, einflussreicher Ehrenämter bei der Krönung irgend eine, wenn auch unbedeutende, das Wesen des Ordo nicht beeinträchtigende Funktion werde übertragen worden sein. Aus der Erwähnung des camerarius aber einen Grund dafür zu entnehmen, dass der Ordo eben gar nicht in die genannte Zeit zu versetzen, sondern auf Heinrich VI. zu beziehen sei, geht schon deshalb nicht, weil in demselben Ordo die sieben lateranensischen Bischöfe noch auftreten. Es muss daher der Ordo jedenfalls für eine Zeit in Anspruch genommen werden, in der beides — Siebenzahl der lateranensischen Bischöfe und das Amt des camerarius — besteht, nämlich für die Krönung Heinrichs V. (1111). Damit sind wir aber wieder bei dem Punkte angelangt, zu welchem wir gleich anfangs durch die Betrachtung der Nachrichten der Schriftsteller geführt worden sind. Was den praefectus navalis, der erst unter Otto III. genannt wird, anlangt, so gilt in Bezug auf ihn das Gleiche, was von dem Vorkommen des camerarius im Ordo gesagt wurde: Der Name wurde dem Ordo eingefügt, nachdem das Amt geschaffen war. Ueberhaupt ist daran zu erinnern, dass nicht gerade der Ordo des Cencius selbst, sondern nur ein diesem nahe verwandter Ordo bereits für die Zeit der Ottonen in Anspruch genommen wurde [1]).

Das Ceremoniell der Kaiserkrönung, wie es der Ordo des Cencius giebt, enthält aber noch drei weitere Momente, die gegen die Zuweisung des Ordo auf die Krönung Heinrichs VI. sprechen:

a) Das Glaubensbekenntnis, das der Kaiser beim Skrutinium des Ordo 10 ablegt, stimmt wörtlich mit demjenigen überein, das die Bischöfe des 9., 10. und 11. Jahrhunderts ablegen mussten. Bereits im 12. Jahrhundert (erstmals in dem Bischofsskrutinium des Pontif. Turonensis eccl. um das Jahr 1100) traten Aenderungen in der Form des Glaubensbekenntnisses ein, welche, wenn der Ordo 10 auf Heinrich VI. zu beziehen wäre, in dem Skrutinium, das er enthält, sicherlich sich

[1]) cf. oben S. 16 f.

finden müssten, da die Kirche mit äusserster Sorgfalt und Gewissenhaftigkeit über jede Aenderung im Wortlaut des Glaubensbekenntnisses wachte [1]).

b) In den laudes des Ordo 10 findet sich noch die besonders charakteristische Formel »Christus vincit; Christus regnat; Christus imperat.« Dieselbe war noch im 10. und 11. Jahrhundert gebräuchlich, nachdem sie schon im 9. Jahrhundert in Uebung war, verschwindet aber im 12. Jahrhundert [2]).

c) Der Ordo 10 hat noch die Uebergabe des Ringes, während Gottfried von Viterbo, der zur Zeit Friedrichs I. schrieb, in seiner genauen Aufzählung der insignia imperialia (SS. XXII, 272 ff.) ihn nicht mehr nennt. [3])

Wenn wir nun dem Ordo des Cencius gegenüber die beiden Ordines, die wir für Heinrich VI. (und weiterhin für Friedrich I. und Lothar) in Anspruch genommen haben, betrachten, so ist in ihnen in der That all' das nicht mehr enthalten, was wir als zur Zeit Heinrichs VI. nicht mehr bestehend erkannt haben. So wird insbesondere die Siebenzahl der lateranensischen Bischöfe nicht erwähnt, ganz der Thatsache gemäss, dass im Jahre 1119 oder 1120 Silva Candida mit Porto vereinigt wurde. Ebenso findet die Uebergabe eines Ringes, den Gottfried von Viterbo nicht mehr nennt, auch in den Ordines nicht mehr statt. Aehnlich ist der alte Lobpreis »Christus vincit« u. s. w. verschwunden.

In gleicher Weise kommen auch in den Ordines, die wir den Krönungen Ottos IV. und Friedrichs II. zugeteilt haben, die im Laufe der Zeit entstandenen Aenderungen zum Ausdruck. Es finden sich in denselben bereits die Ausdrücke »prior presbyterorum« und »prior diaconorum« für die frühere Bezeichnung »archipresbyter« und »archidiaconus«. Besonders erwähnenswert ist das Auftreten der Senatoren in den bezüglichen Ordines, die auch unter denjenigen aufgeführt werden, die das presbyterium erhalten, ganz entsprechend der Bedeutung, die seit der Wiederherstellung des Senates im Jahre 1143 dieselben erlangt hatten und einem Vertrage gemäss, der 1188 zwischen Clemens III. und den Römern abgeschlossen wurde [4]), in welchem bestimmt wird: »Vos (papa) autem dabitis senatoribus qui erant per tempora beneficia et presbyteria consueta, Item judicibus, advocatis, scriniariis a Romano pontifice ordinatis et officialibus senatus presbyteria consueta dabitis [5]).

---

[1]) cf. Schwarzer a. a. O. S. 188 u. 189, wo er auch eine Vergleichung anstellt.
[2]) cf. Schwarzer a. a. O. S. 190.
[3]) cf. Schwarzer a. a. O. S. 191.
[4]) cf. Schwarzer a. a. O. S. 185.
[5]) Watterich II, 699. Ueber manche andere Punkte, die hier noch in Betracht kommen, wird in dem 3. Abschn. unserer Abhdlg. das Nötige gesagt werden.

Als Endresultat unserer ganzen Betrachtung ergiebt sich also folgendes:

Die ganze Zeit von Otto I. bis Friedrich II. zerfällt hinsichtlich des Kaiserkrönungsceremoniells in drei Perioden, während welcher je ein bestimmter Ordo in Geltung war.

Die I. Periode umfasst die Zeit von Otto I. bis Heinrich V. mit dem Ordo 10 (Cenc. II.) und einer Anzahl kleinerer Ordines.

Die II. Periode umfasst die Zeit von Lothar bis Heinrich VI. mit den Ordines 11 und 12. Die Krönung Ottos IV. mit dem Ordo des Cod. Vat. 4748 bildet den Uebergang zu der

III. Periode, welche Friedrich II. und Heinrich VII. mit den Ordines 17, 14, 13a und 13 umfasst.

Auf diesem Resultate wird sich der 3. Abschnitt unserer Abhandlung, der eine vergleichende Darstellung des Krönungs-Ceremoniells enthalten wird, aufbauen.

II. Abschnitt.

Verhältnis der Formeln der römischen Kaiserkrönung zu den Formeln der Königskrönung.

N den Handschriften wird neben der Formel für die Krönung des Kaisers meistens auch eine Formel für die Krönung des Königs (und eine dritte für die Königin) aufgeführt. So liegt der Gedanke nahe, eine Vergleichung zwischen den Ordines der Kaiserkrönung einerseits und den Formeln der Königskrönung andererseits anzustellen.

Am ehesten wäre man wohl geneigt, zwischen der deutschen oder römischen Formel der Königskrönung und der römischen Kaiserkrönung einige Uebereinstimmung zu suchen, da ja der deutsche König es war, dem regelmässig vom Papst zu Rom die Kaiserkrone auf's Haupt gesetzt wurde. Aber merkwürdiger Weise ist dies nur in verschwindendem Maasse der Fall, zwischen der Formel wenigstens, die wir für die Kaiserkrönung Ottos I. und seiner Nachfolger bis auf Heinrich V. angenommen haben und der Formel für die deutsche Königskrönung aus derselben Zeit (Waitz, Formeln S. 33 ff.) ist fast gar keine Aehnlichkeit vorhanden, ebensowenig mit der römischen Formel (Waitz, Beil. I, S. 70 ff.), aus welcher die deutsche hervorgegangen ist.[1])

[1]) Hinsichtlich der Reihenfolge bei Ueberreichung der Insignien herrscht gar keine Uebereinstimmung; von den Gebeten des Ordo der Kaiserkrönung finden sich in der Formel der deutschen (und römischen) Königskrönung nur das Responsorium bei der Prozession zur Kirche ›Ecce mitto angelum meum,‹ das Gebet des Bischofes von Porto ›Deus inenarrabilis auctor mundi,‹ das aber auch sonst als benedictio ohne Beziehung auf eine Krönung vorkommt (cf. Waitz, Beil. IV, S. 91; auch in einem Codex des Klosters S. Theoderici prope Remos [Martène II, 602] kommt es als oratio ad regem benedicendum vor; es war überhaupt später sehr verbreitet; so begegnet es uns in der späteren englischen, sowie französischen Formel der Königskrönung [Pontif. Martivalls, Surtees Bd. 61 S. 214 und Martène II, 610 ff.], ebenso in der ungarischen [Martène II, 652 ff.] und in einem Ordo des Pontif. eccl. Arel. [ibid. S. 634 ff.]); endlich das 2. Gebet bei der Salbung ›Deus Dei filius,‹ das aber dort an ganz anderer Stelle steht. (Auch dieses Gebet war sehr verbreitet; abgesehen von der römischen Formel [Waitz, Beil. I, S. 70 ff.] und der Formel Aethelreds [cf. unten S. 41] samt den mit dieser am nächsten verwandten Ordines [cf. unten S. 44 mit N. 1 u. S. 45 mit N. 1 u. 2] begegnet es uns in allen oben genannten Formeln mit Ausnahme des Ordo aus dem cod. mon. s. Theoderici).

Um so grösser ist dagegen die Uebereinstimmung des Ordo der Kaiserkrönung mit einer angelsächsischen Formel für die Königskrönung aus dem Ende des 10. Jahrhunderts. Es ist dies der Ordo für die Krönung Aethelreds, der im Jahre 978 den Thron bestieg[1]); der Text ist vollständig gegeben in The Publications of the Surtees Society Vol. LXI (1873) S. 270 ff. unter Benützung zweier französischer und einer englischen Handschrift, nachdem er schon früher von Selden »Titles of Honour« 3. edit. S. 116 ff. und von Taylor »Glory of Regality« S. 395 ff. veröffentlicht worden war[2]), von ersterem allerdings nur stückweise, von letzterem mangelhaft, da ihm nur die defekte englische Handschrift zur Verfügung stand.

In der Formel der Kaiserkrönung nun (10 Cenc. II.) und der genannten englischen Formel ist die Reihenfolge, in welcher die Insignien übergeben werden, ganz die gleiche: Nach der Salbung zuerst Ring, dann Schwert, Krone, Scepter (nur folgt in der englischen [angelsächsischen] noch der Stab).[3]) Noch auffallender ist die Uebereinstimmung der Gebete, die eben bei der Ueberreichung der Insignien gesprochen werden: Abgesehen von dem zweiten Gebete bei der Salbung des Kaisers (»Deus Dei filius, Jesus Christus, dominus noster«), welchem das dritte Gebet bei der Salbung des angelsächsischen Königs entspricht, sind die Gebete bei und nach der Ueberreichung des Ringes (»Accipe anulum, signaculum videlicet sanctae fidei« und »Deus, cuius est omnis potestas et dignitas«), des Schwertes (»Accipe hunc gladium« und »Deus, qui providentia tua«), des Scepters (»Accipe sceptrum regiae potestatis« und »Omnium Domine fons bonorum«)[4]) voll-

---

[1]) Auf diesen König wird er wenigstens in den genannten Publications of the Surtees Society bezogen; er blieb noch das ganze 11. Jahrh. in Geltung, wie die Untersuchungen in demselben Werke S. 267 ff. zeigen. Auch Waitz S. 20 ff. giebt zu, dass dieser Ordo auf Aethelred bezogen werden könne, obwohl er eher geneigt ist, ihn für Eadward, den Bruder Aethelreds, der 975 den Thron bestieg, in Anspruch zu nehmen; er hält es sogar nicht für unrichtig, den Ordo noch früher zu setzen, indem er auch schon der Zeit König Eadgars 959—975, des Vaters der beiden vorgenannten Könige entspreche, wenigstens der Zeit seiner zweiten Krönung. Taylor bezieht die Formel auf Aethelred, wofür auch die Randbemerkung der Handschriften, wenigstens der französischen, »Coronatio Aethelredi, Regis Anglosaxonum« spricht.

[2]) Auch b. Maskell, Mon. ritualia ecclesiae Anglicanae Bd. III. findet sich derselbe.

[3]) In allen übrigen Ordines der Königskrönung, welchem Lande sie auch angehören, ist die Aufeinanderfolge der Insignien eine andere; so in der römischen und deutschen: ensis; armillae et pallium et anulus; sceptrum et baculus; corona. Diejenigen Formeln, welche die gleiche Reihenfolge der Insignien aufweisen, wie die angelsächsische, sind, wie sich unten zeigen wird, von dieser abgeleitet.

[4]) In diesem Gebete ist bezeichnend die Stelle »honorifica eum prae cunctis regibus terrae«, wofür in der angelsächsischen Formel »prae cunctis regibus Britanniae« steht.

ständig übereinstimmend;[1]) nur das Gebet bei der Krönung ist verschieden.

Es sind also gerade die bedeutsamsten, mit den wesentlichsten Akten verbundenen Gebete gleichlautend. Es frägt sich nun, ob in der Formel der Kaiserkrönung vom 10. bis 12. Jahrhundert die angelsächsische Formel für die Königskrönung benützt worden sei oder umgekehrt.

Um diese Frage zu beantworten, ist es nötig, den Charakter der angelsächsischen Formel näher zu betrachten.

Eine genauere Untersuchung zeigt alsbald, dass die angelsächsische Formel zusammengesetzt ist aus Teilen verschiedener Ordines, nämlich:

1) Sie enthält fast vollständig die Formel einer Königskrönung im Pontifikale Egberts, der von 732 bis 766 den erzbischöflichen Stuhl von York einnahm.[2])

2) In die Formel des Pontificale Egberti, das von Insignien nur Scepter, Stab und Helm nennt, sind Bestandteile von anderen Ordines eingeschoben. Bereits in der Formel der westfränkischen Königskrönung gegen Ende des 9. Jahrhunderts (Krönung Ludwigs II. des Stammlers, 8. Dez. 877 — LL I, 544) findet sich

---

[1]) Auch von den bei Uebergabe der Insignien gesprochenen Gebeten kommt nur Eines früher vor, nämlich das Gebet bei Ueberreichung des Scepters, das sich schon im Ordo Ludwigs II. des Stammlers (LL. I, 544) findet: »Accipe sceptrum regiae potestatis insigne;« (es blieb auch in der späteren Formel der englischen Königskrönung beibehalten [im 12. und 13. Jahrh., Pontif. Martivalls, Surtees Bd. 61 S. 214]; ebenso in der späteren französischen [Martène II, 622], in welche die ganze Formel Aethelreds aufgenommen ist; ferner in den übrigen von der angelsächsischen Formel abhängigen Ordines); die übrigen Gebete bei Uebergabe des Ringes, des Schwertes und der Krone an den Kaiser finden sich dagegen vorher nicht. Nur die Benediktionen, welche sich je an das für das einzelne Insigne charakteristische Gebet, welches das Zeichen selber nennt und seine Bedeutung erklärt, anschliessen, kommen ebenfalls früher schon vor, aber ohne Beziehung auf eine Krönung, sondern als allgemeine Segensgebete über den König; so die Benediktionen »Deus, cujus est omnis potestas« und »Omnium domine fons bonorum,« die uns bereits in einem Codex des Klosters s. Theoderici prope Remos als orationes ad regem benedicendum begegnen (Martène II, 601); die Benediktion »Deus qui providentia tua« findet sich schon im Pontif. Egberti bei der prefatio (Publications of the Surtees Society Vol. 27, S. 104). Immerhin bleibt die Art und Weise, wie diese Benediktionen mit den Insignien verbunden werden, der Formel des Cencius und der angelsächsischen Formel eigen, keine konnte sich hierin an ein früheres Muster anschliessen.

[2]) Das Pontifikale Egberts ist abgedruckt in The Publications of the Surtees Society Vol. XXVII. (1853) S. 100 ff., der Ordo allein auch bei Martène, De antiquis ecclesiae ritibus tom. II, 596 ff. Antverpiae 1736. Die Versprechungen, die der König vor seiner Krönung nach dem angels. Ordo macht, nennt das Pontif. Egberts unter dem Titel »Primum mandatum regis ad populum hic videre potes.« Ebenso finden sich die einleitenden Benediktionen »Te invocamus Domine« etc., »Deus, qui populis tuis« etc.; »In diebus tuis oriatur« etc., dann die Antiphonie bei der Salbung »Unxerunt Salomonem,« das 2. Gebet, das bei derselben gesprochen

das unter der Ueberschrift »Consecratio regis« im angelsächsischen Ordo eingeführte Gebet, beginnend mit den Worten »Omnipotens sempiterne Deus«[1]). Aus der gleichen Formel stammen ferner das Gebet bei Aufsetzung der Krone »Coronet te Deus«[2]) und die Benediktionen »Extendat omnipotens Dominus« etc. bis »Et qui te voluit super populum« etc.[3])

3) Endlich finden sich noch zwei Bestandteile, die weder im Pontifikale Egberts noch im Ordo für die Krönung Ludwigs vorkommen: Das Gebet bei Uebergabe der virga »Accipe virgam virtutis atque aequitatis« und die Rede bei der Designatio status regis »Sta et retine amodo statum«. Es muss also noch ein dritter Ordo in der angelsächsischen Formel benützt worden sein. Welches dieser letztere sei, lässt sich unschwer erkennen. Die genannten Bestandteile finden sich sowohl in der römischen als auch in der deutschen Formel der Königskrönung. Letztere kann jedoch hier nicht in Betracht kommen, da sie auch das Gebet »Omnipotens sempiterne Deus creator ac gubernator« und zwar mit dem in der angelsächsischen Formel eingeschobenen Passus hat (allerdings nach Beseitigung der speziell für England passenden Worte), daher selbst von der angelsächsischen Formel abhängig erscheint. Anders verhält sich die Sache bei der römischen Formel. Zwar hat die Aachen-Berliner Handschrift dieses Ordo das fragliche Gebet ebenfalls, doch fehlt es in der Handschrift von Ivrea[4]), was beweist, dass das Gebet in den römischen Ordo erst später hineingekommen ist, dieser also in seiner ursprünglichen Form von der angelsächsischen Formel ganz gut benützt sein kann.

---

wird »Deus electorum fortitudo« u. s. w. sämtlich schon in dem genannten Pontifikale. Allerdings ist die Stellung der Gebete in der angelsächs. Formel — mit Ausnahme der einleitenden Benediktionen — eine vielfach veränderte, hervorgebracht durch die Aufnahme der weiteren Bestandteile. — Die Gebete, welche das Pont. Egberti giebt, finden sich vollständig gleichlautend und in derselben Reihenfolge, aber ohne Angabe von Insignien, auch im Sakramentarium des Bischofs Leofrik von Exeter saec. X. als »benedictiones super regem noviter factum« (Surtees Bd. 61, S. 348 ff.).

[1]) Das Gebet, das im Ordo für die Krönung Ludwigs ein einheitliches und wohl zusammenhängendes ist, erscheint in der angelsächsischen Formel zerstückelt und ohne rechten Zusammenhang; nach den Worten »respice quaesumus ad preces humilitatis nostrae« ist ein Abschnitt eingelegt, der den angelsächsischen Verhältnissen Ausdruck geben soll; sodann wird das Gebet nochmals zerschnitten, indem nach den Worten »et oleo gratiae Spiritus sancti tui perunge« eine Antiphon eingeschaltet wurde. Cf. Waitz, Formeln S. 22.

[2]) Es ist dies das einzige unter den die Ueberreichung der Insignien begleitenden Gebeten, bei welchem die angelsächsische Formel vom Kaiserkrönungsordo abweicht; cf. oben S. 42.

[3]) Diese Benediktionen sind an die Stelle der im Pontif. Egberti enthaltenen getreten, von welchen nur ein kleiner Teil (Benedic Domine etc. bis Da ei a tuo spiramine) beibehalten wurde.

[4]) cf. Waitz a. a. O. S. 25 bis 26.

Nach dieser Prüfung des Charakters der angelsächsischen Formel werden wir uns bei der Beantwortung der Frage, ob in der Formel für die Kaiserkrönung vom 10. bis 12. Jahrhundert in den gleichlautenden Abschnitten eine Benützung der angelsächsischen Formel vorliege oder umgekehrt, unbedingt für das letztere entscheiden müssen, da es wenig wahrscheinlich klingt, dass die Formel, die in allen übrigen Stücken sich als eine Kompilation erwies, gerade da, wo sie mit dem Ordo der Kaiserkrönung übereinstimmt, originell sein sollte. Der Ordo des Cencius oder wenigstens ein mit diesem nahe verwandter Ordo ist also bereits bei der angelsächsischen Formel für die Königskrönung im letzten Viertel des 10. Jahrhunderts benützt worden.

Wenn aber dem so ist, so haben wir nachträglich einen neuen und zwar nicht den geringsten Beweis für die Richtigkeit des Resultates, zu dem wir in dem vorigen Abschnitte gelangt sind, dass nämlich der längere Ordo, den uns Cencius überliefert hat, seinem wesentlichen Inhalt nach schon zur Zeit Ottos I. im Gebrauche war. Denn wenn er sich in einem Ordo der angelsächsischen Königskrönung für das Jahr 978 (nach anderen für das Jahr 975 oder noch früher) benützt findet, so führt diese Thatsache von selbst darauf, dass er wenigstens bei der Kaiserkrönung, die dem Jahre 978 (975) am nächsten steht, nämlich bei der Krönung Ottos II. im Jahre 967 zur Verwendung gelangte; damit kommen wir aber auch zugleich auf Otto I., da natürlicherweise der Sohn auf dieselbe Art gekrönt wurde, wie der Vater, abgesehen davon, dass nur bei Otto I. ein Grund vorlag zur Abfassung eines neuen Ordo entsprechend der Neuerrichtung des Kaisertums.

Es fand also die Formel für die Kaiserkrönung, wie sie bei der Krönung Ottos I. aufgestellt wurde, bald Nachahmung und zwar gerade in den bedeutsamsten Akten und Gebeten. Das ist wohl begreiflich und ein Beweis, welche Bedeutung man alsbald dem neuerstandenen Kaisertum beilegte. Die Könige, welchen nicht wie dem deutschen die Anwartschaft auf die Krone des Kaisertums zustand, mochten wohl einigen Wert darauf legen, wenigstens in ähnlicher Weise wie der Kaiser selbst gekrönt zu werden. Dies ist neben anderem wohl auch ein Grund der weiten Verbreitung, welche die angelsächsische Formel der Königskrönung, die eben zuerst jene Bestandteile des Kaiserkrönungsordo aufgenommen hatte, alsbald fand: Die fränkischen [1]) und noch die

---

[1]) Ordo bei Martène, l. c. II, 604 ff. ex manuscripto codice Ratoldi abbatis Corbejensis; er stimmt mit der angelsächsischen ganz überein, nur sind — und zwar in ganz mangelhafter Weise — die speziell für England passenden Ausdrücke abgeändert, um sie den fränkischen Verhältnissen anzupassen. cf. Waitz a. a. O. S. 19 bis 20.

späteren französischen Könige[1]) wurden ebenso wie die langobardischen[2]) nach einem dem angelsächsischen nachgebildeten Ordo gekrönt; selbst in der späteren Redaktion der römischen und in der deutschen Formel zeigt sich dessen Einfluss.[3])

Wenn die Formel der Kaiserkrönung, wie sie Cencius hat, als ziemlich originell anzusehen ist, so ändert sich dies später. Da immer der deutsche König es war, dem das Kaiserdiadem zufiel, so konnte es nicht fehlen, dass die Formel der deutschen Königskrönung allmählich in den Ordo der Kaiserkrönung Eingang fand. Nachdem schon bei Otto III. der deutsche Papst eine Anlehnung an den deutschen Krönungsordo versucht hatte[4]),

---

[1]) Ordo bei Martène l. c. S. 622 ff. ex ms. Pontificali insignis ecclesiae Senonensis mit der Ueberschrift »Incipit ordo ad consecrandum et coronandum regem Franciae.« Auch dieser Ordo enthält die angelsächsische Formel fast vollständig und beinahe wörtlich; im Gebete »omnipotens sempiterne Deus« sind nur wie in der vorgenannten Formel Ratolds die für Frankreich unpassenden Ausdrücke weggelassen, dabei blieb aber doch die charakteristische Stelle »ut regale solium videlicet Saxonum, Merciorum, Nordan Cymbrorum, sceptra non deserat« stehen. Die Reihenfolge der Hauptakte ist allerdings abgeändert (Schwert, Salbung, Ring, Scepter, Stab, Krone), aber die begleitenden Gebete, besonders auch diejenigen, in welchen die angelsächsische Formel mit dem Ordo der Kaiserkrönung übereinstimmt, sind vollständig unverändert geblieben. — Der Ordo, den Waitz a. a. O. S. 23 citiert (Martène II, 610) zeigt zwar ebenso, wie das dort genannte Formular bei Selden (a. a. O. S. 177 ff.) für Karl V. vom Jahre 1365 den Einfluss der angelsächsischen Formel, hat aber weder die gleiche Reihenfolge der Insignien, noch dieselben bei ihrer Uebergabe gesprochenen Gebete (nämlich: Salbung, Schwert; armillae pallium anulus; Scepter und Stab; Krone).

[2]) Ordo in Mon. Germ. LL. II, 504 (= Martène II, 584). Die Anordnung der Akte ist die gleiche, wie in der angelsächsischen Formel; auch die Gebete sind zum grösseren Teile aus ihr herübergenommen (die signifikante Stelle cf. Waitz a. a. O. S. 24); je das 1. Gebet bei Uebergabe des Ringes, des Schwertes und der Krone ist ein anderes (»Accipe regiae dignitatis anulum«; »Accipe gladium per manus episcoporum« und »Accipe coronam regni, que licet«; diese Gebete entsprechen der deutschen und römischen Formel der Königskrönung). — Der Ordo des Pontificale ecclesiae Arelatensis (Martène II, 634 ff.) und eine mit diesem verwandte Münchener Handschrift (Cod. Lat. Nr. 100 73, Pal. M. 73) aus dem Jahre 1409 sind ebenfalls noch von der angelsächsischen in etwa abhängig (Waitz a. a. O. S. 24), zwar nicht in den Gebeten, um die es sich hier handelt, aber wohl in der Reihenfolge der Insignien (nämlich Salbung [Ring fehlt], Ueberreichung des Schwertes [fehlt Arelat.], Krönung, Uebergabe des Scepters, Setzung auf den Thron); die gleiche Reihenfolge auch in der ungarischen Formel — Krönung Alberts V., Herzogs von Oesterreich bei Martène II, 652 ff. — und im Ordo der Kölner Handschrift Nr. 141 (Waitz a. a. O. S. 76 ff.), der auf einer Kompilation der römischen und angelsächsischen Formel beruht; letzterer nennt aber nach der Salbung auch den Ring und nach der Uebergabe des Scepters noch die virga.

[3]) Ueber das Verhältnis der angelsächsischen Formel zu der römischen und deutschen Königskrönung s. Waitz a. a. O. S. 25 ff.; in den Stücken, um die es sich für uns handelt, nämlich in den Gebeten bei Uebergabe der Insignien und in der Reihenfolge der letzteren findet sich keine Aehnlichkeit.

[4]) S. hierüber Schwarzer a. a. O. S. 198 und oben Abschn. I S. 19. Der Ordo ist von Waitz als III. S. 67 ff. seinem Hauptgefüge nach veröffentlicht. Die

die aber bei den späteren Kaiserkrönungen wieder fallen gelassen wurde, finden wir bei dem Ordo, der mit Lothar eine neue Umgestaltung erfuhr, den Einfluss der Formel für die deutsche Königskrönung wie sie vom 10. bis 12. Jahrhundert üblich war.

Einmal ist in dem umgestalteten Ordo der Kaiserkrönung die Anordnung der Hauptakte, wie sie der deutsche Ordo zeigt[1]), übernommen worden (deutsche Formel: Salbung, Schwert, Ring [mit armillae und pallium], Scepter [mit Stab], Krone; Kaiserkrönungsordo: Salbung, Schwert [Ring fehlt], Scepter, Krone). Der deutschen Formel entstammen sodann ohne Zweifel die zwei Gebete, die der Ordo, wie er bei den Kaiserkrönungen Lothars und seiner zwei nächsten Nachfolger im Kaisertum in Anwendung kam, dem früher gebräuchlichen gegenüber neu aufweist. Am deutlichsten zeigt sich diese Entlehnung beim ersten der betreffenden Gebete, das bei Uebergabe des Schwertes gesprochen wird. Dasselbe wird zwar in den beiden Formularen, die wir von dem bezüglichen Ordo der Kaiserkrönung besitzen — es sind blosse Privatarbeiten — nur den Anfangsworten nach gegeben, ist aber ohne Zweifel identisch[2]) mit dem Gebete, das die späteren

in Betracht kommenden Gebete sind das Gebet bei der Salbung »Deus qui es justorum gloriae« etc. aus der Formel der deutschen Königskrönung (Waitz a. a. O. S. 38); es findet sich schon in der römischen Formel (Waitz S. 72); von welcher es in die deutsche übergegangen ist; es begegnet uns wieder in der späteren englischen und französischen Formel (Pontif. Martivalls, Surtees Bd. 61 S. 217 und Martène, II, 614); sodann die Rede bei Uebergabe der Krone »Coronet te Deus«, die sich zuerst im Ordo der Krönung Ludwigs II. des Stammlers (8. Dez. 877 LL I, 544) findet und von da auch in den Ordo der englischen Königskrönung saec. X. ex. und saec. XI. übergegangen ist, wo es auch in der späteren Formel des 12. und 13. Jahrh. blieb. (Krönung Aethelreds oben S. 41 und Pont. Martivalls, Surtees Bd. 61 S. 214 ff.). Selbstverständlich findet sich dasselbe auch in den von der englischen abgeleiteten Formeln der fränkischen, französischen und langobardischen Königskrönung (cf. oben S. 44 N. 1 und S. 45 N. 1 u. 2.

[1]) Diese Anordnung findet sich ausser in der späteren Formel der deutschen Königskrönung (Martenè II, 579 ff.) auch in der späteren französischen (Martène II, 610) cf. oben S. 45 N. 1.

[2]) Im Ordo des Pontif. Constantinopol. (Ordo 11) heisst es: (Papa) gladium evaginatum de altari sumit, et inuncto tradit, curam intelligens imperii totius in gladio sic dicens: Accipe gladium desuper B. Petri corpore sumptum. — His verbis expletis, accingit illi ensem iterans ita dictum: Accingere gladio tuo super femur etc. Eben das »iterans« beweist, dass die Worte Accingere gladio etc. schon in dem Gebete Accipe gladium etc. vorkommen müssen. Das ist in der That im Ordo, der bei der Krönung Ottos IV. zur Anwendung kam, und in den Ordines der 3. Periode der Kaiserkrönung, der Fall, woraus — abgesehen von dem gleichartigen Anfang — die Identität beider Gebete geschlossen werden muss. Dafür ist ferner ein Beweis der Wortlaut der Stelle, wie sie das 2. Formular des Ordo der Kaiserkrönung dieser Periode aus dem Pontif. eccl. Apamiensis (Ordo 12) hat: Accipe gladium imperialem ad vindictam quidem malorum, laudem vero bonorum etc. denn die gleichen Worte »ad vindictam« etc. finden wir wieder in dem Ordo der Krönung Ottos IV. Die Verfasser der beiden Ordines 11 und

Ordines der Kaiserkrönung (von Otto IV. an) bei der Ueberreichung des gleichen Insigne haben. Die Uebereinstimmung letzteren Gebetes mit dem der deutschen Formel (Waitz S. 41) ist nahezu wörtlich, nur zeigt das Gebet im Kaiserordo am Eingange zwei Zusätze, von denen besonders der erste »(Accipe gladium) desuper b. Petri corpore sumptum« charakteristisch ist, dem Umstand entsprechend, dass nur für den Kaiser das Schwert von der Stätte, die den Leib des hl. Petrus birgt,[1]) genommen werden darf.[2])

Das zweite Gebet, um das es sich handelt — es ist das Gebet bei Ueberreichung des Scepters — zeigt wenigstens eine Anlehnung an die deutsche Formel, indem einzelne Ausdrücke herübergenommen sind.

Ordo der Kaiserkrönung: (Ordo 12 Ap.):	Deutsche Formel: (Waitz a. a. O. S. 41):
Accipe sceptrum regni virgam videlicet virtutis et aequitatis, quo intelligas mulcere pios et terrere superbos. Virga aequitatis, virga regni tui, in nomine Patris, et Filii et Spiritus sancti. Amen.	Accipe virgam virtutis atque aequitatis, qua intelligas mulcere pios et terrere reprobos.

12 haben eben je die ihnen am meisten zusagenden Stellen des Gebetes, wie es im offiziellen Ordo stand, herübergenommen. — Das Gebet, wie es in der deutschen Formel des 10.—12. Jahrh. steht, war sehr verbreitet. Es findet sich bereits in der römischen Formel der Königskrönung (Waitz a. a. O. S. 73; daraus die Kölner Handschrift ibid. S. 82), ferner schon im Ordo der Kaiserkrönung aus dem cod. Gemundensis bei Martène II, 577 und im Chron. Altinate nach der Dresdener Handschrift (Archivio storico Italiano Append. V, 122). In späterer Zeit begegnet es uns wieder in England und Frankreich (Pontif. Martivalls, Surtees Bd. 61, 214 ff. und Martène II, 610 ff.). — Ganz übereinstimmend mit der Form, wie das Gebet im Ordo der Kaiserkrönung vorkommt, also mit den Zusätzen und ohne Zweifel von dieser mitsamt der vorhergehenden Rubrik abgeschrieben, findet es sich in der Formel der ungarischen Königskrönung bei Martène II, 652 ff. (Krönung Alberts V., Herzogs von Oesterreich zum König von Ungarn).

[1]) Es wurde mit dem Sarge des hl. Petrus in Berührung gebracht, ähnlich wie die erzbischöflichen Pallien; nur der Kaiser hatte das Privilegium für sein Schwert; daher heisst es in Cap. CVII des Ordo Romanus auct. Gajetano (Mabillon II, 409) — einem Versuche den Ordo der Kaiserkrönung in Cap. CV für die Königskrönung umzuarbeiten — bei Uebergabe des Schwertes an den König ausdrücklich: (Papa) gladium evaginatum de vagina sumit, et regi tradit, dicens, Accipe gladium, etc. usque ad finem; hoc salvo quod ubi dicitur, desuper corpore b. Petri sumptum, vel omittatur, vel dicatur, de sacro altari sumptum.

[2]) Den 2. Zusatz bilden die Worte »ad vindictam malefactorum, laudem vero bonorum«. Bemerkenswert ist die Abänderung der Worte »per manus episcoporum« und »regaliter impositum« in »per nostras manus« und »imperialiter concessum«.

Dabei konnte noch die Erinnerung an die Form des Gebetes, wie es im früheren Ordo der Kaiserkrönung gelautet hatte, nachwirken: Accipe sceptrum regiae potestatis insigne, virgam scilicet rectam regni, virgam virtutis, qua te ipsum bene regas etc.[1])

Bei der Abänderung des Ordo für die Krönung Ottos IV. (Ordo des Cod. Vat. 47 48) und der definitiven Umgestaltung des Ordo bei der Krönung Friedrichs II. (mit welchem die dritte Periode der Kaiserkrönung beginnt) macht sich kein weiterer Einfluss von Deutschland her geltend. Die seit Otto IV. gebräuchliche Uebergabe eines Reichsapfels[2]) und Aufsetzung einer Mitra neben der Krone[3]) sind unabhängig von jedem fremden Einfluss eingeführt worden, wenigstens ist mir dieser Gebrauch vor der Zeit Ottos IV. nirgends begegnet[4]). In dem für die Krönung Ottos IV. aufgestellten Ordo tritt uns indessen die eigentümliche Thatsache entgegen, dass nicht nur diejenige Reihenfolge der Hauptakte, die in der ersten Periode der Kaiserkrönung üblich gewesen war, wieder aufgenommen wurde (Salbung, Schwert, Krone mit Mitra, Scepter mit Reichsapfel), sondern dass selbst Gebete, die bei den Krönungen der karolingischen Kaiser gebraucht wurden, wieder eingeführt wurden. Es sind dies die drei Gebete »Prospice, quaesumus Domine omnipotens Deus serenis obtutibus« etc.; Benedic Domine, quaesumus hunc principem nostrum N.« etc. und »Deus Pater aeternae gloriae« etc.[5]) Bei der end-

---

[1]) Das ganze Gebet, wie es in Ordo 12 (Ap.) steht, habe ich sonst nirgends gefunden. Das bezügliche Gebet, wie es in der deutschen Formel steht, findet man in den meisten Ordines der Königskrönung der verschiedenen Länder.

[2]) Allerdings war der Reichsapfel schon früher, selbst schon bei den Ottonen, in Gebrauch, aber er wurde nicht bei der Krönung verwendet (cf. unten Abschn. III § 5). Wenn nach dem Berichte des Rudolf Glaber (hist. lib. I c. 5 S.S. VII, 59) der Papst dem Kaiser Heinrich II. einen Reichsapfel übergab, so geschah dies nicht als Akt des Krönungsceremoniells, sondern es war nur eine Aufmerksamkeit, die der Papst dem zu krönenden Kaiser schon vor der Krönung erwies.

[3]) Die Gebete bleiben dieselben; doch fehlt sowohl im Ordo des Cod. Vat. 4748 als in allen vier Formularen, die wir vom Ordo der 3. Periode der Kaiserkrönung besitzen, bei der Uebergabe des Scepters und Reichsapfels das begleitende Gebet. Wie es gelautet hat, lässt sich nicht sicher angeben, es wird aber wohl kein anderes gewesen sein, als das bezügliche Gebet in der zweiten Periode. (Es wurden jedenfalls Scepter und Reichsapfel zusammen übergeben und dabei nur Ein Gebet gesprochen).

[4]) Dagegen wirkte umgekehrt die Neuerung der Uebergabe eines Reichsapfels auf die Königskrönung zurück; so findet sich dieselbe bereits in einem Ordo ad bened. Imp. in eccl. Aquisgranensi (bei Martène II, 579 ff. = LL. II, 384) und in einem Ordo für die Krönung in Mailand (Martène II, 584 = LL. II, 504).

[5]) Siehe den Ordo der Kaiserkrönung, den Waitz unter II. S. 64 ff. herausgegeben hat; das erste Gebet (Prospice etc.) findet sich dort als Gebet bei der consecratio, das zweite (Benedic etc.) als benedictio während der missa pro imperatore, das dritte (Deus pater etc.) als zweites Gebet bei der Aufsetzung der Krone. Die beiden letzteren Gebete treten uns überdies in einer Handschrift des 9. Jahrhunderts

gültigen Umgestaltung des Ordo bei der Krönung Friedrichs II. wurden diese Gebete wieder fallen gelassen. Allerdings zeigt sich in den Privatarbeiten, die wir über den Ordo der dritten Periode der Kaiserkrönung haben (ebenso wie schon in Ordo 11 [Const.] der zweiten Periode), der Versuch, den angeführten Gebeten abermals Aufnahme in die offizielle Form des Ordo zu verschaffen, was aber nicht gelang, denn im Ordo 17 (Vat. I.) finden sie sich nicht. Bei der Krönung Friedrichs II. wurde auch die bei Otto IV. eingehaltene Reihenfolge bei der Uebergabe der Insignien aufgegeben und dafür folgende gewählt: Krone mit Mitra, Scepter mit Reichsapfel, Schwert, d. h. es wurde die in der zweiten Periode der Kaiserkrönung üblich gewesene Reihenfolge gerade umgekehrt.

Wenn bisher nur von der Formel für die Krönung des Kaisers die Rede war, so fragt es sich noch, welche Ceremonien bei der Krönung der Kaiserin in Anwendung kamen. Dieser Punkt lässt sich mit wenigen Worten erledigen. Bei der Krönung der Kaiserin wurden ganz dieselben Formen angewandt, wie sie allgemein bei der Krönung der Königinnen üblich waren; die Formen der letzteren wurden einfach auf erstere übertragen ohne wesentliche Veränderungen, und zwar blieb man bei dieser Sitte durch die ganze Zeit von Otto I. bis Friedrich II. Es werden über die Kaiserin dieselben Benediktionen gesprochen, wie über die Königin, sie erhält wie diese nach der Salbung von Insignien nur die Krone (in der Zeit von Otto IV. an Krone mit Mitra.)[1])

zu München Cod. Lat. 14510 (S. Emmeran. 510) als Benediktionen über den König überhaupt, ohne Beziehung auf die Krönung entgegen (abgedruckt bei Waitz, Beil. IV. S. 91). Als Gebete pro duce recipiendo begegnen sie uns in einem Pontif. eccl. Laudensis bei Martène II, 665. — Das Gebet Prospice etc. finden wir ausser in dem Ordo II bei Waitz nicht nur in dem Ordo der deutschen (Waitz S. 37), sondern auch in den Formeln der späteren englischen und französischen Königskrönung (Ordo des Pont. Martivalls, Bischofs von Salisbury, Surtees Bd. 61 S. 214 ff., geltend im 12. und 13. Jahrh. und Ordo bei Martène II, 610 ff.). Der Anfang des Gebetes findet sich auch in einem ms. liber Sacramentorum eccl. s. Gratiani Turonensis bei Martène II, 604. — Die grosse Verbreitung dieser Gebete (die Formel II bei Waitz begegnet uns allein in 6 resp. 7 Handschriften) mochte die Veranlassung dazu geben, sie in die Kaiserkrönungsformel einzuführen. Charakteristisch ist dabei, dass bei dem Gebete Prospice etc. die Stelle »Reges quoque de lumbis ejus per successiones temporum futurorum egrediantur, regere ill.«, die sich in demselben bei allen angeführten Ordines findet, bei der Uebertragung weggelassen wurde.

[1]) Die Formeln für die Krönung der Königin in den einzelnen Ländern zeigen grosse Uebereinstimmung; die deutsche und französische sind ganz gleich und die englische ist diesen sehr ähnlich, nur hat sie, wie die spätere langobardische den Ring und einige Gebete mehr (Ordines bei Waitz S. 45 ff.; bei Martène II, 579 = LL II, 384 (spätere deutsche Formel aus der 2. Hälfte des 13. Jahrh.); bei Martène II, 620 ff. (franz.); im Pont. Martivalls a. a. O. S. 222 ff. (engl.) und bei Martène II, 588 (langob.). Bei der Uebertragung auf die Krönung der Kaiserin hat man während der ersten und vielleicht auch noch

während der 2. Periode der Kaiserkrönung — bei letzterer lässt sich nichts Sicheres sagen, da die Gebete nur nach dem Anfang gegeben werden — nicht einmal die Ausdrücke regina, regalis, regnum u. s. w. geändert; in dem bei der Krönung Ottos IV. gebrauchten Ordo werden die Ausdrücke regina und imperatrix, regalis und imperialis neben einander gestellt (in der Form »regina vel imperatrix«); erst während der dritten Periode setzte man dafür einfach imperatrix, imperialis, imperium u. s. w. (In den Privatarbeiten über den Ordo der 3. Periode begegnet uns indessen immer noch »regalis seu imperialis« u. s. w., nur Ordo 13a (Zürich) hat durchgehends »imperatrix« etc. wie der offizielle Ordo). Bei der Ueberreichung der Krone liess man die einleitenden Worte (wie sie sich in der deutschen Formel finden) »Officio indignitatis nostrae seu congregationis in reginam benedicta« weg. So wenigstens in den beiden officiellen Formeln des Cencius und des Papstes Clemens V. Im Ordo des Cod. Vat. 4748 und in den Privatarbeiten über den Ordo der 3. Periode (und auch im Ordo der 2. Periode, wie die Anfangsworte andeuten) finden wir allerdings auch jene Eingangsworte, jedoch mit Weglassung von »seu congregationis« entsprechend der Aenderung, wornach der Papst nicht mehr unter Assistenz der sieben lateranensischen Bischöfe, sondern allein der Kaiserin die Krone auf's Haupt setzte. Aus demselben Grunde ist gleich darauf »episcoporum tamen manibus« in »episcopalibus manibus« abgeändert.

III. Abschnitt.

Vergleichende Darstellung des Verlaufes der Kaiserkrönung während der drei Perioden auf Grund der Ordines, und die Nachrichten der Schriftsteller über das Krönungsceremoniell.

DAS Programm, wenn man es so nennen will, nach welchem die Krönung des Kaisers erfolgte, zerfällt in verschiedene Abschnitte, die deutlich von einander getrennt sind.

1. Der Einzug in die ewige Stadt.

Es war Sitte des Mittelalters, dass ausserordentliche Festlichkeiten womöglich an einem Sonntage oder einem sonstigen kirchlichen Feiertage stattfanden. So sollte auch der feierliche Einzug des Königs in die ewige Stadt, behufs seiner Erhebung zum Kaiser, nicht an einem gewöhnlichen Werktage, sondern an einem an sich schon geheiligten Tage erfolgen, um schon dadurch der ganzen Feier gleichsam eine höhere Weihe zu geben.[1])

[1]) Die dominica descendit (nämlich vom Monte Mario) sagt der Ordo des Cencius; der Ordo setzt voraus, dass Einzug und Krönung an demselben Tage erfolgen. Dies war auch, wie eine sorgfältige Einsichtnahme der Jahrbücher der Deutschen Geschichte von Otto I. bis Friedrich II. ergab, bei sämtlichen Kaiserkrönungen mit nur zweimaliger Ausnahme bei Otto II. und Konrad II. (Einzug am 24., Krönung am 25. Dez. 967 bezw. am 21. und 26. März 1026) der Fall. Auch im Ordo des pont. eccl. Apam. aus der 2. Periode der Kaiserkrönung heisst es ›die qua coronandus est, honorifice suscipitur‹. Ich kann deshalb Waitz nicht beistimmen, wenn er Verfassungsgeschichte Bd. 6 S. 190 sagt, dass in älterer Zeit regelmässig Einzug und Krönung nicht an demselben Tage stattgefunden haben. Die Krönung selbst nun erfolgte bei fast allen Kaisern an einem Sonn- oder Feiertage, nämlich: Otto I. gekrönt an Mariä Lichtmess (2. Febr.) 962; Otto II. an Weihnachten 967; Otto III. an Christi Himmelfahrt (21. Mai) 996; Heinrich II. Sonntag, den 14. Febr. 1014; Konrad II. an Ostern (26. März) 1026; Heinrich III. an Weihnachten 1046; Heinrich IV. Ostern (31. März) 1084; Lothar Sonntag, den 4. Juni 1133; Heinrich VI. am Ostermontag (15. April) 1191; Otto IV. Sonntag, den 4. Okt. 1209; Friedrich II. Sonntag, den 22. Nov. 1220. Nur Heinrich V. und Friedrich I. wurden an Werktagen gekrönt: Heinrich Donnerstag, den 13. April 1111 und Friedrich Samstag, den 18. Juni 1155. Doch war auch für die Krönung Heinrichs V. zuerst ein Sonntag (12. Febr.) angesetzt und am eigentlichen Krönungstage selbst wurde die Messe von Ostern gelesen, um dem Tage einen festlicheren Charakter zu geben. Auch für Friedrichs I. Krönung war ursprünglich ein Sonntag bestimmt, sie erfolgte aber schon am vorhergehenden

Der Einzug selbst ging unter besonderen Feierlichkeiten vor sich.[1]) Sobald der König mit seiner Gemahlin[2]) vom Monte Mario aus[3]) sich gegen die zu seinen Füssen liegende herrlich geschmückte Roma in Bewegung setzt, kommen ihm die Römer in festlichem Zuge entgegen, um ihn in die Stadt zu geleiten. Doch muss der König ihnen erst bei Gott und seinem hl. Evangelium schwören, dass er ihre Gewohnheiten und Gesetze wahren wolle.[4]) Dreimal

---

Samstag, um die wegen Abweisung ihrer Forderungen wütenden Römer zu überraschen. Ann. Palidenses ad a. 1155 (S.S. XVI, 89): Consilio satis provido civium precavens seditionem, — 14. Kalend. Julii ab Adriano papa augustalem suscepit benedictionem. Crastina dies, que tum Dominica habebatur, his addicta fuerat sollemniis, idque fama revelaverat auribus populorum; verum accelerato sagacitate principum negocio corda stupuerunt emulorum. . . — Es kam wohl auch vor, dass ein vorläufiger Empfang des zu krönenden Kaisers stattfand, namentlich wenn Salbung und Krönung voraussichtlich erst längere Zeit nach der Ankunft vor Rom erfolgen konnte. So berichtet z. B. der Annalista Saxo ad a. 1133 (S.S. VI, 768) von Lothar: 2. Kal. Maii Romam cum summo favore ingreditur, et ad Sanctum Johannem in Lateranis ab apostolico et clero ac Romanis honorifice suscipitur. Der eigentliche Krönungseinzug erfolgte aber erst am 4. Juni 1133.

[1]) Es wurden wohl zeitig einige Gesandte vorausgeschickt, um die nötigen Zurüstungen zu betreiben. So berichtet schon der Cont. Reg. zum J. 961: Rex (sc. Otto) Hattonem Fuldensem abbatem ad construenda sibi habitacula Romam praemisit. Aehnlich die braunschweigische Reimchronik (Mon. Germ. D. Chroniken t. II, 542) V. 6677 ff. von Otto IV.:

dher koninc sande vor sich hin
dhen kenzelere (Konrad v. Speyer) und den drozsten sin
(Gunzelin v. Wolfenbüttel)
und dhe amphlute (= ministeriales) an dhe stat,
dhe her sich ghegen bereyten bat
alle dhinc, so is genugete
herlichen unte vugete
zo so grozer hochzit.

[2]) Die Mehrzahl der Kaiser wurde mit Gemahlin zugleich gekrönt: Otto I. mit Adelheid; Heinrich II. mit Kunigunde; Konrad II. mit Gisela; Heinrich III. mit Agnes; Heinrich IV. mit Bertha; Lothar von Supplinburg mit Richenza; Heinrich VI. mit Konstantia; Friedrich II. mit Konstantia. Ohne Gemahlin sind gekrönt: Otto II., Otto III., Heinrich V., Friedrich I. und Otto IV.

[3]) Der Monte Mario, auch Monte Gaudio, Malo oder Aureo genannt — im Altertum hiess er Clivus Cinnae — liegt der Engelsburg gegenüber. Es ist der Hügel, über welchen die von Norden Kommenden in die Stadt einzogen. Am Fusse des Hügels, zwischen dem Ponte Molle und der Engelsburg breitet sich die neronische Wiese (campi oder campus Neronis) aus, der gewöhnliche Lagerplatz des deutschen Heeres. cf. Bunsen und Platner, Beschreibung der Stadt Rom II. Bd. 1. Abt. S. 432 ff. Höhe des M. Mario 440 Fuss (Bunsen und Platner a. a. O. I. Bd. S. 40).

[4]) Der Eid lautet im Ordo des Cencius: Ego N. futurus imperator iuro, me servaturum Romanis bonas consuetudines, et firmo chartas tertii generis et libelli sine fraude et malo ingenio. Sic me Deus adjuvet, et haec sancta Dei evangelia. Waitz a. a. O. S. 185 N. 5. scheint zu glauben, dass drei verschiedene Eide geleistet wurden. Es war aber immer der gleiche Eid, wie der Wortlaut des Ordo zeigt: Ad portam Collinam similiter iurare debet. In gradibus sancti Petri similiter.

muss er diesen Eid leisten: Das erste Mal schwört er ihn bei einer kleinen Brücke am Fusse des Monte Mario, die wohl die Stadtgrenze bezeichnete, und wiederholt ihn dann vor der Porta Collina[1]), die in die Leostadt führte, und an den Stufen der Peterskirche. Nicht weit von dem eben genannten Thore lag die alte Kirche Maria Transpontina, nahe bei einem Monument, das man »Terebinthus Neronis[2])« nannte. Hier wird der Kaiser vom Präfekten der Stadt und dem Pfalzgrafen des Lateran, seine Gemahlin aber von einem der Judices Dativi und dem Arcarius, dem Staatsschatzverwalter, empfangen. Von da bewegt sich der festliche Zug, während die römische Geistlichkeit, die in priesterlichen Gewändern und Weihrauchfässer schwingend erschienen war, die Psalmverse »Siehe ich sende meinen Engel vor mir her« singt, durch den bedeckten Säulengang[3]), der bis nach dem Petersplatze sich erstreckte, und naht sich der Treppe[4]), welche zur Kirche des hl. Petrus, der regelmässigen Stätte der Kaiserkrönungen[5]), emporführte.

---

[1]) Porta Collina hiess das Thor im Munde des Volkes; der eigentliche Name war (porta oder) posterula castelli (S. Angeli). Es ist eines von den drei alten Thoren, welche in die civitas Leonina führten und war besonders bei denen im Gebrauch, die von Norden her in die Stadt kamen (cf. Bunsen und Platner a. a. O. Bd. II. 1. Abt. S. 32). In den Ann. Romani (SS. V, 474) heisst das Thor »porta porticus Romanorum.«

[2]) Der Name »Terebinthus Neronis« ist gleichbedeutend mit dem Namen »Obelisk Neros«; er bezeichnete einen uns nicht näher bekannten mächtigen Bau hinter der Transpontina. cf. Bunsen und Platner a. a. O. S. 40 und 41.

[3]) Ueber die Portikus s. Bunsen und Platner a. a. O. S. 28 ff.

[4]) Es waren drei Treppen: eine Haupttreppe (gradus maiores) führte in den Vorhof des St. Peter; links und rechts von dieser waren noch zwei Nebentreppen, auf denen man in die Säulenhallen des Vorhofes gelangte. Die Höhe der Treppe bildete eine geräumige Terrasse (Buns. u. Platn. a. a. O. S. 63). Seit Pius II. (1458—64) hatte die Treppe 35 Stufen.

[5]) Wie der Dom Karls d. G. zu Aachen mit dem dort befindlichen Königsstuhl als der rechte Ort für die Salbung und Krönung zum König erscheint (s. St. Beissel »der Aachener Königsstuhl« in der Zeitschrift des Aachener Geschichtsvereins Bd. 9 S. 14 ff.), so ist die Peterskirche, wo Karl d. G. die Kaiserkrone empfangen, der rechte Ort für die Salbung und Krönung zum Kaiser. In der St. Peterskirche sind daher alle deutschen Könige von Otto I. bis Friedrich II. zur höchsten Würde der Christenheit erhoben worden. Eine einzige Ausnahme macht Lothar von Supplinburg, dessen Salbung und Krönung im Lateran erfolgte. Nur mit schwerem Herzen mochte Lothar sich dazu entschliessen, nachdem alle Bemühungen, die Leostadt mit der Peterskirche in seine Gewalt zu bringen, gescheitert waren. Dass die Krönung im Lateran als ein Mangel angesehen wurde, zeigt der Versuch der Geschichtschreiber, ihn zu verdecken. So berichten die Ann. Erphesfurdenses ad a. 1133 (SS. VI, 539): Rex quoque ab eo (sc. Innocentio) imperiali benedictione apud Sanctum Johannem evangelistam Lateranis consecratur ac imperator efficitur. Hunc sibi locum ad suscipiendam imperialem benedictionem rex iudicat aptissimum, quoniam et illic regni et aecclesiae, ut cunctis cernentibus liquet, constat esse palatium, et in historiis priorum temporum plures inibi reperi-

Etwas anders wurde es gehalten beim Einzuge der späteren Kaiser (von Lothar bis auf Friedrich II.). Die im Jahre 1083 durch Heinrich IV. erfolgte Zerstörung der Portikus musste, nachdem bei dessen Rückzug vor Robert Guiscard 1084 auch der grösste Teil der Leostadt in Trümmer gesunken war, eine Aenderung in der Art und Weise des Einzuges nötig machen entsprechend den veränderten Oertlichkeiten. Zwar geben uns die beiden Formeln der zweiten Periode der Kaiserkrönung keinen näheren Aufschluss, doch wird der Einzug ungefähr in der gleichen Weise erfolgt sein, wie ihn der bei der Krönung Ottos IV. gebrauchte Ordo und die Ordines der dritten Periode vorschreiben[1]). Darnach wird der Kaiser, nachdem er vom Monte Mario herabsteigend bei der Brücke den Römern den gewöhnlichen Eid geleistet hat, an der Porta Collina vom Klerus mit Kreuzen und Weihrauchfässern empfangen — eine Wiederholung des Eides an diesem Thore und an den Stufen der Peterskirche findet nicht mehr statt.[2]) In festlicher Prozession — es werden noch die alten Psalmverse dabei gesungen — zieht der Kaiser in die Stadt ein, hoch zu Ross, vor ihm schreitet der Stadtpräfekt mit dem Schwerte, kaiserliche Kämmerer werfen Geld unter das Volk.[3]) Erst vor den Stufen der Kirche steigt der Kaiser vom Pferde — bisher hatte dies wegen der Portikus schon vor dem Thore geschehen müssen — die Senatoren, die sich auf dem

---

untur imperatores consecrati. Accessit etiam, quod Petrus, qui sibi nomen papae et dignitatem usurpaverat, aecclesiam beati Petri apostoli, ubi imperatores nostris temporibus benedici consueverant, cum multitudine armatorum, ne rex ibi benedictionem imperialem consequi posset, praeoccupaverat. Qui tamen locus ab exercitu regis facile poterat expugnari, set rex pius hoc prohibuit fieri, ne destrueretur aecclesia beati Petri. cf. Bernhardi, Lothar v. Suppl. S. 473.

[1]) Bei der vielfachen Uebereinstimmung zwischen den Ordines 13, 13a, 14 und Cod. Vat. 4748 einerseits und Ordo 11 andererseits darf man erstere ohne Zweifel da zu Rate ziehen, wo uns die Ordines 11 und 12 im Stiche lassen.

[2]) Der Eid hat überdies eine Verkürzung erfahren; im Ordo des Cod. Vat. 4748 lautet er: »Ego enim N. rex futurus imperator iuro, me servaturum Romanis bonas consuetudines suas, sic me Deus adiuvet et hec sancta Evangelia«. Dass in dem offiziellen Ordo der 2. Periode der Kaiserkrönung ein ähnlicher Eid gestanden sein muss, ist daraus zu schliessen, dass Ordo 17 wie die Ordines 13, 13a, 14 und der Ordo des Cod. Vat. 4748 jenen Eid als alte Gewohnheit bezeichnen: »Consuevit autem rex — praestare hoc iuramentum Romanis« heisst es in ihnen. Nach dem Pactum quod pepigerunt Romani cum imperatore Friderico vom Jahre 1167 (Ann. Colonienses maximi SS. XVII, 781), in welchem der Kaiser verspricht »bonos usus Urbis et locationes, libellos tercii et quarti generis conservabit«, ist anzunehmen, dass in der 2. Periode der Kaiserkrönung noch die während der 1. Periode gebräuchliche Form des Eides in Geltung war. cf. den Wortlaut des Eides auf S. 52 N. 4.

[3]) Im Ordo des Cencius wird diese Sitte erst nach der Krönung erwähnt beim Zuge zum Lateran. cf. unten § 6.

Petersplatze dem Zuge angeschlossen und dem Kaiser bis zur Treppe das Geleit gegeben, nehmen dasselbe in ihre Obhut.

Ueber den Einzug der Kaiserin erwähnen die Ordines der zweiten und dritten Periode nichts, wie denn überhaupt in denselben die Ceremonien für die Krönung der Kaiserin nicht mehr so eng mit dem Ordo der Kaiserkrönung verbunden erscheinen, sondern nur nebenbei am Schlusse der bezüglichen Ordines angefügt werden.

Diesen Bestimmungen der Ordines gegenüber sind die Nachrichten der Schriftsteller[1]) über den Einzug der einzelnen Könige zu ihrer Krönung zum Kaiser nicht nur sehr spärlich — zumal in der älteren Zeit — sondern auch vielfach ungenau und verworren.

Dass Otto I. vom Monte Mario aus in die ewige Stadt einzog, geht aus den Worten hervor, die er nach Thietmar (lib. IV. c. 22, SS. III, 777) an seinen Schwertträger Ansfried von Löwen richtete: Deinde redeundo ad montem Gaudii, quantum volueris, orato. Ungenau ist die einzige nähere Nachricht über den Einzug Ottos selbst bei Benedikt von St. Andrea (Chronicon c. 36. SS. III, 717): Adlatum est ei populus Romanus simul cum pontifice, et honorifice susceptus. Denn niemals zog der Papst persönlich dem Könige zum Empfange zur Kaiserkrönung entgegen. Besser berichtet der Annalista Saxo (SS. VI, 620) über Ottos II. Einzug: Tercio ab Urbe miliario maximam senatorum multitudinem cum crucibus et signis et laudibus obviam habuerunt (nämlich Otto II. mit seinem Vater). Ganz allgemein sagt die Vita S. Adalberti c. 21 (SS. IV, 591) mit Beziehung auf Otto III.: Superveniens etiam rex Romano more egregie accipitur. Ausführlicher sind wieder die Berichte über Heinrich II.: Ann. Quedlinburgenses (SS. III, 82): Ivit obviam tota civitas; licet dissono voto, tamen, ut par erat, suo domino dant laudum praeconia, extollentes ad sidera. Nach Thietmar (Chronicon lib. VII. c. 1 SS. III, 835) wurde Heinrich noch eine besondere Ehre zuteil: Heinricus, Dei gratia rex inclitus, a senatoribus duodecim vallatus, quorum 6 rasi barba, alii prolixa mistice incedebant cum baculis, cum dilecta suimet coniuge Cunigunda ad aecclesiam sancti Petri, papa exspectante, venit.[2]) Den gleichen Fehler aber, wie oben Benedikt, begeht Rudolf Glaber in seiner Geschichte (lib. I. c. 5 SS. VII, 59), wenn er ebenfalls den Papst dem Kaiser entgegengehen lässt: Cumque postmodum praedictus papa imperatori

---

[1]) Wir haben im folgenden nur solche Stellen aufgenommen, die für unseren Zweck von Belang sind.

[2]) Gregorovius, Gesch. d. Stadt Rom IV, 18 N. 2 hält die Bartlosen für geistliche Würdenträger von der Pfalz, die Bärtigen für Glieder der weltlichen Aristokratie.

videlicet Heinrico huius rei gratia Romam venienti obviam cum maxima utrorumque sacrorum ordinum multitudine processisset ex more.[1]) Ueber den Einzug der drei folgenden Kaiser (Konrad II., Heinrich III. und IV.)[2]) besitzen wir, abgesehen von einer ungenauen Angabe Wipos über Konrad II., gar keine spezielleren Nachrichten; Wipo schreibt (Vita Chuonradi c. 16 SS. XI, 265), den Einzug und den Empfang durch den Papst zusammenfassend, also: Igitur rex Chuonradus Romam ingressus a papa Johanne et universis Romanis regio honore mirifice receptus est. Um so ausführlicher werden wir über Heinrichs V. Einzug belehrt. Schon in der promissio Paschalis papae (LL. II, 67) wird auf die Einzugsprozession hingewiesen: Die dominico cum dominus rex ad processionem receptus fuerit. Eingehend beschreiben dann dieselbe die Annales Romani (SS. V, 474): Post haec (nämlich nach den Vereinbarungen in Sutri) idem Rex Romam accessit tertio Idus id est 11. die Febr. (1111) in sabbato videlicet ante quinquagesima. Altero die oviam (sic!) ei domnus papa misit in montem Gaudii, qui et mons Malus dicitur, signiferos cum bandis, scriniarii, judices et stratores. Maxima etiam populi multitudo ei cum ramis occurrit. Duo iusta priorum imperatorum consuetudinem juramenta[3]) unum ante ponticellum, alterum ante portam porticus Romanorum populo fecit. Ante portam a Judaeis, in porta a Graecis cantando exsceptus est. Illic omnis Romanae urbis clerus convenerat ex precepto pontificis. Et eum ex equo descendentem usque ad sancti Petri gradus cum laudibus deduxerunt. Wenn Heinrich nach diesem Bericht den Römern nur mehr zweimal schwört, so bildet dies den Uebergang zur folgenden Periode, in welcher der betreffende Eid überhaupt nur noch Einmal geleistet wird.[4]) Bezüglich der in den Annales Romani

---

[1]) Hermann Pabst bei Hirsch, Heinrich II. Bd. II S. 424 scheint einen zweimaligen Empfang anzunehmen, indem er den Bericht des Rudolf Glaber auf die Ankunft des Kaisers vor Rom, Anfang Februar, bezieht, den Bericht Thietmars aber auf den Krönungseinzug am 14. Februar.

[2]) Ueber Benzo's von Alba Schilderung der Kaiserkrönung s. unten § 6.

[3]) Die Römer suchten sich des von Heinrich zu leistenden Eides im voraus zu versichern; daher kamen alsbald, nachdem dieser am 11. Febr. auf dem Monte Mario sein Lager aufgeschlagen hatte, ihre Gesandten zu ihm. Heinrich aber schwor ihnen in deutscher Sprache, wie Petrus, der Fortsetzer der Chronik des Klosters von Monte Cassino (lib. IV c. 36 SS. VII, 779) erzählt: Romanis vero instantibus, ut honorem et libertatem Urbis sacramento firmaret, callide illos caesar circumvenire cupiens Teutonica lingua, iusta suum velle iuravit. Dies erregte den Argwohn der Römer: Nonnulli autem ex Romanis hoc agnoscentes, et fraudem esse in negotio proclamantes, in Urbem se receperunt.

[4]) Vielleicht schwor Heinrich V. den Eid beim Einzuge nur deswegen zweimal, weil er ihn bereits am vorhergehenden Tag einmal geschworen hatte. cf. Anm. 3.

erwähnten Juden[1]) und Griechen aber ist zu bemerken, dass die Ordines nicht so aufzufassen sind, als ob sie alle irgendwie bei den Krönungsfeierlichkeiten beteiligten Personen und Körperschaften ausdrücklich nennen müssten, sondern dass ihr Zweck nur derjenige ist, im grossen und ganzen die Ceremonien anzugeben, welche man bei der Krönung des Kaisers zu beobachten hat. Somit ist auch kein besonderer Wert darauf zu legen, wenn der Ordo des Cencius die Griechen nicht erwähnt, während die römischen Annalen sie nennen. Uebereinstimmend mit den Ann. Romani, aber noch mehr ins Einzelne gehend, schreibt Petrus von Monte Cassino (Chronica M. Casinensis lib. IV. c. 37 SS. VII, 779): Obviam ei pontifex misit in montem Gaudii, qui et Marii dicitur, baiulos, cereostatarios, stauroferos, aquiliferos, leoniferos, lupiferos, draconarios, candidatos, defensores, stratores, et maximam populi multitudinem cum floribus et palmis. Duo iusta etc. wie die Ann. Romani. Zu nennen sind noch Helmolds Slavenchronik (lib. I c. 39 SS. XXI, 42): Domnus vero papa Paschalis audito introitu eius non modice letatus est misitque ad circumiacentes regiones accersere numerosum clerum, quatinus regem honorabiliter venientem ipse honoratior exciperet. Susceptus est igitur cum magno cleri Urbisque tripudio; und die allerdings ungenaue Angabe Ekkehards (Chronicon ad a. 1111 SS. VI, 244): Domnus (autem) apostolicus cum omni clero immo tota Roma se in eius occursum adornat.[2])

Nicht viel besser als bisher berichten uns die Schriftsteller während der zweiten und dritten Periode der Kaiserkrönung (von Lothar bis Friedrich II.) über die Art und Weise des Einzuges der Könige.

Sicherlich konnte der neugestaltete Ordo für die Krönung, bei welcher er zum erstenmal in Kraft treten sollte, wegen des ungewöhnlichen Ortes — Lothar wurde ja im Lateran gekrönt — nur mangelhaft zur Anwendung kommen, trotzdem man das festgesetzte Krönungsceremoniell so weit als möglich zu beobachten sich bestrebte. An die Stelle der feierlichen Einzugsprozession, die sonst vom Monte Mario ihren Ausgang nahm, trat eine ähnliche Prozession von dem Palast auf dem Aventin, wo Lothar Wohnung genommen hatte, zu den Thoren der konstantinischen Basilika: Boso, Vita Innocentii II. (bei Watterich, Pontif. Rom. Vitae II, 177): Et Pontifex quidem in palatio Lateranensi hospitatur et rex Lotharius in monte Aventino tentoria fixit. — Coronatus

---

[1]) Im Ordo treten die Juden erst bei der Prozession zum Lateran auf, was aber nicht ausschliesst, dass sie sich auch schon an der Einzugsprozession beteiligten.

[2]) Sämtliche angeführten Schriftsteller haben nur den ersten Einzug Heinrichs V. am 12. Febr. 1111 im Auge.

est autem idem rex in imperatorem augustum ab eodem Pontifice in ecclesia Lateranensi II Nonas Junii et exinde ad montem Aventinum utrique cum gaudio pariter redierunt. — In Anacletum papam sententia (LL II, 81 = Watterich II, 212): In monte Aventino castrametati fuimus.[1]) Dass Lothar dabei den Römern den gewöhnlichen Eid leistete — wenn auch nur Einmal, wie im neuen Ordo festgestellt worden war — zeigen die Verse unter dem Bilde, das später Innocenz II. im Lateran über die Kaiserkrönung Lothars anbringen liess. Der erste dieser Verse lautet nämlich (bei Otto Fris. et Rahewini Gesta Frid. lib. III. c. 10 SS. XX, 421) also: Rex venit ante foras, iurans prius Urbis honores.[2])

Friedrich I., der wieder am gewöhnlichen Orte die Krönung empfing, hielt auch seinen Einzug vom gewöhnlichen Orte, dem Monte Mario, aus, wie Otto von Freising (Gesta Frid. imp. lib. II, c. 32 SS. XX, 406) berichtet: Sole orto, transacta iam prima hora, — rex castra movens, armatus cum suis per declivum montis Gaudii descendens, ea porta, quam auream vocant, Leoninam urbem, in qua beati Petri ecclesia sita noscitur, intravit. Videres militem tam armorum splendore fulgentem, tam ordinis integritate decenter incedentem, ut recte de illo dici posset: Terribilis ut castrorum acies ordinata, et illud Machabaeorum: Refulsit sol in clypeos aureos et aereos, et resplenduerunt montes ab eis.[3]) An die Triumphzüge der römischen Feldherrn und Kaiser dachten die Römer, als sie, wie Helmold in seiner Wendenchronik erzählt (lib. I., c. 79 SS. XXI, 72), Friedrich I. über die Art und Weise seines Einzuges belehren wollten: Regem propter imperiale fastigium Romam venientem decet venire more suo, hoc est in curru aureo, purpuratum, agentem pre curribus suis tyrannos bello subactos et divitias gentium. An eine Beteiligung des Senates an der Einzugsprozession ist nach der vorausgegangenen Weigerung Friedrichs, die Forderungen der Römer zu erfüllen, wohl kaum zu denken, wenn auch die Ann. Colon. maximi Rec. II. ad a. 1154 (SS. XVII, 765) schreiben: A pontifice Romano et omni senatu honorifice susceptus. Unvereinbar mit dem Ordo scheint es zu sein, wenn die Römer von Friedrich noch drei Eide verlangten. Die Forderungen der Römer lauteten bei Otto von Freising (a. a. O. lib. II, c. 21) also: Debes itaque primo ad observandas

---

[1]) cf. Bernhardi, Lothar von Supplinburg S. 474.

[2]) Eine Beschreibung des Bildes geben die Ann. Colonienses maximi ad a. 1156 (SS. XVII, 766): Papa quondam Innocentius Romae in muro pingi fecerat se quasi in throno pontificali sedentem, imperatorem vero Lotharium complicatis manibus coram se inclinatum coronam imperii suscipientem.

[3]) Es war beim Einzuge wegen der feindlichen Haltung der Römer militärischer Schutz notwendig, wie denn schon in der Nacht vorher die ganze Leonina mit der Peterskirche von 1000 auserlesenen Rittern besetzt worden war.

meas bonas consuetudines legesque antiquas, mihi ab antecessoribus tuis imperatoribus idoneis instrumentis firmatas, ne barbarorum violentur rabie, securitatem praebere, officialibus meis, a quibus tibi in Capitolio adclamandum erit, usque ad quinque milia librarum expensam dare,[1]) iniuriam a re publica etiam usque ad effusionem sanguinis propellere, et haec omnia privilegiis munire, sacramentique interpositione propria manu confirmare. Darauf die Antwort des Kaisers: Proponis, ut mihi videtur, trium sacramentorum exactionem. De singulis respondeo etc. Die drei Eide erwähnt auch Friedrich selbst in seinem Briefe an Otto von Freising (SS. XX, 348): Tria quoque a nobis iuramenta exquisierunt. Aus der ganzen Erzählung Ottos von Freising geht aber hervor, dass dieses Ansinnen der Römer ein ganz unberechtigtes, übertriebenes war, das den damaligen Verhältnissen gar nicht mehr entsprach, wie denn Friedrich das Verlangen der Römer mit Entrüstung zurückwies.[2]) Hier ist auch das von E. Monaci aufgefundene Gedicht über die Thaten Friedrichs I. in Italien (veröffentlicht in Fonti per la storia d'Italia tom. I.) anzuführen, welches V. 612 ff. also erzählt:

Cumque (Fredericus) propinquaret Romanam letus ad urbem,
Nuntius occurrit Romane plebis eunti
Obuius ad montem cui prebent gaudia nomen,
Atque ibi ductori uenienti talia fatur:
»Salue, rex uenerande, tuo sit gloria regno;
»Sit tibi uita salus perpes uictoria uirtus.
»Exultat populus Romanus, te ueniente,
»Et prestolatur tibi deseruire paratus.
»Sed petit ut ueterem serues, dux inclite, morem;
»Scilicet ut iures mox intraturus in urbem
»Te seruaturum populi decus, urbis honorem,
»Iura senatorum: nam sic uetus exigit ordo.
»Munera[3]) preterea Romane debita plebi,
»Que solet adueniens huc primum rex dare noster,
»Postulat ut tribuas sicque ingrediaris in urbem
»Letus ut accipias populi gaudentis honorem
»Seruitiumque simul mayus quam sumpseris umquam«.

---

[1]) Vgl. dazu auch die Relatio Nicolai Botrontinensis ed. Heyck S. 48, wonach die Hüter des Capitols von Heinrich VII. 4000 Florin forderten. Auch unter Otto IV. forderten die Römer vom Kaiser ex debito quasdam expensas (cf. Willelmi Brithonis Gesta Francorum SS. XXVI, 302). Es sind damit wohl die »presbyteria«, die Geldgeschenke gemeint, die der Kaiser nach dem Ordo den bei der Krönung beteiligten Beamten und Körperschaften zu geben pflegte. cf. unten § 6.

[2]) Es war überhaupt eine ganz falsche Auffassung der Römer von der früheren Gewohnheit der Kaiser, denn diese leisteten nicht drei verschiedene Eide, sondern wiederholten nur einen und denselben Eid. cf. oben S. 52 N. 4.

[3]) Vgl. dazu oben N. 1. Vielleicht ist auch an die Sitte zu denken, nach welcher kaiserliche Kämmerer beim Einzuge Geld unter das Volk werfen. Vgl. oben S. 54.

Dixerat at super hiis miratus rex Fredericus,
Respondet breuiter placida sic uoce locutus:
»Gaudia Romano populo sint dulcia semper,
»Sint aduersa procul, prorsus timor omnis abesto.
»Romane gentis decus immutare uel urbis
»Non uenio, nec iura placet uiolare senatus,
»More sed antiquo regum diadema sacratum
»Sumere et ad patrias sedes cum pace redire.
»Mos tamen iste mihi, quem me seruare rogatis
»Nunc, erat ignotus, nec sum iurare paratus
»Consilio procerum que poscitis ista meorum.
»Quod si seruierit populus, mihi mente sedebit
»Seruicioque uicem reddam cum tempus habebit«.
Sic ait et graditur, turbis comitantibus ipsum.
Ut uero ad portam tandem peruenerat urbis,
Quem struxisse datur pastoris cura Leonis,
Occurrit, quondam uenerabilis, ordo senatus
Magnaque pars populi regem iurare petentes.
Namque ibi dicebant debere ex more uetusto
Romanum iurare ducem, cum uisitat urbem,
Ut sumat diadema sacrum. quod cum Fredericus
Abnuit augustus, turbata mente recedunt,
Atque minantur ei quod eosdem sentiet hostes.
Sic humiles, si forte negant quesita, superbis
Diuitibus, tolerare solent maledicta minasque.
Sed non attonitus dictis Fredericus amaris,
Intrat et audacter petit ardua templa beati
Petri militibus cunctis comitantibus ipsum.

Wenn Friedrich I., entrüstet über die unverschämten Forderungen der Römer, ihnen, wie es scheint, den gewöhnlichen Eid überhaupt nicht schwor, so that dies wieder Heinrich VI. Bereits durch seine Gesandten hatte er es den Römern versprechen lassen. Roger von Hoveden schreibt wenigstens in seiner Chronik (SS. XXVII, 152): Misit nuncios suos ad Clementem papam et ad cardinales et senatores Urbis, petens Romanum imperium et promittens, se in omnibus leges et dignitates Romanas servaturum illesas. Darauf der Entschluss des Papstes und der Römer: Clemens vero papa, habito cum cardinalibus et senatoribus et populo Romano super petitionibus regis Alemannorum cum deliberatione consilio, concessit regi Alemannorum quod petebat, salvis dignitatibus et consuetudinibus Romanorum.[1]) Dass Heinrich sein Versprechen auch hielt, geht hervor aus Arnolds von Lübeck Slavenchronik lib. V. c. 4 (SS. XXI, 181): Sed Romani exeuntes ad regem (der sich Rom genähert hatte) sic ei locuti sunt: Fac nobiscum amicitias et honora nos et Urbem iure nostro, quod exhibuerunt reges, qui ante te fuerunt. — Qui in omnibus ad voluntatem Romanorum promptum se exhibuit. In Bezug darauf

[1]) Grossenteils wörtlich damit übereinstimmend die Gesta Henrici II. et Ricardi I. SS. XXVII, 123.

berichten nachher die Römer dem Papst: Ipse (sc. Henricus) etiam se pacificum venire affirmat et in omnibus urbem nostram honorare — desiderat. Ueber den Verlauf des Einzuges lassen uns die Schriftsteller ganz und gar im Unklaren.

Günstiger gestaltet sich die Sache bei Otto IV. Die braunschweigische Reimchronik schildert V. 6751 bis 6763 (Mon. Germ. Deutsche Chroniken T. II, 543) dessen Einzug also:

in dhes quam dher koninc scone
in ghetrecket wunnichliche,
mit menger zirheyt erenriche.
daz was uf eynen sunnentach.
we scone men mit im komen sach
vil gewaphenter ritterscaph!
islichem her sine stat gaph,
dha her solte huten dhe wigunghe.[1])
von Rome alt unte junghe
ghinc im geghen dhe papheyt;
an lobe und an werdicheyt
vorten se unz zo dhen grethen
sente Peters.

Dass der Einzug vom Monte Mario aus erfolgte, ergiebt sich aus den dort ausgestellten Urkunden Ottos.[2]) Die Gewohnheit, dass beim Einzuge Geld unter das Volk geworfen wird, wie es die Ordines der dritten Periode angeben, erwähnt Arnold (Chronica Slavorum lib. VII. c. 19 SS. XXI, 249) eben mit Bezug auf Otto IV.: Cum processio fieret ad atrium beati Petri, facta est pressura nimia advenientium et occursantium ad gradus monasterii beati Petri et omnis negabatur via processioni, sed larga manus regis cum maxima copia spargebat argenteos, et tandem vix optinetur ascensus. Nec defuerunt ministri cum lanceis et fustibus[3]) reprimere tumultus.

Ob die römischen Behörden beim Einzuge sich beteiligten, wie es der Ordo vorschreibt, ist bei der feindseligen Haltung der Stadt zweifelhaft, trotzdem zwei Quellen es berichten: Ann. Colon. maximi ad a. 1209 (SS. XVII, 824): Occurrente sibi papa cum cardinalibus et senatu, cum honore suscipitur und Ottonis Fris. Continuatio Sanblasiana c. 52 (SS. XX, 334): A domino papa Innocentio et a Romanis honorifice suscipitur.

---

[1]) Schon am 3. Okt. oder in der Nacht auf den 4. hatte Otto die Leonina und die von der Stadt her in diese führenden Zugänge wegen der feindseligen Haltung der Römer besetzen lassen. Reimchronik a. a. O. V. 6720 ff. cf. Winkelmann, Philipp v. Schwaben und Otto IV. Bd. 2, S. 198.

[2]) cf. Winkelmann a. a. O. S. 197 N. 1.

[3]) Dies war notwendig, weil trotz der — vielleicht zu spät — getroffenen Massregeln (cf. Anm. 1) viele Römer in die Leonina eingedrungen waren und wohl die Prozession zu stören suchten.

Was endlich den Einzug Friedrichs II. betrifft, des letzten Kaisers, mit dem sich unsere Untersuchung befasst, so sind die Nachrichten darüber so spärlich wie nur je bei einem seiner Vorgänger. Wie mehrere Urkunden beweisen, befand sich sein Lager auf dem Monte Mario,[1]) er zog also wohl von dort in die Stadt ein. Auch die Römer übten diesesmal die ihnen im Ordo vorgezeichneten Dienstleistungen aus: Ann. Colon. maximi ad a. 1220 (SS. XVII, 836): a Romano pontifice Honorio et omni senatu honorifice susceptus.

2. Empfang durch den Papst, Ableistung des Krönungseides und erste Benediktion über den Kaiser.

Auf der geräumigen Höhe der in den Vorhof von St. Peter führenden Treppe harrt der Papst auf goldenem Throne, umgeben von den Kardinälen und anderen höheren Würdenträgern der Kirche, der Ankunft des Königs. Der König steigt mit seiner Gemahlin und seinem gesamten Gefolge — Geistlichen und Weltlichen — die Stufen hinan; ehrerbietig küssen alle die Füsse des Stellvertreters Christi.

Hier oben, allen sichtbar und vernehmlich, leistet darauf der kaiserliche Kandidat den Krönungseid: Bei Gott und dem hl. Evangelium verspricht er, ein Beschützer der hl. römischen Kirche sein zu wollen. Seit Heinrich II. wird dem Eide das Versprechen der Sicherheit für den Papst eingefügt und der Eid auch auf die Nachfolger des Papstes ausgedehnt; seit Heinrich III. wird jedoch beigefügt, dass sie rechtmässig gewählt sein müssen.[2]) Otto I. hatte überdies schon vor seiner Ankunft in Rom dem Papste Sicherheit seiner Person und Wahrung seiner Rechte durch Eidschwur seiner Getreuen geloben lassen. Aehnliches that Heinrich V.[3]). Otto III. wurde ausnahmsweise gestattet, den Krönungseid an der heiligsten Stätte, vor der Confessio des hl. Petrus selbst, abzulegen.[4])

Nach geleistetem Eid legt der Kaiser seinen Mantel ab, welchen der päpstliche Kämmerer in Verwahr nimmt. Dreimal fragt nun der Papst den Kaiser, ob er Frieden mit der Kirche halten wolle; dreimal antwortet derselbe mit Ja, und empfängt darauf vom Papste mit den Worten: »Auch ich gebe Dir Frieden, wie ihn der Herr seinen Schülern gab«, den Friedenskuss und zwar in Kreuzesform auf Stirne, Kinn (welches bartlos sein musste),

[1]) Böhmer-Ficker, Reg. imp. V. 1201. 1205—1228.

[2]) Siehe den Excurs über die Eide unter § 1.

[3]) Siehe den Excurs unter § 2.

[4]) Und zwar leistete er den Schwur, ehe der Archidiakon mit der Litanei begann. S. oben S. 19 und Schwarzer a. a. O. S. 198.

auf beide Wangen und zuletzt auf den Mund. Sich erhebend frägt der Papst abermals dreimal den Kaiser, ob er ein Sohn der Kirche sein wolle; dieser bejaht es wiederum dreimal und wird nun vom Papst als Sohn der Kirche aufgenommen; der Papst bedeckt den Kaiser mit seinem Mantel und dieser küsst ihn auf die Brust.

Jetzt öffnen sich die ehernen Pforten,[1]) welche den Eingang in den Vorhof[2]) der Kirche, Paradies genannt, verschlossen; der Kaiser ergreift die Rechte des Papstes, an dessen linke Seite tritt der kaiserliche Kanzler, er selbst wird zur Rechten vom Archidiakon des Papstes geführt — Papst und Kaiser sind also in der Mitte — und unter dem Gesange der Kleriker der Kirche »Gepriesen sei der Gott Israels« schreiten sie durch den weiten, von einem vierfachen Säulengang umschlossenen Vorhof hin zur »silbernen Pforte«[3]) dem Haupteingange in das Innere der Basilika selbst. Hier entlässt der Papst den Kaiser zum Gebete; auch die Königin findet sich jetzt mit ihrem Gefolge bei der silbernen Pforte ein, wo der Bischof von Albano nunmehr die erste Oration über den Kaiser spricht, betend, Gott möge ihn mit seiner Weisheit erfüllen, damit er über alle Königreiche hervorrage. Bei Otto III. wurde das gewöhnliche Gebet durch ein anderes, mehr an die Königskrönung erinnerndes ersetzt.[4])

---

[1]) cf. Bunsen und Platner a. a. O. S. 116. Auf denselben waren die Namen der dem päpstlichen Stuhl von Karl d. G. geschenkten Städte und Länder mit silbernen Buchstaben eingegraben.

[2]) Dieser Vorhof, atrium, auch paradisus genannt (wie bei jeder Basilika), mit seinem vierfachen Säulengang wurde im Jahre 1167 von Friedrich I. zerstört bis auf die Halle vor dem Eingang in die Kirche. cf. Bunsen und Platner a. a. O. S. 118.

[3]) Die porta argentea bildete den Haupteingang unter den fünf (später sechs) Thüren, die in das Innere des Domes führten; sie war ein mit Silberplatten, auf denen sich Darstellungen in halberhabener Arbeit befanden, belegtes Thor, das Leo IV. an Stelle der von den Sarazenen im Jahre 846 geraubten Thüre des Honorius aus dem 7. Jahrhundert hatte setzen lassen. S. Bunsen und Platner a. a. O. S. 75 und 121.

[4]) Mit dem Gebete des Bischofs von Albano wurde, wenn Einzug und Krönung an verschiedenen Tagen stattfanden (wie bei Otto II. und Konrad II.), die Feier abgebrochen, um dann mit dem Skrutinium (s. über dieses unten § 3) am eigentlichen Krönungstage zu beginnen. Beweis hiefür ist die Commemoratio superbie Ravennatis archiepiscopi (SS. VIII, 12 N. 70), wo Konrad II. am Krönungstage zur Kirche geführt wird »domno apostolico et populo in medio ecclesie expectante«; diese Worte weisen auf das Skrutinium hin, das eben auf der runden Porphyrplatte in der Mitte der St. Peterskirche abgehalten wird. Dass jedenfalls der Empfang durch den Papst am Einzugstage selbst noch erfolgte, zeigen die Angaben des Annalista Saxo (SS. VI, 620): Domnus autem papa in gradibus beati Petri residens, eos (näml. Otto II. und dessen Vater) honorifice suscepit, et sequenti die Ottonem regem — ante confessionem beati Petri cesarem et augustum celebravit, und des Wipo, Vita Chuonradi c. 16 (SS. XI, 265): A papa Johanne

An der genannten Pforte erhält auch die Kaiserin die erste Benediktion und zwar vom Bischof von Ostia, allerdings nicht unmittelbar nach ihrem Gemahl, sondern erst nachdem das Skrutinium, welchem sich dieser nunmehr zu unterziehen hat, vollendet ist.[1])

In der zweiten und dritten Periode der Kaiserkrönung[2]) treten auch bei diesem Abschnitte des Krönungsordo bedeutsame Aenderungen ein. Die Ceremonien des Empfanges durch den Papst sind vereinfacht. Der Kaiser steigt mit den geistlichen und weltlichen Grossen, die mit ihm gekommen, die zur Höhe der Treppe führenden Stufen hinan, küsst die Füsse des Papstes, welcher, wie früher, auf goldenem Throne sitzt, angethan mit den Gewändern, in denen er Messe zu lesen pflegt, zu seiner Rechten umgeben von den Kardinalbischöfen und Priestern, zur Linken von den Kardinaldiakonen, während eine Stufe weiter unten die Subdiakonen und Akolythen mit dem Sängerchore und den Beamten des päpstlichen Hofes Aufstellung genommen haben. Nach dem Fusskusse überreicht der Kaiser dem Papste als Zeichen der Ergebenheit ein beliebiges Geschenk an Gold und empfängt nun Kuss und Umarmung vom Vater der Christenheit. Die darauf folgende Ableistung des Krönungseides, der nach Beseitigung der Worte, die ihn als Fidelitätseid hatten erscheinen lassen, eine bestimmtere Form erhalten hat,[3]) erfolgt nicht mehr auf der Plattform der Treppe selbst, sondern in der Kirche S. Mariä in Turri,[4]) die sich links der Treppe gegenüber befand; beim Gange dahin geleiten den Papst zur Rechten der Kaiser, zur Linken der Archidiakon. Der Kaiser schwört vor dem Altare der Kirche und zwar wie früher auf das Evangelium, das ihm ein Subdiakon unterhält. Seit dem Beginn der zweiten Periode der Kaiserkrönung hat der Kaiser neben dem allgemeinen Krönungseid

---

et universis Romanis regio honore mirifice receptus est, et in die sancto paschae — imperialem benedictionem a papa suscepit. In der zweiten und dritten Periode der Kaiserkrönung kam eine solche Zerschneidung der Feier überhaupt nicht mehr vor, da Einzug und Krönung des Kaisers ausnahmslos an demselben Tage erfolgten.

[1]) cf. unten § 8.

[2]) Soweit nichts anderes bemerkt ist, ist in der zweiten und dritten Periode auch der Ordo der Uebergangszeit von der einen in die andere (Ordo des Cod. Vat. 4748, angewandt bei der Krönung Ottos IV.) mitinbegriffen.

[3]) Siehe Excurs § 1.

[4]) Die kleine Kirche inter turres oder S. Maria in turre oder de laborario war an das der Treppe gegenüber links sich befindliche Archipresbyterium nach der Vorhalle zu angebaut. Wie die Vorhalle, so wurde auch diese Kirche im Jahre 1167 von Friedrich I. zerstört. Nach der Zerstörung wurden die bezüglichen Feierlichkeiten in einer Kapelle vorgenommen, die man für einen Ueberrest derselben hielt. cf. Bunsen und Platner a. a. O. S. 117—118.

noch einen weiteren Eid, den sogenannten Sicherheitseid zu leisten und zwar unmittelbar nach jenem. Diese Verpflichtung bleibt auch während der dritten Periode in Kraft, so dass also sämtliche Kaiser von Lothar von Supplinburg bis Friedrich II. (bezw. Heinrich VII.) diesen zweiten Eid schworen. Seit Otto IV. schwören diesen Eid überdies schon vor der Ankunft in Rom die Fürsten des Reiches im Namen des Königs, welcher seinerseits darüber eine Urkunde auszustellen hat.[1]) Otto IV. leistete noch einen dritten Eid zur Sicherstellung der päpstlichen Territorien, der ebenfalls in Beziehung zur Kaiserkrönung steht, wenn auch nicht in so naher, wie die beiden ersteren. Die Nachfolger Ottos ahmten das gegebene Beispiel nach.[2])

Der Papst begiebt sich nun mit seinem Gefolge alsbald in die Kirche des hl. Petrus selbst, verrichtet vor dem Altare des Apostelfürsten sein Gebet und nimmt auf dem päpstlichen Thronsessel Platz; der Kaiser aber bleibt mit den deutschen Bischöfen und den drei Kardinalbischöfen von Ostia, Porto und Albano in der Kirche S. Mariä in Turri zurück, wird hier zum Domherrn[3]) von St. Peter gemacht, darauf mit dem kaiserlichen Ornate geschmückt, nachdem er seinen Mantel dem päpstlichen Kämmerer übergeben hat. Jetzt erst zieht auch der Kaiser in die Basilika ein; es geleiten ihn der Pfalzgraf vom Lateran und der Primicerius der römischen Richter, voraus gehen die Kanoniker von St. Peter, in deren Gemeinschaft er eben aufgenommen, indem sie das Responsorium singen »Petrus, liebst du mich«. Vor der silbernen Pforte steht der Zug still und der Bischof von Albano spricht wie früher die erste, unverändert gebliebene Oration über den Kaiser.[4])

Was uns die Schriftsteller über den Empfang des Kaisers durch den Papst berichten, ist — wenigstens in der älteren Zeit — wiederum sehr wenig. Die erste genauere Angabe findet sich beim Annalista Saxo (SS. VI, 620), der mit Beziehung auf Otto II. schreibt: Domnus autem papa in gradibus beati Petri residens,

---

[1]) Siehe Excurs § 2.

[2]) Siehe Excurs § 3.

[3]) Dieser Gebrauch ist wohl eine Nachahmung der Sitte, dass der deutsche König Kanoniker der Aachener Kirche wurde, welch' letztere Gewohnheit wiederum auf die Gepflogenheit Karls d. G. zurückzuführen ist, mit der Geistlichkeit seiner Pfalzkapelle das Chorgebet zu verrichten. cf. St. Beissel, der Aachener Königsstuhl, in der Zeitschrift des Aachener Geschichtsvereins Bd. 9 S. 23. — In der ersten Periode der Kaiserkrönung, da das Skrutinium noch bestand, fand die Ceremonie erst nach diesem statt. cf. unten S. 74.

[4]) Die erste Benediktion über die Kaiserin erfolgt in der zweiten und dritten Periode der Kaiserkrönung erst auf der Rota. Siehe unten S. 74.

eos (Otto II. und seinen Vater) honorifice suscepit. Nach diesem erwähnt — abgesehen von dem Berichte Thietmars von Merseburg — kein Schriftsteller mehr bis in die Zeit Heinrichs V. die Empfangsceremonie mit ausführlichen Worten. Thietmar aber schreibt von Heinrich II. in seiner Chronik lib. VII. c. 1 (SS. III, 835): Ad aecclesiam sancti Petri, papa expectante, venit; et antequam introduceretur, ab eodem interrogatus, si fidelis vellet Romanae patronus esse et defensor aecclesiae, sibi autem suisque successoribus per omnia fidelis, devota professione respondit. Bezüglich des Empfanges Konrads II. haben wir allerdings auch eine Angabe, aber eine solche, die mit dem Ordo im Widerspruch zu stehen scheint. Es ist dies die sogenannte Commemoratio superbie Ravennatis archiepiscopi (SS. VIII, 12 N. 70). Nach dieser hat der Erzbischof von Mailand das Recht,[1]) den Kaiser bis in die Mitte der Kirche zu geleiten, um ihn dem dort harrenden Papste zur Krönung vorzustellen, während nach dem Ordo der Kaiser vom Papste selbst und von dessen Archidiakon von der Plattform vor der Kirche in diese geführt wird (allerdings nur bis zur silbernen Pforte: ibi dimittit eum [regem] dominus papa orantem). Aber bei näherer Betrachtung löst sich der scheinbare Widerspruch gut. Es lassen sich nämlich beide Angaben wohl vereinigen, wenn, wie bei Konrad, der Tag des Einzuges in die Stadt und der Tag der Krönung von einander getrennt sind. In diesem Falle wurde am ersteren Tage der zukünftige Kaiser auf der Plattform über der Treppe vom Papste empfangen und in die Kirche geleitet in der Weise, wie es der Ordo vorschreibt; an dem anderen Tage wurde die Feierlichkeit da fortgesetzt, wo sie vorher abgebrochen worden war, und zwar begann man mit dem Skrutinium, wie aus den Worten in der Commemoratio »domno apostolico et populo in medio ecclesie exspectante« hervorgeht; denn dieses Skrutinium fand (nach dem Ordo) eben auf der runden Porphyrplatte in der Mitte der Kirche statt. Am Krönungstage war also der Papst mit seiner Geistlichkeit bereits im Dome versammelt, als Konrad II. heranzog und der Erzbischof von Mailand (bezw. der Erzbischof von Ravenna,

---

[1]) Interessant ist die Begründung dieses Rechtes, wenn die Commemoratio Konrad II. sagen lässt: Certum quidem et manifestum est — quia sicut privilegium est apostolice sedis consecratio imperialis, ita et Ambrosiane sedis privilegium est electio et consecratio regalis. Unde ratum videtur, ut manus eius qui benedicit, unguit et prius coronam regni imponit, si praesens adfuerit, ut regem representet sancto Petro et eius vicario sublimandum ad culmen imperii, et ut tante consecrationi verus testis non desit, Ambrosiano testimonio jure possit imperare, qui Ambrosiana consecratione prius didicit et cepit regnare. Aehnlich Arnulf, Gesta archiepp. Mediol. lib. II. c. 4 (SS. VIII, 12).

der diesen verdrängte) hatte Gelegenheit, sein Recht zu üben und den König in die Kirche zu führen.[1])

Ausführlich schildern Heinrichs V. Empfang — am 12. Februar 1111 — die Annales Romani (SS. V, 474): Cum vero ad superiora graduum ascendisset illic dominus papa cum episcopis pluribus, cum cardinalibus presbyteris, et diaconibus, cum subdiaconibus, et ceteris scole cantorum ministris affuit. Ad cujus vestigia cum rex corruisset, post pedum oscula ad oris oscula elevatus est. Ter se invicem complexi, ter se invicem osculati sunt. Mox dexteram pontificis tenens, cum magno populorum gaudio et clamore ad portam pervenit argenteam. Ibi ex libro professionem imperatoriam fecit,[2]) et a pontifice imperator designatus est: et

---

[1]) Waitz, Verfassungsgesch. VI, 188 zieht die Erzählung in Zweifel; Giesebrecht 5. A. II, 246 und Gregorovius IV, 35 und ihnen folgend Bresslau I, 143 N. 6 halten an ihr fest. Jedenfalls dürfte die Krönung Konrads die einzige sein, bei welcher das Vorrecht des mailändischen Bischofs Anerkennung und praktische Geltung fand — der Grund davon waren wohl die Verdienste, die sich speziell Heribert von Mailand um Konrad erworben hatte — denn wenn auch Landulf in seiner mailändischen Geschichte (lib. II, c. 16 SS. VIII, 54) bereits bei der Kaiserkrönung Ottos I. den Erzb. Walpert hervorragenden Anteil nehmen lässt, so wird diese Nachricht nur seinem Bestreben, der mailändischen Kirche möglichst viel Rühmliches nachzusagen, zuzuschreiben sein, da kein zeitgenössischer Schriftsteller aus der Zeit Ottos davon etwas weiss, auch in keinem Ordo des Vorrechtes des Mailänders Erwähnung geschieht. Der Vorrang des Erzb. von Mailand über den Erzb. von Ravenna war zudem durchaus nicht so allgemein anerkannt, wie die Commemoratio es darzustellen sucht. Bei einem ähnlichen Rangstreit, der 20 Jahre später wenige Tage nach der Krönung Heinrichs III. zwischen den drei grossen Metropoliten Italiens, den Erzbischöfen von Mailand und Ravenna und dem Patriarchen von Aquileja sich erhob, wer von ihnen nämlich bei römischen Synoden den Sitz zur Rechten des Papstes einzunehmen habe, trug der Erzb. von Ravenna den Sieg davon und erhielt darüber vom Papste Clemens eine Bulle ausgestellt (s. Steindorff, Heinrich III., Bd. 1 S. 320). Diese Bulle steht somit in geradem Gegensatz zu der Angabe Arnulfs a. a. O. c. 5: Post dies aliquot (nach Konrads II. Krönung) indicta est synodus Romae auctoritate apostolica, in qua constitutum est, ut in omnibus negotiis pontificalibus Ravennas nullo modo in aeternum se Mediolanensi praeferat antistiti. — Hier darf auch die Bemerkung des Auctor vetus de beneficiis (in der Ausgabe des Sachsenspiegels von Homeyer 1844 2. Band S. 79) angefügt werden, dass die sechs Kurfürsten den König auf der Romfahrt zu begleiten haben, um dessen rechtmässige Wahl dem Papste zu bezeugen: Rex quem eligunt Teutonici cum Romam vadit ordinari, secum ibunt de jure sex principes, qui primi sunt in ejus electione, ut pateat Apostolico regis justa electio. Mit dieser Angabe ist ein Marmorrelief aus der Wende des 13. Jahrh. im Dome zu Monza zu vergleichen, von dem Jäger, Weltgeschichte 2. Bd. S. 357 eine Abbildung giebt. Dasselbe stellt die Krönung eines deutschen Königs im Dome zu Monza dar. Unter den an der Krönung beteiligten Personen befinden sich ebenfalls die sechs Kurfürsten und zwar sind auch ihre Namen angegeben in folgender Reihenfolge (von links nach rechts): Archiepiscopus Coloniensis. Dux Saxoniae. Archiepiscopus Trevirensis. Landegravius (d. i. Pfalzgraf vom Rhein). Archiepiscopus Magantiae. Marchio Brandeburgicus. In den Ordines freilich werden die Kurfürsten nirgends erwähnt.

[2]) Der Eid, den Pertz (LL. II, 68) hier einfügt, gehört erst in die zweite

iterum a pontifice obsculatus est. Mox super eum orationem primam, sicut in ordine continetur, Lavicanus[1]) episcopus dedit. Wenn die römischen Annalen hier den Krönungseid nicht, wie es der Ordo verlangt, ante portas aereas s. Mariae in turri vom Kaiser leisten lassen, sondern erst vor der porta argentea, so ist dies nur auf Ungenauigkeit oder Verwechslung zurückzuführen, wie denn gerade bei der Krönung Heinrichs V. die Angaben der Schriftsteller von einander abweichen.[2]) Während die Annales Romani a. a. O. ganz dem Ordo entsprechend den Empfang des Kaisers ad superiora graduum verlegen, lässt Wilhelm von Malmesbury (Gesta reg. Angl. lib. V. c. 423 SS. X, 479), dessen Angabe auf dem Berichte des Schotten David, eines Augenzeugen, beruht, den Empfang in Argentea porta und Petrus Pisanus (Vita Paschalis II. bei Watterich II, 8) gar erst intra ecclesiam beati Petri erfolgen.

Uebereinstimmend mit den Ann. Romani berichtet Petrus, Chronica mon. Casinenis lib. IV. c. 37 (SS. VII, 779): Cum vero ad superiora — affuit. Geändert ist nur folgender Passus: Quem (sc. papam) imperator ut vidit, de equo descendens procidit ad pedes eius, demumque exurgens, in nomine Trinitatis in ore, et fronte et oculis ei pacem dedit, ac stratoris officium exibuit; moxque dexteram pontificis tenens etc. wie Ann. Rom. Die Erwähnung der Sitte des Steigbügelhaltens beruht auf Verwechslung mit dem Vorgange nach der Krönungsmesse, ehe die Prozession zum Lateran[3]) beginnt. Wie hätte auch der Kaiser auf der Höhe der Treppe den Marschallsdienst leisten können! — Gute Kenntnis des Empfangsceremoniells zeigt auch die Historia restaurationis abbatiae Tornacensis c. 84 (SS. XII, 662): Susceptus itaque a Romanis cum magno gaudio et processione, venit ad sancti Petri ecclesiam, ubi domnus papa residens eum exspectabat. At ubi ex more pedibus papae summissus ad osculum eius levatus est, — domnum papam, quem iam osculatus fuerat, cum omnibus cardinalibus, qui eum pro tam festiva processione circumdederunt, violenter captum in sua castra duxit. — Den Einzug des Kaisers und dessen Empfang durch den Papst vermengt Otto von Freising in seinem Chronicon lib. VII. c. 14 (SS. XX,

---

und dritte Periode der Kaiserkrönung. cf. Waitz, Formeln S. 51 und Schwarzer a. a. O. S. 192, ebenso oben S. 32 N. 1. Den ebenfalls hieher gehörigen Bericht Helmolds, Slavenchronik I, 39 s. unten Excurs § 1.

[1]) W. Wattenbach bemerkt SS. VII, 780 N. 49: Lavicanus episcopatus tunc iam cum Albanensi coniunctus fuisse videtur.

[2]) Dies mag in Zusammenhang stehen mit den Wirren, welche eben die Krönung Heinrichs V. begleiteten.

[3]) s. unten § 6.

254): Ibi (sc. in Urbe) a Paschali papa cum clero et populo Romano in urbe Leonina ante fores beati Petri cum crucibus et thuribulis aliisque ecclesiasticis seu forensibus ornamentis stante et adventum eius praestolante cum maximo tripudio suscipitur. Ganz allgemein in ecclesia beati Petri lässt der Erzb. Romuald von Salerno (Annales SS. XIX, 414) den Kaiser empfangen werden: Pascalis papa simul cum clero et populo Romano honorabiliter illum excepit in ecclesia beati Petri. Rex autem — post pacis osculum benedictionemque ab eo acceptam — cepit ipsum papam. — Den Empfang am 13. April, dem zum zweitenmale festgesetzten Krönungstage, hat Wilhelm von Malmesbury, Gesta regum Angl. lib. V. c. 423 (SS. X, 479) im Auge: Et in Argentea porta[1]) receptus est rex ab episcopis et cardinalibus et toto clero Romano; et coepta oratione quae in ordine continetur ab Ostiensi episcopo, quoniam Albanus deerat,[2]) a quo debuisset dici si adesset. Aehnlich, jedoch ohne den die Benediktion sprechenden Bischof zu nennen, der Cod. Udalrici 150 (Jaffé, Mon. Bamb. S. 276): Et in argentea porta rex a domno apostolico et a toto clero cum oratione, quae in ordine continetur, receptus.

Kaiser Lothar, mit welchem die zweite Periode der Kaiserkrönung beginnt, scheint nach der vita Norberti archiep. Magdeburg. c. 21 (SS. XII, 702) trotz des ungewöhnlichen Ortes ganz dem Ordo gemäss empfangen worden zu sein: Ingredientem itaque in manu valida Lotarium papa Innocentius cum cardinalibus et episcopis et universo clero suo sollempniter excepit (nämlich vor den Thoren der konstantinischen Basilika). Die Ann. Herbipolenses berichten ad a. 1132 (SS. XVI, 2) nur: Ab Innocentio offitiose suscipitur.[3])

Ausführlichere Nachrichten besitzen wir über den Empfang Friedrichs I. durch den Papst. Friedrich selbst schreibt darüber an Otto von Freising (SS. XX, 348): Mane facto domnus papa cum tota aecclesia ad basilicam sancti Petri nos precessit et ad gradus cum maxima processione nos suscepit. Otto führt dann den Vorgang weiter aus (Gesta Frid. lib. II, c. 32 SS. XX, 406), indem er schreibt, Friedrich sei in die Stadt eingezogen praecedente cum cardinalibus et clericis summo pontifice Adriano eiusque adventum in gradibus praestolante und hierauf: Mox princeps ad gradus ecclesiae beati Petri veniens, a summo pontifice susceptus ac usque ad confessionem beati Petri deductus est (letzteres ist

[1]) Ueber die falsche Ortsangabe cf. oben S. 68.

[2]) Der damalige Bischof von Albano, Richard, befand sich zur Zeit der zweiten Krönung in Frankreich (W. Wattenbach in SS. VII, 780 N. 49).

[3]) Ueber den Sicherheitseid, den Lothar und seine Nachfolger bei der Krönung neben dem allgemeinen Krönungseid zu leisten hatten, s. Excurs § 2.

ungenau). Richtig ist auch die Angabe Helmolds in seiner Slavenchronik lib. I. c. 80 (SS. XXI, 73): Mane igitur facto venit rex cum omni exercitu, precedensque domnus papa cum cardinalium numero suscepit eum ad gradus et intrantes domum beati Petri, aggressi sunt opus consecrationis. Das von E. Monaci aufgefundene Gedicht erzählt V. 657 ff. (a. a. O. S. 27):

Summus presul erat reuerendus tunc Adrianus,
Vir doctus clemens facundus moribus ingens.
Hic igitur regem felicitat aduenientem,
Suscipit, ut mos est, ad sancti limina Petri
Et simul in templum ducit cum laudibus ipsum.

Eingehend, aber nicht durchweg genau ist die Schilderung Bosos (Vita Hadriani bei Watterich II, 328 ff.): (rex) ad ecclesiam beatae Mariae in turri, in qua eum ante altare pontifex respectabat, ascendens, genua sua fixit coram eo, et manus suas inter ipsius pontificis manus imponens, consuetam professionem et plenariam securitatem secundum quod in ordine continetur publice exhibuit sibi. Relicto autem ibidem rege, pontifex ad beati Petri altare conscendit, cujus vestigia rex cum processione subsequens, ante portas Argenteas orationem primam ab uno episcoporum nostrorum suscepit. Boso unterscheidet fürs erste nicht den Ort des Empfanges und den Ort der Eidesableistung, sondern lässt beide Akte im Gegensatz zum Ordo an derselben Stelle erfolgen; und falsch, wenn nicht tendenziös entstellt, ist es sodann, wenn er den Kaiser seine Hände in die Hände des Papstes legen und ihn knieend schwören lässt, wie es bei Begründung eines Lehensverhältnisses von seiten des künftigen Vasallen zu geschehen pflegte.[1] Auf den Krönungseid weisen auch hin die Annales Romualdi (SS. XIX, 428): (Fredericus) ab Adriano papa facto illi sacramento ut moris est in ecclesia beati Petri sollempniter est coronatus.

Ueber den Empfang Heinrichs VI. berichtet nur Roger de Hoveden (Chronicon SS. XXVII, 154) ausführlicher: Dominus papa transtulit se a Laterano usque ad ecclesiam beati Petri, et venit ibi obviam ei Henricus Alemannorum rex cum Constancia uxore sua et cum copiosa plebe armata. Ungenau lässt er hierauf

[1] Es ist allerdings nicht unmöglich, dass man bei der Neugestaltung des Ordo für die Krönung Lothars den Versuch machte, eine derartige Ceremonie in den Ordo einzufügen; der Anschauung Innocenz' II. hätte sie ganz entsprochen, wie die Verse beweisen, welche er unter ein im Lateran auf seine Veranlassung angebrachtes Bild, das die Kaiserkrönung Lothars darstellte, setzen liess:

Rex venit ante fores, iurans prius Urbis honores,
Post homo fit papae, sumit quo dante coronam.

(Ottonis Frising. et Rahewini Gesta Friderici imp. lib. III c. 10 SS. XX, 421; die Beschreibung des Bildes in den Ann. Colonienses maximi s. oben S. 58 N. 2). Lothar und Friedrich lehnten die Ceremonie jedenfalls ab, wie auch das bezügliche Bild im Lateran auf Veranlassung Friedrichs entfernt wurde (Rahewin a. a. O.).

den König am Orte des Empfanges selbst schwören (begeht also einen ähnlichen Fehler wie oben Boso): Dominus vero papa ante ostium ecclesie beati Petri supra gradus recepit sacramentum a predicto Alemannorum rege, quod ipse ecclesiam Dei et iura ecclesiastica fideliter servaret illibata, et quod rectam iusticiam teneret, et quod patrimonium beati Petri, si quod inde ablatum esset, in integrum restitueret et quod Tusculanum ei redderet.[1])

Auch bei Otto IV. sind wir auf eine einzige, überdies nicht sehr genaue Nachricht angewiesen. Die braunschweigische Reimchronik, welche den Einzug des Kaisers ganz richtig geschildert hat, begeht bei Beschreibung des Empfanges durch den Papst manchen Fehler. Ihre Erzählung lautet V. 6763—6773 (Mon. Germ. Deutsche Chroniken tom. II, 543) also:

dha hernidher trethen
dhri biscophe, so se phlegen.
islich gaph im sinen segen.
se letten in herlichen sus
vor dhen pabes Innocencius,
dher sin uf dhen grethen wachte.
lepliche dhem men brachte
kuste her vor sinen munt;
her greyph ouch an dher stunt
bi dher hant dhen koninc her
und lette in an dat munster.

Irrig lässt hier die Reimchronik die drei Bischöfe von Ostia, Porto und Albano den Kaiser bei seiner Ankunft vor den Stufen der Peterskirche empfangen und alsbald ihre Gebete über ihn sprechen, um ihn dann erst zum Papste zu geleiten; ungenau ist es auch, wenn der Papst den König gleich ins Münster führt, statt zuerst in die Kirche St. Mariä in Turri.[2]) V. 6799—6801 (a. a. O. S. 544) nimmt die Reimchronik gelegentlich auch auf den Krönungseid Bezug:

nach dher Romeschen kerken site
gaph her dhem pabese eynen eyt
an vil grozer werdicheyt.[3])

Den allgemeinen Krönungseid erwähnt auch Otto von St. Blasien in seiner Fortsetzung der Chronik Ottos von Freising

---

[1]) Die nähere Erklärung dieser Stelle s. Excurs § 2.

[2]) Abweichend Winkelmann, Philipp von Schwaben und Otto IV. von Braunschweig II, 199.

[3]) Daran schliesst sich der irrtümliche Zusatz:
dher was dhem gelich,
dhen her svor zo Bruneswich.
Von einem Eide Ottos IV. in Braunschweig ist nichts bekannt. S. Winkelmann, Philipp von Schwaben und Otto IV. 2. Bd. S. 199 N. 1.

c. 52 (SS. XX, 334): Datoque sacramento,[1]) coram ecclesia se iustum iudicem ac viduarum et orphanorum tutorem nec non ecclesiarum et precipue patrimonii sancti Petri defensorem pro posse existere, ab apostolico consecratus coronatur; ebenso Thomae Tusci Gesta Imp. et Pont. (SS. XXII, 509): Iuravit etiam patrimonium sancti Petri Romane ecclesie conservare atque defendere. Ueber die übrigen eidlichen Verpflichtungen Ottos IV. siehe Excurs § 2 und § 3.

Der Krönungseid Friedrichs II. — nähere Nachrichten über seinen Empfang besitzen wir nicht — wird erwähnt von Richer (Gesta Senoniensis eccl. lib. IV. c. 4 SS. XXV, 301): Et iura sancte ecclesie se observaturum prout deberet iuravit. — Ein Krönungseid wird auch in einem noch ungedruckten Traktat Jakobs von Viterbo »de regimine Christiano« — enthalten in Cod. Paris. 4229 fol. 59[1] bis 112[1] — angeführt.[2]) Da der betreffende Traktat im Jahre 1300/1302 geschrieben wurde, so muss Friedrich II. als der letztgekrönte Kaiser den Eid in der Form geschworen haben, wie ihn der Traktat giebt. Und in der That stimmt die Form des Eides im Traktate im wesentlichen überein mit der Form, welche die Ordines 17, 14, 13a und 13, sowie der Ordo des Cod. Vat. 4748 geben. Im Traktat heisst es also: Illud etiam his inserendum est, quod cum imperator iurat, promittit se defensorem et protectorem summi pontificis et sancte Romane ecclesie in omnibus necessitatibus et utilitatibus suis et custodem et conservatorem possessionum, honorum et iurium eius.[3]) Ueber die übrigen eidlichen Verpflichtungen Friedrichs II. siehe Excurs § 2 und § 3.

Die Benediktionen, welche nach dem Ordo an der porta argentea und auf der rota[4]) von den Kardinalbischöfen von Albano resp. Porto[5]) gesprochen werden, mussten bei Friedrichs II. Krönung

---

[1]) Nach dem Texte der Monumenta Germaniae steht nach sacramento ein Komma; wäre aber, wie Winkelmann annimmt (a. a. O. S. 199 N. 1 und S. 494, wo er bei Anführung der Stelle das Komma nach ecclesia setzt), coram ecclesia zu dato sacramento zu ziehen, so läge eine Ungenauigkeit Ottos vor, da nach dem Ordo der Eid vor dem Altare in der Kirche St. Maria del Torre abgelegt wird.

[2]) Herr Professor Dr. Grauert hatte die grosse Güte, für die ich ihm zu dauerndem Danke verpflichtet bin, mir die betreffende Stelle nebst einigen anderen für meine Arbeit wertvollen aus dem von ihm bearbeiteten Pariser Codex 4229 mitzuteilen. Die angeführte Stelle steht auf fol. 96.

[3]) Der Traktat fährt dann bezeichnend fort: Unde videtur se habere ad papam sicut se habet manus ad capud in defendendo et ministrando.

[4]) cf. unten S. 73.

[5]) Dem Bischof von Porto wurde dieses sein Recht später durch Gregor IX. (1236 Aug. 2. P. 10217) verbrieft: ad unguendum vel consecrandum imperatorem primum tuam tuorumque successorum fraternitatem convocamus, ut, quibus regimen totius civitatis Leoninae concessum est, ab his primus sit benedictus.

von anderen gebetet werden, da jene eben damals abwesend waren.[1])

3. Skrutinium; zweite Benediktion über den Kaiser; seine Aufnahme unter die Kleriker von St. Peter.

Das Skrutinium, das nur während der ersten Periode der Kaiserkrönung — also von Otto I. bis Heinrich V. — als Teil des Krönungsceremoniells bestand, ging in folgender Weise vor sich:

Etwa in der Mitte des Hauptschiffes der Basilika St. Petri befand sich eine runde Porphyrplatte, rota porphyretica genannt. Dahin begiebt sich der Papst, nachdem er den Kaiser bei der Porta argentea zurückgelassen hat, während von den Klerikern das Responsorium »Petrus, liebst du mich« gesungen wird; er spendet den Segen und lässt sich auf den auf der rechten Seite der Rota für ihn bereit gestellten Sessel nieder, der Ankunft des Kaisers harrend. Diesen geleiten, sobald der Bischof von Albano sein Gebet beendet hat, der Archipresbyter und Archidiakon der Kardinäle zur Rota, wo er sich ebenfalls setzt; die genannten Kardinäle aber lassen sich ihm zu beiden Seiten nieder, denn sie haben den Kaiser bei den Antworten auf die ihm vorgelegten Fragen zu unterstützen. Rechts vom Kaiser nehmen ferner die deutschen Bischöfe Platz, zur Rechten des Papstes aber die sieben lateranensischen Bischöfe je nach ihrem Range. Nachdem auch die übrigen Kardinäle und Geistlichen sich gesetzt, beginnt das Skrutinium. Der Papst, auf die alte Institution der Väter und auf das Wort des Apostels, niemand vorschnell die Hände aufzulegen, sich berufend, legt dem Kaiser verschiedene Fragen vor, deren Inhalt sich auf die Tugenden bezieht, die ein jeder Christ, vor allem aber ein Herrscher der Christenheit zu üben hat. So muss der Kaiser versprechen, gottesfürchtig und sittenrein zu leben, Nüchternheit zu bewahren, von schmählichem Gewinn sich fernzuhalten, demütig und geduldig, gegen Arme, Reisende und Notleidende aber leutselig und barmherzig zu sein. Auf diese Gelöbnisse folgt die Ablegung des Glaubensbekenntnisses, wieder in Form von Frage des Papstes und Antwort des Kaisers.

Sofort nach dem Skrutinium spricht der Bischof von Porto, sich mitten auf die Rota stellend, das zweite Gebet über den Kaiser; zu gleicher Zeit spricht der Bischof von Ostia über die an der silbernen Pforte harrende Kaiserin die festgesetzte Oration.[2])

---

[1]) Der Bischof von Albano befand sich in Aegypten, der Bischof von Porto in Südfrankreich. S. Winkelmann, Friedrich II. Bd. 1 S. 109 N. 2. Wer ihre Stellvertreter waren, ist unbekannt.

[2]) cf. oben S. 64.

Der Papst aber begiebt sich in die Sakristei, um sich mit den päpstlichen Gewändern bis auf die Dalmatika zu bekleiden.

Auch der Kaiser wird jetzt mit den Krönungsgewändern angethan und begiebt sich zu diesem Behufe in die Kapelle des hl. Gregorius,[1]) wo ihn der Archipresbyter und Archidiakon — diese haben ihm bei der ganzen Krönung die nötigen Anweisungen zu geben — mit dem Schultertuch, der Albe und dem Cingulum bekleiden. So führen ihn diese dann zum Papste in die Sakristei,[2]) der ihn hier zum Kleriker macht und ihm die Tunika und Dalmatika, das Pluviale und die Mitra, Stiefel und Sandalen[3]) verleiht.

In der zweiten und dritten Periode der Kaiserkrönung ist das Skrutinium aufgegeben. Auf das erste Gebet des Bischofs von Albano folgt, sobald der Zug auf der Mitte der Rota angekommen ist, sofort das zweite des Bischofs von Porto; zum Domherrn aber wird der Kaiser gleich nach Ablegung des Krönungseides noch in der Kirche St. Maria del Torre selbst gemacht.[4])

Auf der Rota — also nicht mehr, wie in der ersten Periode, an der silbernen Pforte — wird auch, wenn der Kaiser mit Gemahlin gekommen ist, über diese vom Bischof von Ostia die erste Benediktion gesprochen.[5])

Die erste Erwähnung des Skrutiniums finden wir bei Rudolf Glaber (Hist. lib. I. c. 5 SS. VII, 59) mit Bezug auf Heinrich II.: Illud nihilominus nimium condecens ac perhonestum videtur atque ad pacis tutelam optimum decretum, scilicet ut ne quisquam audacter Romani imperii sceptrum praeproperus gestare princeps appetat, seu imperator dici aut esse valeat, nisi quem papa sedis Romanae morum probitate delegerit aptum rei publicae eique commiserit insigne imperiale.[6]) Dass noch bei Heinrich V. ein

---

[1]) Im Ordo des Cencius heisst die Kapelle chorus sancti Gregorii, sonst wird sie Oratorium s. Gregorii oder sacellum Gregorianum genannt. Sie befand sich zur Linken, wenn man aus dem Vorhofe in die Kirche eintrat. cf. Bunsen und Platner a. a. O. S. 121.

[2]) Die Sakristei war ebenfalls links an die Vorhalle und die Seitenmauer der Kirche angebaut. cf. Bunsen und Platner a. a. O. S. 71.

[3]) Die Sandalen kamen, wie die Mitra, sonst nur Bischöfen zu. Unrichtig ist die schon von Waitz (Verfg. VI, 193) als zweifelhaft bezeichnete Ueberlieferung Landulfs (historia Mediolanensis c. 26 SS. XX, 31): (Heinricus V.) Rome in ecclesia sancti Petri discalciatus stetit ante Pascalem papam expectans coronam imperandi und nachher rex discalciatus in atrium ecclesie sancti Petri venit und ut erat nudis pedibus.

[4]) cf. oben S. 65.

[5]) So der Ordo des Cod. Vat. 4748 und es ist kein Grund vorhanden, an dessen Angabe zu zweifeln. Es war dies wohl auch eine Folge der Aufgabe des Skrutiniums. Die übrigen hieher gehörigen Ordines der zweiten und dritten Periode haben einfach »Ad ingressum ecclesiae sic oratur«, ohne dass der benedicierende Kardinal oder der Ort, wo die Benediktion stattfinden soll, genannt wäre.

[6]) Für das Skrutinium verwendet die Stelle Schwarzer a. a. O. S. 188. Nach der Meinung von Herr Prof. Dr. Grauert aber, die mir richtiger zu sein

Skrutinium stattfand oder wenigstens stattfinden sollte, beweist die Erwähnung von Veranstaltungen wie sie im Ordo des Cencius eben für das Skrutinium getroffen werden, nämlich die Aufstellung von Stühlen auf der rota porphyretica in der Mitte des Hauptschiffes der Kirche. So berichten die Annales Romani (SS. V, 474): Post ingressum basilicae, cum in rotam porfireticam pervenisset, positis utriusque sedibus consederunt und die Ann. Hildesheimenses ad a. 1111 (SS. III, 112): In aecclesia beati Petri consident.

Die rota porphyretica mit den auf ihr aufgestellten Stühlen war auch ein ganz geeigneter Ort, um unmittelbar vor der Krönung noch etwaige Verhandlungen zu pflegen. So fand bei Heinrich V. die Verlesung der vereinbarten Urkunden — Verzicht des Kaisers auf die Investitur und Verzicht des Papstes und der Kirche auf die Regalien — eben auf der rota statt, wie die Annales Romani,[1]) die Annales Hildesheimenses,[2]) sowie Ekkehard[3]) übereinstimmend angeben, während allerdings der Kaiser selbst die Oertlichkeiten verwechselt und die Verlesung der Urkunden ad ecclesiae b. Petri januas[4]) verlegt.

Als Heinrich V. am 13. April 1111 zum zweitenmale zur Krönung kam, scheint das Skrutinium fallen gelassen worden zu sein, nachdem dasselbe bereits am 12. Februar vorgenommen worden war. Wenigstens berichtet Wilhelm von Malmesbury bezw. der Schotte David (gesta regum Angl. lib. V. c. 423 SS. X, 480) einfach: (rex) ad mediam rotam ductus est, worauf alsbald das Gebet des Bischofs von Porto folgt: et ibi recepit secundam orationem a Portuensi episcopo, sicut praecipit Romanus ordo. Aehnlich der Cod. Udalrici (N. 150 bei Jaffé, Mon. Bamb. S. 276):

---

scheint, hat sie diese Bedeutung nicht. Sie will dem Papst das Recht zusprechen, den Kandidaten für das Imperium zu bezeichnen, aber doch nicht entfernt in dem Sinne, dass nun erst im Skrutinium die morum probitas des Kandidaten ernstlich geprüft werden sollte. Das Skrutinium war ja lediglich eine Form, von deren Ausfall die materielle Entscheidung nicht mehr abhing.

[1]) a. a. O.: Post ingressum basilicae, cum in rotam porfireticam pervenisset, positis utriusque sedibus consederunt. Pontifex refutationem investiturae, et cetera quae in conventionis carta scripta fuerant, requisivit, paratus et ipse que in alia conventionis carta scripta fuerant adimplere.

[2]) a. a. O.: Datis autem utriusque obsidibus, in aecclesia beati Petri consident, super negociis aeçclesiasticis tractaturi.

[3]) Chronicon a. d. 1111 (SS. VI, 244): — utpote quam immensa honorificentia sit receptus et per Argenteam portam usque ad mediam rotam antiquo Romanorum instituto deductus, ibique lectis publice privilegiis. Den richtigen Ort nennt auch das Chronicon Luneburgicum (SS. XVI, 75): Se quemen tosamene in sente Peters munstere. De wile se saten an deme rade (= rota) etc.

[4]) LL. II, 70: usque ad ecclesiae b. Petri januas cum processione perveni. Ubi . . . hoc decretum promulgavi.

Ad mediam Romam (sollte natürlich heissen rotam) deductus est et ibi expleta oratione secunda[1]) etc.

Nach der Zeit Heinrichs V. finden wir ganz in Uebereinstimmung mit den Ordines der zweiten und dritten Periode der Kaiserkrönung, die das Skrutinium nicht mehr haben, auch bei keinem Schriftsteller mehr eine Andeutung von demselben.

4. Die Salbung.

Von der Sakristei aus, wo der Papst den Kaiser zum Domherren gemacht hat, zieht man während der ersten Periode in feierlicher Prozession zum Grabe des hl. Petrus, voraus der Papst in seinem vollen Ornate (man hatte ihn noch mit der Planeta und dem Pallium bekleidet und die Mitra aufs Haupt gesetzt), ihm folgt der Kaiser mit seinen Führern, dem Archipresbyter und dem Archidiakon, hinter ihm schreitet seine Gemahlin, indem sie sich von der Kapelle des hl. Gregorius aus, wohin sie nach dem Gebete des Bischofes von Ostia von einem Kardinalpriester und einem Kardinaldiakon geleitet worden war, dem Zuge anschliesst. Vor dem Grabe werfen sich der Kaiser und die Kaiserin nieder, während die feierliche Pontifikalmesse (in welche Salbung und Krönung eingeschoben ist), beginnt: Die Sängerschule singt den Introitus und das Kyrie, der Papst aber tritt zum Altare des hl. Petrus, betet das Confiteor, giebt hierauf den Diakonen den Friedenskuss und incensiert den Altar.

Jetzt beginnt der Archidiakon die Litanei — der Papst sitzt während derselben, sowie während der folgenden Salbung auf dem Thronsessel dem Altare gegenüber. Nach beendigter Litanei legt der Kaiser — er lag während der ganzen Litanei noch zum Gebete niedergeworfen — die Domherrenkleidung ab bis auf das Pluviale. Und nun salbt ihm der Bischof von Ostia in Kreuzesform[2]) den rechten Arm und den Teil des Rückens

---

[1]) Das zweite Gebet des Bischofs von Porto erwähnt auch Boso (Vita Hadriani bei Watterich II, 328) mit Bezug auf Friedrich I.: et secundam (orationem) infra ecclesiam in rota super eundem regem alius ex episcopis nostris dedit.

[2]) Der Ordo des Cod. Vat. 4748 hat »ungat ei in modum crucis«, was gewiss richtig ist, trotzdem es in keinem anderen Ordo steht. — Ein durchscheinendes goldenes Kreuz, das man auf dem Rücken zweier Fürsten aus dem Hause Wettin gesehen zu haben glaubte, galt als Zeichen der Berufung zum Kaisertum: Von Friedrich dem Freidigen von Meissen-Thüringen, einem Enkel Kaiser Friedrichs II. durch seine Mutter Margaretha, erzählt Peter von Zittau, der Geschichtschreiber des Cisterzienserklosters Königssaal in Böhmen (Königssaaler Geschichtsquellen ed. Loserth in Fontes rer. Austriac. 1. Abt. Bd. 8 S. 424): Eodem anno sexto Kalendas Decembris (recte: 17. Nov. 1324) obiit Fridericus marchio Misnensis, lantgravius Thuringiae, nepos Friderici imperatoris, Alberti lantgravii filius in castro quod dicitur Wartperch. Iste Fridericus Misnensis marchio iuventutis suae tempore multum famosus exstitit, ita quod vulgare vaticinium de ipso latissime

zwischen den Schultern mit heiligem Oele, wobei er zwei Gebete über ihn spricht. Bei Ottos III. Salbung wurde eines der Gebete durch ein der Formel für die deutsche Königskrönung entnommenes ersetzt.

Nach dem Kaiser wird vom Bischof von Ostia[1]) alsbald auch die Kaiserin gesalbt und ebenfalls zwei Gebete über sie gesprochen.

In der zweiten und dritten Periode der Kaiserkrönung tritt sowohl hinsichtlich der Zeit als auch insbesondere hinsichtlich des Ortes der Salbung eine bedeutende Aenderung ein. Nachdem die auf der Rota wegen des Gebetes des Bischofes von Porto unterbrochene Prozession — es ist immer noch dieselbe Prozession, welche in der Kirche St. Mariä in Turri begonnen mit dem zweimaligen Stillstande bei der porta argentea und auf der rota — vor der Confessio des hl. Petrus angekommen ist, wirft sich der Kaiser, wie früher, zum Gebete nieder und die Litanei wird vom Archidiakon gesungen; dann betet der Archipresbyter das Vaterunser nebst einigen Versikeln und zwei kleinen Gebeten. Darauf folgt aber sofort, also ehe die Krönungsmesse beginnt, die Salbung durch den Bischof von Ostia und zwar vor dem Altare des hl. Mauritius.[2]) Die Ceremonien der Salbung und die sie begleitenden Gebete bleiben im Uebrigen dieselben.

Die Salbung der Kaiserin wird in der zweiten und dritten Periode erst nach vollendeter Krönung des Kaisers vorgenommen.[3])

Die Salbung ist derjenige Abschnitt des ganzen Krönungsceremoniells, über welchen die Nachrichten der Schriftsteller am spärlichsten sind, wenn man von allgemeinen Ausdrücken, die

---

se diffudit. Audivi saepe, cum essem puerulus (Peter von Zittau ist geb. um 1276), quod idem marchio Fridericus imperator potens esset futurus et in clero mirabilia facturus; et dicebatur a vulgo, quod inter scapulas crucem auream haberet in dorso apparentem. Nihil tamen horum verum exstitit vel evenit, immo mirabile quam miserabile factum huic accidit marchioni; von dem Kurfürsten Johann Friedrich von Sachsen, dem Besiegten des schmalkaldischen Krieges, wird berichtet: Cruce aurei coloris in dorso fulgente insignitus fertur, cum nasceretur (Georg Fabricius, Saxoniae illustratae lib. VIII. pag. 33). Schon E. W. Tentzel, Vita et fata Friderici fortis sive admorsi bei Mencke, Scriptores rer. Germ. II, Spalte 991 hat auf die beiden angeführten Stellen hingewiesen. Vgl. Grauert, zur deutschen Kaisersage im Histor. Jahrb. Bd. XIII (1892) S. 114 und S. 135.

[1]) Der Bischof von Ostia wird zwar im Ordo des Cencius nicht ausdrücklich genannt; nach dem Zusammenhange kann aber kein anderer die Salbung der Kaiserin vornehmen und die bezüglichen Gebete sprechen, insbesondere auch nicht der Papst, da derselbe den Thronsessel, auf dem er beim Beginne der Litanei durch den Archidiakon Platz genommen hat, erst verlässt, wenn die beiden Salbungsgebete über die Kaiserin schon gesprochen sind.

[2]) Die Kapelle des hl. Mauritius lag im Kreuzschiff an dem Pfeiler der zweiten Säulenreihe links vom Haupteingange. S. Bunsen und Platner a. a. O. S. 126.

[3]) cf. unten § 5.

sehr oft sich finden, absieht. Mit Beziehung auf Otto II. erzählt der Annalista Saxo 967 (SS. VI, 620): sequenti die Ottonem regem acclamatione tocius Romane plebis ante confessionem b. Petri cesarem et augustum ordinavit. Dann haben wir nur noch über die Salbung der drei salischen Heinriche nähere Angaben: Bei Heinrich III. bemerkt Benzo von Alba (Ad Heinricum IV. lib. VII. c. 2 SS. XI, 671): Die autem natalis Domini papa consecratur, per cuius manum rex Heinricus, oleo Spiritus sancti perhunctus, ad imperium sublimatur; und mit Bezug auf Heinrich IV. schreibt er in dem Programm, das er von einer Kaiserkrönung entwirft (a. a. O. lib. I, c. 9 SS. XI, 603): Finita processione missa incipitur, et secundum s(c)ita canonum ante evangelium imperator consecratur et benedicitur. Benzo lässt bereits am Tage des Einzuges des Kaisers, den er vom eigentlichen Krönungstag trennt, die Salbung vornehmen, während sonst mit dem Gebete des Bischofes von Albano an der silbernen Pforte die Einzugsfeierlichkeiten abschliessen;[1]) auch die Angabe, dass bereits an diesem Tage eine Messe stattfinden soll, ist nicht glaublich, erklärt sich aber aus der Verworrenheit Benzos in seiner ganzen Darstellung der Kaiserkrönung,[2]) wie er denn umgekehrt am eigentlichen Krönungstage die Uebergabe der Insignien ohne Messe erfolgen lässt. Richtig schreibt von Heinrichs V. Salbung Ekkehard (Chronicon ad a. 1111 SS. VI, 244): Cum nimio populi Romani immo totius ecclesiae ac inestimabilis exercitus tripudio, ante confessionem sancti Petri, augusti nomen et imperium a Christo, ipse crismate rite perunctus et sacratus et sub augustissima pompa coronatus, suscepit. Allerdings lässt Ekkehard fälschlicher Weise die Krönung an demselben Orte stattfinden wie die Salbung. — Ganz mit dem Ordo übereinstimmend ist die Angabe Wilhelms von Malmesbury (SS. X, 480): Deinde (nach dem Gebet des Bischofs von Porto) duxerunt eum cum letaniis usque ad Confessionem apostolorum, et ibi unxit eum Hostiensis episcopus inter scapulas et in brachio dextro. Aehnlich Cod. Udalrici N. 150 (Jaffé, Mon. Bamb. S. 276): Usque ad confessionem apostolorum Petri et Pauli cum letaniis perductus et unctus est.

Bezüglich der Salbung der späteren Kaiser (von Lothar bis Friedrich II.) besitzen wir ausser den schon verwerteten Angaben des Petrus Mallius und des Boso[3]) keine weiteren Nachrichten mehr, die genaueren Aufschluss über diesen Akt des Krönungsordo gäben. Dass aber die Salbung in der That am Altare des

[1]) cf. oben S. 63 N. 4.

[2]) cf. unten § 6.

[3]) cf. oben S. 10 f.

hl. Mauritius erfolgte, geht hervor aus der Bemerkung des Gervasius von Tilbury in den Otia imperialia II, 18 (SS. XXVII, 378): (imperator) ad altare modicum in dextro latere[1]) basilicae s. Petri consecratur a solo papa. Gervasius befand sich zur Zeit der Krönung Ottos IV. in Rom.

5. Ueberreichung der Insignien. Krönungsmesse.

Die Ueberreichung der Insignien ist gemäss der Bedeutung, welche die mittelalterliche Anschauung den Insignien beilegte, neben der Salbung als der wichtigste Akt des Krönungsceremoniells zu betrachten. In den Insignien sah man nicht blos die äusseren Symbole der Herrschaft, sondern geradezu die Herrschaft selbst. Erst wenn der König im Besitze der Reichsinsignien ist, hat er die volle Königsgewalt. Daraus erklärt sich die grosse Wichtigkeit der Insignien, wo es sich um die Nachfolge im Königtume handelte: Der Besitz der echten Insignien gab anderen Kandidaten gegenüber einen bedeutsamen Vorteil; die Uebersendung derselben von seiten eines sterbenden Kaisers kam in ihren Wirkungen fast einer Designation gleich.[2])

Die Insignien nun, welche der Papst dem Kaiser bei der Krönung in Rom übergiebt, sind dieselben, welche dieser schon

---

[1]) Gervasius denkt sich den Beschauer vorn im Chore oder beim Altare des hl. Petrus dem Eingang zugewendet; so lag dann der Altar des hl. Mauritius allerdings rechts. S. vorn S. 77 Anm. 2. Im Gegensatz zum Kaiser wird der Papst am Altare des hl. Petrus gesalbt: Cum e diverso papa — ad altare s. Petri tantum inunctionem suscipiat. cf. die Angaben des Petrus Mallius oben S. 10.

[2]) S. Waitz, Verfg. Bd. 6 S. 133 und S. 223—224. Den dortigen Ausführungen füge ich noch bei, dass Kaiser Lothar von Supplinburg vor seinem Tode die Reichsinsignien seinem Schwiegersohn Heinrich von Bayern zur Verwahrung überwies als Zeichen des Wunsches, dass er sein Nachfolger werde: Otto Fris. Chron. VII, 20: Regalia dux Heinricus gener eius, in cuius finibus obierat, accepit. Derselbe VII, 23: Heinricus dux regalia servans. Ann. Saxo ad a. 1138: Regalia quae Heinricus Bawariae, qui et dux Saxonum gener Lotharii imperatoris sub se habuit. Philipp von Schwaben glaubte dadurch, dass er sich mit den echten Reichsinsignien krönen liess, Otto von Braunschweig gegenüber einen Vorteil gewinnen zu können: cf. Winkelmann Otto IV. Bd. 1 S. 136. Otto suchte den Mangel durch dreitägige förmliche Besitzergreifung vom Königsstuhl in Aachen zu ersetzen. cf. Winkelmann a. a. O. S. 84 und Grauert, das gefälschte Aachener Karlsdiplom im Hist. Jahrb. XIII S. 185 A. 2. Wie sehr Friedrich II. es als harten Mangel empfand, der echten Insignien entbehren zu müssen, beweist der Umstand, dass er selbst die Hilfe des Papstes gegen den Pfalzgrafen Heinrich von Braunschweig anrief, als dieser die Reichsinsignien über die von Otto IV. in seinem Testament bestimmte Frist von 20 Wochen hinaus behielt. Böhmer-Ficker, Reg. imp. V, 972. Winkelmann, Acta imp. I, 127. Friedrich führt die Nichtauslieferung der Insignien auch als Grund an, warum er sein Kreuzzugsgelübde bisher nicht habe erfüllen können. cf. Winkelmann, Friedrich II. Bd. 1 S. 11 ff.

als König getragen,[1]) denn nirgends wird ein Unterschied zwischen kaiserlichen und königlichen Insignien gemacht.[2]) Die Könige mussten also die Insignien zur Kaiserkrönung nach Rom mitbringen. In älterer Zeit erscheint dies selbstverständlich, da bis zur Zeit Heinrichs IV. der König die Insignien stets bei sich führte.[3]) Aber auch als man anfing, die Insignien auf einer Burg zu verwahren, wurden sie vor der Abfahrt nach Italien abgeholt, um bei der Kaiserkrönung zur Hand zu sein.[4])

Indessen werden nicht sämtliche Insignien, die dem Könige zukommen, bei der Krönung zum Kaiser vom Papste übergeben, sondern nur die wichtigsten: Ring (nur während der ersten Periode), Schwert, Krone, Scepter, wozu in der dritten Periode der Kaiserkrönung der Reichsapfel kommt.[5]) Unter diesen ist die Krone das wichtigste Symbol, sie ist das eigentliche Zeichen der könig-

---

[1]) Gervasius von Tilbury sagt deswegen in den Otia imperialia II, 18 (SS. XXVII, 378): Et sicut a solo deo Graecorum pendet imperium, ita a sede tantum Romana papa occidentis asserit pendere imperium. Ecce haec nova et inusitata commutatio facit, ut papa solus insignia ferat imperialia et imperator Romanus nomen imperiale teneat sub vulgaribus aliorum regum insignibus. Nempe imperialia non accipit insignia, quae sibi soli papa collata conservat. Heinrich II. erhielt ausnahmsweise zu Rom eine neue Krone. Dies geht hervor aus Thietmar (Chron. lib. VII c. 1 SS. III, 835): Priorem autem coronam super altare principis apostolorum suspendi precepit.

[2]) cf. Waitz a. a. O. S. 226.

[3]) Waitz a. a. O. S. 225. Es kann hier auch auf die N. 1 angeführte Stelle aus Thietmar hingewiesen werden, aus welcher klar hervorgeht, dass Heinrich II. eine Krone aus Deutschland mitgebracht hatte.

[4]) So geschah es wenigstens, als Friedrich II. seine Romfahrt antrat: Böhmer-Ficker Reg. imp. V, 1033 in Verbindung mit Chron. Ursp. a. d. 1221 (SS. XXIII, 379): Et insignia imperii, videlicet coronam et alia, remittit in Alamanniam, faciens ea custodiri sub potestate Eberhardi de Tanne, ministerialis et dapiferi sui, in castro Walpurc. Auch Otto IV. führte die Insignien auf seiner Romfahrt mit sich; nach seiner Kaiserkrönung übergab er sie den Mailändern zur Obhut. cf. Winkler, Reichskleinodien S. 31.

[5]) Selbst bei der Königskrönung wurden nicht alle Insignien gebraucht; das Formular für die deutsche Königskrönung vom 10. bis 12. Jahrhundert bei Waitz, Formeln S. 33 ff. nennt z. B. die hl. Lanze und das Kreuz ebensowenig wie den Reichsapfel, trotzdem die Lanze schon unter Heinrich I. zu den Insignien kam und bereits die Ottonen den Reichsapfel trugen (Gregorovius, Gesch. d. Stadt Rom IV, 19 N. 1). Wahrscheinlich wurden die Insignien, welche der Ordo nicht nennt, von Laienhand dem Könige übergeben. Friedrich I. schreibt wenigstens an Papst Eugen III. (Ep. Wibaldi 372 bei Jaffé Mon. Corbeiensia S. 500): Nos vero in multiplicibus regiae dignitatis ornamentis, quibus partim per laicorum principum obsequia partim per reverendas pontificum benedictiones vestiti sumus, regium animum induimus etc. Aehnlich scheinen auch bei der Kaiserkrönung die Insignien, welche bei der eigentlichen Krönung nicht benutzt wurden, doch anderweitig Verwendung gefunden zu haben. So lässt Benzo von Alba (Ad Heinricum IV. c. 9 SS. XI, 602) beim Einzuge dem künftigen Kaiser eine Lanze und ein Kreuz vorangetragen werden; ebenso hält der König einen Reichsapfel in der linken Hand.

lichen und kaiserlichen Würde.[1]) Die Aufsetzung der Krone allein genügt, um die Gemahlin des Königs zur Königin oder Kaiserin zu machen, andere Insignien erhält sie nicht. Gregor VII. hätte es für hinreichend erachtet, von der Engelsburg herab Heinrich IV. eine Krone auf das Haupt zu setzen, um ihm die Kaiserwürde zu verleihen.[2]) Es ist auch sicherlich nicht blosser Zufall, wenn im Ordo des Cencius der König erst nach Aufsetzung der Krone den Titel »imperator« erhält, während er bis dahin, auch nachdem ihm schon Ring und Schwert übergeben sind, immer noch »electus« oder »electus imperator« genannt wird.[3])

Im einzelnen geht nun die Ueberreichung der Insignien in folgender Weise vor sich:

In der ersten Periode der Kaiserkrönung folgt die Uebergabe der Insignien sofort auf die Salbung. Der Papst steigt von seinem Throne, auf dem er während der ganzen Salbungsceremonie gesessen, herab, schreitet zum Altare des hl. Mauritius, der König mit seiner Gemahlin folgt ihm. Dort angekommen stellt sich der Papst auf die Stufen des Altars, vor ihm auf der runden Platte des Fussbodens steht der König, zu dessen Rechten seine Gemahlin mit sechs der lateranensischen Bischöfe — die Plätze derselben waren bestimmt durch runde Steine, die in den Fussboden eingelassen waren — der siebente unterstützt den Papst bei der heiligen Handlung. Zuerst steckt nun dieser dem Erwählten den goldenen Ring an den Finger, umgürtet ihn dann mit dem Schwerte, je unter zwei entsprechenden Gebeten, von welchen das erste als das wichtigere das Insigne selber nennt und seine Bedeutung erklärt. Darauf folgt der wichtigste Akt der ganzen Feier, die eigentliche Krönung selbst. Der Archidiakon nimmt die Krone für den Kaiser vom Altare des hl. Mauritius — man hatte die beiden Diademe für ihn und seine Gemahlin vom Altare des hl. Petrus, wo sie zuerst liegen mussten, dahin gebracht — und reicht sie dem Papste dar, der sie dem Könige aufs Haupt setzt, aber dabei nur Ein Gebet spricht.

Nach dem Könige wird alsbald auch die Königin gekrönt. Während sie der Papst mit dem kaiserlichen Diadem, dem einzigen Herrschaftszeichen, welches sie erhält, schmückt, legen ihr die sieben lateranensischen Bischöfe die Hände auf. Auch über sie wird dabei nur Eine entsprechende Oration gebetet.

---

[1]) Waitz a. a. O. S. 227 und S. 223 N. 3.

[2]) Bernoldi Chronicon ad a. 1083 (SS. V, 438): Romani mandaverunt Heinrico, ut veniret ad accipiendam coronam cum iusticia, si vellet; sin autem, de castello sancti Angeli per virgam sibi dimissam a papa reciperet.

[3]) Aehnlich wird im genannten Ordo der Titel imperatrix erst gebraucht, nachdem die Kaiserin die Krone erhalten hat, vorher heisst sie immer noch regina.

Als letztes Zeichen wird hierauf dem Kaiser noch das Scepter übergeben, wieder mit zwei begleitenden Gebeten.

Nach Vollendung des Krönungsaktes kehrt der Papst zum Altare des hl. Petrus zurück; auch der Kaiser, geführt vom Stadtpräfekten und dem obersten der Richter, und die Kaiserin, welche der Präfekt der Flotte und der zweite der Richter geleiten, begeben sich an die für sie bestimmten Plätze.[1]) Am Altare angekommen, intoniert der hl. Vater das feierliche »Gloria«, womit das begonnene Messopfer seinen Fortgang nimmt. Der Messe vom Tage wird an drei Stellen ein Gebet für den Kaiser eingefügt:[2]) das erste nach dem Gloria, das zweite vor der Präfation und das dritte nach der Kommunion. Nach dem Gloria und dem ersten dieser Gebete stimmt der Archidiakon die Laudes an und der Chor — er hatte seine Stellung zwischen dem Altare und dem grossen Kreuze, das vom mächtigen Balken unter dem den Eingang in das Kreuzschiff bildenden Bogen[3]) herabhing — singt zu je dreienmalen: Langes Leben unserem Herrn N., durch Gottes Gnade oberster Pontifex und allgemeiner Papst! Sieg und langes Leben unserem Herrn N., dem grossen und friedfertigen, von Gott gekrönten Kaiser! Langes Leben unserer Herrin N., seiner Gemahlin, der erlauchten Kaiserin! Sieg und Leben dem römischen und deutschen Heere!

Darauf folgt eine Art Litanei: Zu je dreimalen wird die Hilfe des Heilandes der Welt, der seligsten Jungfrau, der drei Erzengel, des hl. Petrus, Paulus und Johannes, des hl. Gregorius und Mauritius angerufen. Den Schluss der Laudes bildet der alte Lobpreis »Christus vincit, Christus regnat, Christus imperat«; als die Hoffnung und das Heil der Christen, als ihr Sieg, Ehre und Ruhm, als ihre unbezwingliche Mauer, ihr Preis und Triumph wird Christus, der Sieger, gepriesen, dem Lob, Ehre und Herrschaft gebührt in Ewigkeit.

Nach den Laudes wird die Epistel gelesen und das Graduale gesungen, worauf der Kaiser und die Kaiserin ihre Kronen ab-

---

[1]) Wo diese sich befinden, wird nicht gesagt.

[2]) Diese drei Gebete, beginnend mit den Worten »Deus regnorum omnium« etc.; »Suscipe, domine, preces et hostias« etc. und »Deus qui ad praedicandum aeterni regis evangelium« etc. waren während aller drei Perioden der Kaiserkrönung die gleichen, wenn auch die Formeln der ersten Periode nur das erste (und dritte s. Beilage II) erwähnen. Die Gebete finden sich ja bereits in der missa pro regibus in die benedictionis des Pontifikale Egberti (Publ. of the Surtees Society Vol. 27 S. 100 bezw. S. 104); sie kehren wieder in der missa pro imperatore des Ordo II bei Waitz (Formeln S. 66); auch im Ordo der Krönung der ungarischen Könige (Martène II, 652 ff.) habe ich die Gebete gefunden.

[3]) Der sogenannte arcus triumphalis oder principalis. cf. Bunsen und Platner a. a. O. S. 81.

legen. Nach dem Evangelium entledigt sich ersterer auch des Schwertes und naht dem Papste, um ihm mit seiner Gemahlin Brot, Wachs und Gold darzubringen. Sodann reicht er ihm Wein, seine Gemahlin aber Wasser für das heilige Opfer. Darauf kehren sie an ihre Plätze zurück. Beim Beginne der Präfation legt der Kaiser das Pluviale (das letzte geistliche Gewand, das er noch trug) ab und wird wieder mit seinem Mantel bekleidet, in welchem er nachher mit seiner Gemahlin das hl. Sakrament empfängt.

Wenn in der zweiten und dritten Periode vor dem Altare des hl. Mauritius die Salbung stattfindet, so wird die Uebergabe der Insignien vor dem Altare des hl. Petrus vorgenommen, aber nicht unmittelbar nach der ersteren, sondern es nimmt erst die Krönungsmesse ihren Anfang.[1]) Nachdem der Papst das Confiteor gebetet, giebt er dem Kaiser den Friedenskuss in gleicher Weise wie den Diakonen. Während des weiteren Fortganges der Messe nimmt dieser mit seinem Gefolge, den Erzbischöfen und Bischöfen, Fürsten und Grossen auf einer aus Holz gefertigten, mit Teppichen geschmückten Tribüne Platz, die man im Chore neben der Kanzel[2]) errichtet hatte. Ist der Kaiser mit Gemahlin erschienen, so sind auch für diese in ähnlicher Weise erhöhte Sitze ihm gegenüber zu bereiten, auf denen sie mit wenigstens zwei Begleiterinnen und einer Anzahl weltlicher und geistlicher Fürsten sich niederlässt. Die Sängerschule singt nunmehr den Introitus, es folgt das Kyrie und das Gloria, die Kollekte mit dem eingefügten Gebet für den Kaiser; auch die Epistel wird noch gelesen und das Graduale gesungen.[3])

Jetzt erst beginnt die Ueberreichung der Insignien. Im Ver-

---

[1]) Die Salbung erfolgt in der zweiten und dritten Periode vor Beginn der Messe cf. oben S. 77.

[2]) Gewöhnlich befanden sich in Basiliken zwei Ambonen zu den Seiten des Chores; in der alten Peterskirche war aber nur Ein Ambon mit zwei Abteilungen, einer höheren, auf welcher das Evangelium, und einer niedrigeren, auf welcher die Epistel gelesen wurde. Auf allen Ambonen der Epistel, hier also wohl auf der niedrigeren Abteilung stand gegenüber dem Hauptaltar ein Pult aus Marmor. Daher heisst es in Ordo 17: Procedat ad pulpitum vel ambonem. cf. Bunsen und Platner Bd. I, 434 bis 435.

[3]) Soviel sich aus den beiden Ordines 11 und 12, die nur einen mangelhaften Einblick in die offizielle Form des Ordo gewähren, entnehmen lässt, wurde auch in der zweiten Periode der Kaiserkrönung die Uebergabe der Insignien erst nach gesungenem Graduale vorgenommen. Es heisst nämlich in dem Pontificale Constantinopol. His dictis ante altare S. Mauritii procedit inunctus, et est ibi usque epistolam et cantilenam fere peractam. — Interpolata ergo cantilena, coram altari B. Petri praesentatur inunctus Domino papae in supereminenti specula residenti. Is itaque tunc ad ipsum altare descendit, et gladium vaginatum de altari sumit. Das Schwert wird also interpolata cantilena übergeben; unter cantilena ist aber hier nichts anderes zu verstehen als das gesungene Graduale, denn das Graduale folgt unmittelbar auf die epistola.

gleich zum Verlauf dieser Ceremonie in der ersten Periode der Kaiserkrönung sind hierin grössere Aenderungen eingetreten. Nicht nur ist die Uebergabe eines Ringes beseitigt, sondern auch die Reihenfolge der Insignien ist eine andere geworden; bei der Ueberreichung wird sodann überall nur noch Ein Gebet gesprochen, die Gebete selbst sind mit Ausnahme des Gebetes bei Uebergabe der Krone andere. Aber auch unter sich zeigen bei diesem Abschnitte des Krönungsceremoniells die Ordines der zweiten und dritten Periode bedeutende Verschiedenheiten: Die Reihenfolge, die in der zweiten Periode bei Uebergabe der Insignien beobachtet wird, erscheint in der dritten Periode gerade umgekehrt, wo überdies der Kaiser neben der Krone eine Mitra und neben dem Scepter auch einen Reichsapfel erhält. Eine besondere Reihenfolge bei Uebergabe der Insignien, wie wir sie sonst nirgends finden, begegnet uns in der Zeit des Ueberganges von der zweiten in die dritte Periode (bei der Krönung Ottos IV.). Im übrigen jedoch stimmen auch hier die Formeln der zweiten und dritten Periode und die Formel der Uebergangszeit mit einander überein, namentlich sind die Gebete, welche bei der Uebergabe der Insignien gesprochen werden, dieselben.

Nach dem Graduale begiebt sich also der Kaiser in Prozession zum Altare des hl. Petrus. Der Papst nimmt nun von den auf dem Altare liegenden Insignien zuerst das entblösste Schwert, übergiebt es dem Kaiser, spricht das Gebet, steckt das Schwert dann in die Scheide und hängt es so dem Kaiser um, der es alsbald aus der Scheide zieht, es dreimal kräftig schwingt und darauf wieder in die Scheide steckt,[1]) Nach dem Schwerte

[1]) Am genauesten beschreibt den Vorgang der Ordo des Cod. Vat. 4748: Summus Pontifex gladium evaginatum de altare sumit eique tradit . . sic dicendo: Accipe gladium u. s. w. His verbis expletis accingit illi ensem in vagina repositum ita dicens: Accingere gladio tuo u. s. w. Mox autem accinctus eximit gladium de vagina viriliterque ter illum vibrat et vagine continuo recommendat. Damit stimmt ganz eine Stelle aus einem Ordo der französischen Königskrönung (der dem Kaiserkrönungsordo nachgebildet ist), den L.-H. Labande, Le cérémonial Romain de Jacques Cajétan in Bibliothèque de l'école des chartes LIV (1893) S. 68 ff. nach der Avignoner Handschrift des Ordinarium Cajetani (cf. oben die Anm. 1 S. 29) veröffentlicht. Die Stelle (S. 70) lautet: Regi deducto metropolitanus ensem nudum sumit de altari et ponit illum in dextera manu illius, dicens: Accipe gladium istum u. s. w. Deinde, ense in vagina reposito, cingit illi ensem cum vagina, et cingendo dicit: Accingere gladio tuo super femur. Aus dem Umstande, dass der Papst dem Kaiser das Schwert, das er zwar entblösst vom Altare nimmt, doch schliesslich in der Scheide umhängt, erklärt es sich, wenn die Ordines 11 (Const.) und 13a (Zürich) das Schwert schon in der Scheide vom Altare nehmen lassen: Gladium vaginatum de altari sumit. Die Ordines 13 und 14 sagen richtig: Gladium evaginatum de altari sumit, versäumen aber zu bemerken, dass der Papst das Schwert, bevor er es dem Kaiser umhängt, erst in die Scheide steckt. Richtig betrachtet, ist auch die Angabe Innocenz' IV. in Bibliothek des liter. Ver. in

wird das Scepter übergeben[1]) und zuletzt die Krone.[2]) So in der zweiten Periode. In der dritten Periode wird dem Kaiser das wichtigste Zeichen, die Krone zuerst übergeben, nachdem ihm der Papst erst eine Mitra auf das Haupt gesetzt hat, hierauf das Scepter mit dem goldenen Reichsapfel, und zuletzt das Schwert. Otto IV. erhielt zuerst das Schwert, dann Mitra und Krone, zuletzt Scepter und Reichsapfel; die begleitenden Gebete sind die gleichen, wie in der zweiten und dritten Periode, doch wurden nach der Ueberreichung aller Insignien noch drei Segensgebete über den neugekrönten Kaiser gesprochen.[3])

Sobald die Ceremonie der Insignienübergabe vollendet ist, wirft sich der Kaiser nieder und küsst dankbar dem Papste die Füsse. Dieser begiebt sich darauf zu der in der Tribüne (Apsis) befindlichen Cathedra, während der Kaiser auf einem zur Rechten des Papstes errichteten, erhabenen Sitze sich niederlässt, wo er wieder mit dem kaiserlichen Mantel,[4]) den er in der Kirche St. Mariä in Turri dem päpstlichen Kämmerer übergeben hatte,[5]) bekleidet wird. Mit der Krone auf dem Haupte, in der linken Hand das

---

Stuttg. XVI, 89: Summus pontifex Caesari, quem coronat, exhibet gladium vagina contentum, quem acceptum princeps eximit et vibrando innuit se illius exercitium accepisse, ganz dem Ordo entsprechend. Etwas abweichend lautet die Vorschrift des Ordo 12 (Apam.): Romanus pontifex dat ei nudum ensem sic dicens: Accipe gladium u. s. w. Ipse autem imperator acceptum gladium de manu pontificis primum vibrat, et statim in vaginam reponit. Et tunc Romanus pontifex accingit eodem gladio eum sic in vagina reposito. Nach Ordo 12 würden also die einzelnen Momente der Schwertübergabe in anderer Reihenfolge vor sich gehen. Ob diese Angabe den Vorschriften sämtlicher anderer Ordines gegenüber haltbar ist? Ordo 17 sagt nur: (Tradit ei) gladium ita dicens: Accipe gladium. — In den Ordines 11, 13, 14 und im Ordo des Cod. Vat. 4748 wird der Kaiser nach der Schwertumgürtung als »miles beati Petri« bezeichnet, jedenfalls leistet er aber nicht vassallitische Huldigung, obwohl seit 1081 in Rom die Neigung bestanden zu haben scheint, ein Vassallitätsverhältnis zur Geltung zu bringen. In einem Eide, den Hermann von Salm, der Gegenkönig Heinrichs IV., dem Papste schwören sollte, heisst es (bei Jaffé, Bibl. rer. Germ. II, 476): Et eo die, quando illum (sc. papam Greg.) primitus videro, fideliter per manus meas miles sancti Petri et illius efficiar.

[1]) Eigentümlicher Weise giebt nur Ordo 12 (Apam.) bei der Ueberreichung des Scepters das begleitende Gebet; die Ordines der dritten Periode mit dem Ordo des Cod. Vat. 4748, der sonst am genauesten ist, nennen nur das Insigne, ohne ein Gebet zu geben; Ordo 11 (Const.) nennt das Scepter überhaupt nicht.

[2]) Es ist hier die Thatsache hervorzuheben, dass bei der Kaiserkrönung eine Inthronisation, wie sie in den Formeln der Königskrönung vorkommt, fehlt. Nach päpstlicher Anschauung soll eben Rom nicht Residenz des Kaisers sein. Doch gilt der Lateran noch im 12. Jahrh. auch als kaiserliches Palatium.

[3]) Diese drei Gebete wurden in der dritten Periode der Kaiserkrönung wieder fallen gelassen. cf. oben S. 34 u. S. 48 f.

[4]) Vgl. die Ausführungen oben S. 12 N. 1.

[5]) cf. oben S. 65.

Scepter und in der rechten den Reichsapfel tragend,[1]) kehrt er dann zu der neben der Kanzel für ihn und sein Gefolge errichteten Tribüne zurück.

Nachdem sämtliche Ceremonien an dem Kaiser vorgenommen sind, wird auch an dessen Gemahlin Salbung und Krönung vollzogen.[2]) Mit den königlichen Gewändern geschmückt wird sie zum Altare des hl. Petrus geleitet, wo der hl. Vater die die Salbung einleitende Benediktion, welche in der ersten Periode bereits von dem die Salbung vollziehenden Bischof von Ostia gebetet wurde, über sie spricht. Darauf salbt sie der Bischof von Ostia[3]) an demselben Orte, an dem der Kaiser gesalbt worden war, am Altare des hl. Mauritius, mit dem hl. Oele und spricht das unverändert gebliebene begleitende Gebet.

An die Salbung schliesst sich alsbald die Krönung der Kaiserin durch den Papst an. Von einer Händeauflegung bei diesem Akte ist schon in der zweiten Periode keine Rede mehr; in der dritten Periode aber wird ihr ebenso wie dem Kaiser, zuerst eine Mitra aufs Haupt gesetzt und dann erst die Krone, in der Weise, dass die Spitzen der Mitra rechts und links hervorragen. Das die Krönung begleitende Gebet ist im wesentlichen unverändert geblieben.[4]) Nach vollzogener Krönung wird die Kaiserin alsbald zu der für sie hergerichteten Tribüne zurückgeleitet.

Nunmehr beginnen die feierlichen Laudes. Nur dem neugekrönten Kaiser erschallen die Lobrufe — nicht mehr, wie in der ersten Periode auch dem Papste, der Kaiserin und dem Heere — dreimal braust es durch die Hallen: Heil und Sieg dem Herrn N., dem siegreichen Kaiser der Römer, dem allzeit Erhabenen.[5]) Daran schliesst sich, wie früher, eine Art Litanei, doch werden neben den früheren Heiligen weiter angerufen: St. Andreas, St. Stephanus und Laurentius, Vinzentius, Silvester, Leo, Benediktus, Basilius, der hl. Sabas, die hl. Jungfrauen Agnes, Cäcilia und Lucia; nicht mehr genannt wird der hl. Mauritius.[6])

---

[1]) So nach den Ordines 17, 14, 13a und 13; nach dem Ordo des Cod. Vat. 4748 trägt der Kaiser Scepter und Reichsapfel gerade umgekehrt.

[2]) Der Ordo des Cod. Vat. 4748 und Ordo 17, also die offiziellen, schreiben vor: Post coronationem imperatoris deducatur ad altare. Das Wort »coronatio« ist hier im weiteren Sinne zu verstehen = nach Ueberreichung aller Insignien an den Kaiser.

[3]) Der Ordo des Cod. Vat. 4748 sagt ausdrücklich: Ungitur per Episcopum Ostiensem. Nach den Ordines 13, 13a und 14 könnte man meinen, dass der Papst auch die Salbung vollziehe, was gewiss nicht richtig ist.

[4]) Dass auch die Krönung der Kaiserin am Altare des hl. Petrus erfolge, erscheint selbstverständlich, wenn auch die Ordines darüber nichts angeben.

[5]) Besonders fehlt auch der alte Lobpreis Christus vincit etc.

[6]) Wir sind hier allein auf den Ordo des Cod. Vat. 4748 und die Ordines der dritten Periode angewiesen, da von den Ordines der zweiten Periode nur

Mit dem Evangelium nimmt darauf die Messe ihren Fortgang. Nach demselben legt der Kaiser Krone und Mantel ab, schreitet zum Throne des Papstes und bringt ihm Gold dar, soviel ihm beliebt. In ähnlicher Weise wird auch die Kaiserin zum Papste geleitet, um ihm die Oblatio — Wein und Brot, die dann wohl beim Opfer verwendet wurden[1]) — darzubieten. Der Kaiser leistet zudem dem Papste, wenn dieser zum Altare tritt, um das Opfer zu vollbringen, die Dienste eines Subdiakons, indem er ihm den Kelch und das Gefäss mit Wasser darreicht. Stehend harrt hierauf der Kaiser beim Altare, die Kaiserin aber auf den Stufen, die zur Tribüne oder Apsis emporführen,[2]) um nach der Kommunion des Papstes selbst das hl. Abendmahl — der Kaiser mit dem Kusse des Friedens — aus dessen Hand zu empfangen. Nach der Kommunion kehren Kaiser und Kaiserin an ihre Plätze zurück, wo sie die Krone — der Kaiser auch den Mantel — wieder zu sich nehmen und bis zum Ende der Messe bleiben.

Trotz der Wichtigkeit des Aktes sind genauere Nachrichten der Schriftsteller über die Art und Weise, wie die Insignien überreicht werden, sehr spärlich, besonders in der ersten Periode der Kaiserkrönung, und betreffen zudem weniger die eigentliche Krönungsceremonie als vielmehr die daran sich schliessenden Laudes mit der Krönungsmesse.[3]) Bei Otto I. können erwähnt werden: Benedicti S. Andreae Chronicon c. 36 (SS. III, 717): Et in aecclesia apostolorum principis missa celebrata, et laudibus abstolis (i. e. apostolicis) honorifice laudatus, et augustus est appellatus. — Chronicon Salernitanum (SS. III, 554): A papa — Johanne oleo uncionis est unctus coronaque suo capite septus, et ab omnibus imperator augustus est nimirum vocatus. Ferner: Landulfi hist. Mediol. lib. II c. 16 (SS. VIII, 54): Tripudiantibus universis Romae ab apostolico conclamantibus et collaudantibus universarum gentium populis, Walperto[4]) tamen astante, coronatus est. Endlich die mit dem Ordo auf den ersten Blick im Widerspruch stehende

---

Ordo 12 die allgemeine Bemerkung enthält: His ita peractis (nach Ueberreichung der Insignien), Theutonicis in sua lingua cantantibus laudes. Im Ordo des Cod. Vat. 4748 fehlt s. Raphael, während der Ordo 13a (Zürich) s. Blasi statt s. Basili hat.

[1]) cf. Mabillon, Mus. Ital. II, 44 ff.

[2]) Und zwar steht sie versus altare sancti Leonis. Die Kapelle mit dem Altare des hl. Leo I., errichtet von Sergius I., erneuert von Leo IV., befand sich an der Abendseite des Querschiffes, der Tribüne zur Linken. cf. Bunsen und Platner a. a O. S. 126.

[3]) In allgemeinen Ausdrücken freilich wird neben der Salbung gerade die Krönung sehr häufig erwähnt.

[4]) cf. darüber oben S. 67 N. 1.

Angabe der Translatio S. Alexandri (Schannat. Vindemiae lit, II, 73): A. inc. dom. 962 — Otto augustus — Romam venit, ibique coronam imperialem de altari S. Petri accipere meruit. Die Nachricht ist aber insofern mit dem Ordo wohl zu vereinigen, als die Insignien stets vom Altare des hl. Petrus genommen werden mussten, auch wenn die Ueberreichung am Altare des hl. Mauritius erfolgte.[1]) Ueber Ottos II. Krönung meldet kein Schriftsteller etwas Näheres. Bei Otto III. darf vielleicht Bruns Vita S. Adalberti c. 18 (SS. IV, 604), angeführt werden: Quem ipsa capella sua tractatum posuit, papa Gregorius, benedicere non cessavit; populus kyrieleyson celsa voce canunt. Ascendit unctus cum corona imperii imperator augustus, gerens sydereos vultus, et bonae voluntatis bona praecordia ferens. Treffend charakterisiert die Krönungsmesse die Vita Meinwerci ep. Patherbrunnensis c. 23 (SS. XI, 116) mit Bezug auf Heinrich II.: Papa autem Deo pro omnibus beneficiis suis gratias agens, pro salute regis et tocius populi christiani sacrificium laudis Deo immolavit, et sollempni benedictione cum universi populi inestimabili exultatione regem in cesarem et imperatorem consecravit. Ueber die Krönung Heinrichs IV. — über Heinrich III. erfahren wir nichts — schreibt Benzo von Alba (Ad Heinr. IV. lib. I. c. 10 SS. XI, 603), ähnlich wie die Translatio S. Alexandri dem Ordo scheinbar widersprechend: Domnus papa sumit Romanam coronam de altario apostolorum principis, et ponit eam in capite cesaris. Eine auf jeden Fall unrichtige Vorstellung hat aber Wilhelm von Malmesbury, wenn er in den Gesta reg. Angl. lib. V. c. 423 (SS. X, 480) erzählt: Post haec (nach der Salbung) a domino apostolico ad altare eorundem apostolorum deductus, et ibidem, imposita sibi corona ab ipso apostolico, in imperatorem est consecratus. Wilhelm schildert die Krönung Heinrichs V.[2]) Den gleichen Fehler

---

[1]) Ordo des Cencius: Tunc oblationarius prior et secundus sumant coronas electi et reginae de altari sancti Petri, et ponant super altare sancti Mauritii.

[2]) Interessant ist die Bemerkung Wilhelms a. a. O., dass der Papst bei der Krönungsfeierlichkeit die Messe de resurrectione Domini gelesen habe: Post impositam coronam missa de resurrectione Domini est celebrata. Aehnlich der Cod. Udalrici a. a. O.: Deinde missa incipitur de resurrectione Domini et sollempniter celebratur. Es sollte wohl dadurch der Mangel, dass gegen das Herkommen die Krönung an einem Werktage (Donnerstag) stattfand, einigermassen ersetzt werden. Zu vergleichen ist damit, dass am Tage vorher die Messe dominicae Quasimodogeniti vom Papste gelesen wurde: Cod. Udal. 150 (bei Jaffé a. a. O. S. 275): in sequenti die, scilicet 2. Idus Aprilis, sollempniter missam dominicam Quasimodogeniti celebravit. Dies gab Wilhelm von Malmesbury Anlass zu dem irrigen Datum: Dominus papa 4. Idus Aprilis, dominica Quasimodogeniti. — Merkwürdiger Weise lässt der Urheber des Buches der Könige (hg. von Massmann in Rechtsdenkmäler des deutschen Mittelalters hg. von Daniels u. a. I. Bd. Spalte 144) bei der Schilderung der angeblichen Krönung des Kaisers Konstantin

begeht der Cod. Udalrici N. 150 (Jaffé, Mon. Bamb. S. 276): Post hec a domno papa ad altare eorundem apostolorum cum immenso tripudio deducitur; et ibidem corona sibi ab apostolico imposita in imperatorem consecratur. Dass die Krönung nicht an dem Altare des hl. Petrus erfolgte, kann man auch aus der Erzählung Sugers, Vita Ludovici VI. Francorum regis (SS. XXVI, 51) schliessen; dort wird nämlich der Kaiser erst, nachdem er schon gekrönt ist, zum Altare des hl. Petrus geführt, die Krönung selbst muss also an einem anderen Orte stattgefunden haben. Suger schreibt: Infinite nobilius, quam si Affricana victoria potito arcus triumphalis arrideret, cum hymnis et laudum multiplici triumpho domini papae manu sacratissima diademate coronatur, more augustorum ad sacratissimum apostolorum altare, precinentium clericorum odis et Alemannorum cantantium terribili clamore celos penetrante, celeberrima et sollempni devocione deducitur.

Eben bei Heinrich V. findet sich zum erstenmale die Nachricht, dass der Kaiser während der Krönungsmesse die hl. Kommunion empfängt, wie es der Ordo vorschreibt. Die Annales Hildesheimenses berichten ad a. 1111 (SS. III, 112): Cumque usque ad communicandum missae sollempnitas esset celebrata, apostolicus dato silentio regem sic alloquitur: Hoc corpus domini nostri Jesu Christi, natum ex Maria virgine, passum pro salute generis humani, sit confirmatio verae pacis et concordiae inter me et te. Et communicantes invicem osculati sunt. Petrus von Monte Cassino schreibt (Chronica mon. Cas. lib. IV. c. 40 SS. VII., 782): Cumque ad hostiae confractionem venisset, partem ipse (sc. papa) accipiens, partem imperatori contradens, dixit: Sicut pars ista vivifici corporis divisa est, ita divisus sit a regno Christi et Dei, quicumque pactum istud dirumpere temptaverit.[1]) Zu

---

den Papst Silvester ebenfalls die Messe von Ostern lesen. Die interessante Stelle lautet: Dar noch wihete in der babest ze keiser unde sazte ime die krone uf und vuorte in mit siner hant, als man einen herren von rehte sol vüeren. Er sanc uf sant Peters altare eine messe von gotes urstende. Die messe sol man singen, so man einen keiser wihet, wan got von allen sinen arbeiten des tages erstuont und allen sinen vienden gesigete und ouch dem tode und den tiuvelen angesigete, do er die helle brach; des tages suln alle kristenliute biten got, daz er in allen den laze gesigen, die wider dem gelouben sin und wider rehtem gerihte. Die angebliche Krönung Konstantins findet zwar selbst an Ostern statt, aber der Verfasser spricht, wie man sieht, ganz allgemein die Forderung aus, dass man bei der Krönung eines Kaisers die Messe von der Auferstehung des Herrn singen solle. Herr Reichsarchivdirektor Hofrat Geh. Dr. von Rockinger hat mich gütigst auf die angeführte Stelle aufmerksam gemacht.

[1]) Vor der Kommunion gab der Kaiser dem Papst das erzwungene Investiturprivileg zurück, um es feierlich von ihm wieder zu empfangen: Wilhelm von Malmesbury Gesta reg. Angl. lib. V c. 423 (SS. X, 480): Ante communionem dominus apostolicus privilegium imperatori propria manu dedit. Cod. Udalr. 150

nennen ist auch Sugers Vita Ludovici VI. a. a. O.: Cum igitur dominus papa, missas gratiarum agens, corpus et sanguinem Jhesu Christi confecisset, partitam eucaristiam in amoris impartibilis confederatione et pacti conservatione obsidem mirabilem ecclesiae devovens, suscipiendo imperator communicavit. Wenn es dabei selbstverständlich erscheinen muss, dass der Kaiser der Sitte der Zeit entsprechend[1]) auch den Kelch empfing, so wird dies in den beiden weiteren hieher gehörigen Angaben der Confirmatio pacis inter apostolicum et imperatorem vom 13. April 1111 (also vom Krönungstage selbst) und des Landulf von St. Paul in seiner Geschichte Mailands auch ausdrücklich erwähnt. Die Confirmatio lautet nämlich (LL. II, 73): Confirmatio pacis inter apostolicum et imperatorem dum in celebratione missae traderet ei corpus et sanguinem domini nostri Jesu Christi. Domine imperator, hoc corpus Domini natum ex Maria virgine, passum in cruce pro nobis sicut sancta et catholica tenet aecclesia, damus tibi in confirmationem verae pacis et concordiae inter me et te. Datum est Idibus Aprilis indictione quarta.[2]) Und Landulf schreibt (hist. Mediol. c. 26 SS. XX, 31): (Paschalis) ipsum regem Henricum solempniter coronavit et in imperatorem exaltavit, et cum ipso exaltato et benedicto corpus et sanguinem Christi ad altare sancti Petri communicavit.

Bei Lothar, mit welchem wir in die zweite Periode der Kaiserkrönung eintreten, erwähnen die Schriftsteller nichts Näheres

---

(bei Jaffé a. a. O. S. 276): Ante communionem — sub testimonio astantis ecclesiae tam clericorum quam laicorum domnus apostolicus privilegium H(einrico) imperatori propria manu dedit; in quo sibi et regno suo, quod scriptum est, concessit et ibidem anathemate confirmavit. Annales Rom. (SS. V, 476): Post coronae acceptionem, eam (sc. cartam) ad manum pontificis retulit. Nec solum contra eius voluntatem, set etiam contra omnem consuetudinem de manu eius accepit.

[1]) Bis zur Mitte des 13. Jahrhunderts war die Kommunion unter beiden Gestalten die vorherrschende. S. J. Hoffmann, Gesch. der Laienkommunion bis zum Tridentinum S. 184 ff.

[2]) Auf den 12. April verlegt den Vorgang der Cod. Udalr. 150 (Jaffé a. a. O. S 275): In sequenti die, scilicet 2 Idus Aprilis, sollempniter missam dominicam Quasimodo geniti celebravit. In qua — post communionem suam et ministrorum altaris — domno H(einrico) imperatori corpus et sanguinem domini nostri Jesu Christi dedit in hec verba: Hoc dominicum corpus, quod sacrosancta tenet ecclesia, natum ex Maria virgine, elevatum in cruce pro redemptione generis humani, damus tibi, fili karissime, in remissionem peccatorum tuorum et in conservationem confirmandae pacis et verae amiciciae inter me et te, et regnum et sacerdotium; ut dominus noster Jesus Christus, culus hoc corpus et sanguis est, sit inter me et te, et regnum et sacerdotium conservator et confirmator verae concordiae et pacis. Et in hec verba, papa exigente, in ipsa communione invicem se osculati sunt. Fast wörtlich mit dem Cod. Udalr. übereinstimmend, berichtet den Vorgang auch Wilhelm von Malmesbury a. a. O. lib. V. c. 423 (SS. XX, 479), nur hat er das Datum aus Missverständnis abgeändert — dominus papa 4. Idus Aprilis, dominica Quasimodogeniti, missam celebravit — und giebt die Rede des Papstes nur bis inter me et te, et regnum et sacerdotium.

über die Ueberreichung der Insignien. Dagegen haben wir ausführlichere Nachrichten bei Friedrich I. Otto von Freising schreibt (Gesta Frid. imp. lib. II. c. 22 SS. XX, 406): Dehinc (nach dem Empfang durch den Papst) celebratis ab ipso papa missarum sollempniis, armato stipatus rex milite cum benedictione debita imperii coronam accepit, — cunctis qui aderant, cum magna laeticia acclamantibus Deumque super tam glorioso facto glorificantibus. Bei letzteren Worten hatte Otto wohl die Laudes im Auge. Friedrich selbst hatte an Otto geschrieben (SS. XX, 348): Et missa celebrata ad altare apostolorum Petri et Pauli in honore sanctae Mariae virginis, quia sabbatum erat, benedictionem coronae Romani imperii largiter super caput nostrum effudit. Gottfried von Viterbo, Friedrichs Notar und Kanzler, schildert die Uebergabe des Schwertes in ähnlichen Ausdrücken, wie sie die Ordines der zweiten Periode haben (Pantheon, partic. XXVI, 1 SS. XXII, 273): Precipitur gladius vibratus semper haberi . . Ense quiescente compescere non valet orbem.[1])

Am genauesten ist Bosos Vita Hadriani (bei Watterich II, 328): Missa itaque incepta et graduali post epistolam decantata, rex ad pontificem coronandus accessit, et praesentibus imperialibus signis gladium et sceptrum atque imperii coronam de manibus ejusdem papae suscepit. Statim tam vehemens et fortis Teutonicorum conclamatio in vocem laudis et laetitiae concrepuit, ut horribile tonitruum crederetur de coelis subito cecidisse. Boso stimmt hier sowohl bezüglich der Zeit als auch bezüglich der Reihenfolge bei Uebergabe der Insignien genau mit dem Ordo überein. Willermus Tyrius (Watterich II, 339) bemerkt nur: In ecclesia beati Petri solemniter et ex more — coronatus est et augustus appellatus. Das von E. Monaci aufgefundene Gedicht berichtet V. 622 ff. (a. a. O. S. 27):

Atque ibi (in der Peterskirche) cum clero celebrans solemnia sacra
Augusti regis capiti diadema sacratis
Imponit manibus, benedicens more paterno.

Vollständig fabelhaft, aber für die Auffassung des Verhältnisses zwischen Kaisertum und Papsttum interessant ist die Erzählung Rogers von Hoveden über die Krönung Heinrichs VI. (Chronica SS. XXVII, 154): Sedebat autem dominus papa in cathedra pontificali, tenens coronam auream imperialem inter pedes suos, et imperator inclinato capite recepit coronam et imperatrix similiter de pedibus domini pape; dominus autem papa

---

[1]) Ordo 11: Eximit eum (sc. ensem) de vagina viriliterque ter illum vibrat, et vaginae continuo recommendat.

Ordo 12: Ipse autem imperator acceptum gladium de manu pontificis primum vibrat, et statim in vaginam reponit.

statim percussit cum pede suo coronam imperatoris et deiecit eam in terra, significans quod ipse potestatem eiciendi eum ab imperio habet, si ille demeruerit; sed cardinales statim arripientes coronam, imposuerunt eam capiti imperatoris. Eine ähnliche Angabe findet sich in der fälschlich Thomas von Aquin zugeschriebenen Fortsetzung der Schrift De regimine principum lib. III, c. 20 (Thomae Aquinatis operum tom. XX, pag. 815 Parisiis 1660): Coronam quae aurea est, a Summo percipit Pontifice, et cum pede ei porrigitur, in signum illius subiectionis et fidelitatis ad Romanam ecclesiam. In einer Legende von St. Silvester (bei Wackernagel, Hartmann von der Au, Basel 1850 S. 86) wird diese Art der Krönung schon auf Kaiser Konstantin zurückgeführt: Do gap der keiser (Konstantin) uf sine keiserliche gewalt sente Silvestro und vil vor sine fuze und nam di kronen des riches von sinen fuzen und enduchte sich nit wirdig sin si zu nemene von den henden und erloubite den bebisten und bischoven und den pristeren gut zu habene. Do wart ein stimme gehort uber allez Rome, fährt dann die Legende bezeichnend fort, di sprach »hute ist di galle und di vergift gegozzen in di heiligen kristenheit.« Und wizzet, daz diz ist noch ein wurzele und ein gruntfestene alles kriges zwischen den bebisten und den keisern. Die Sage klingt noch in später Zeit deutlich nach: In Eberhart Windeckes Denkwürdigkeiten zur Geschichte des Zeitalters Kaiser Sigmunds (hg. von Dr. Wilh. Altmann) wird Seite 343 von der Krönung Kaiser Sigismund's also erzählt: Do kam der, der do pfliget aim keiser sin krone ufzusetzen und satzte dem keiser Sigmont sin crone uf, das sie hing krump zu der rechten siten. und also knuwet der keiser vor den pobst; do hüp der bopst uf sinen rechten füss und satzte dem keiser die crone glich, als dann recht und gewonheit ist, und gab dem keiser den segen.

Ueber die näheren Umstände bei Ottos IV. Krönung geben uns die Schriftsteller keine genauere Nachricht. An Friedrich II. aber lässt das Chron. Urspergense ad a. 1220 (SS. XXIII, 379) irrtümlicher Weise den Bischof von Ostia die Krönung vornehmen: Fridericus Romae coronatur in imperatorem in basilica sancti Petri de mandato Honorii papae, per ministerium domni Hugulini, tunc Hostiensis episcopi, postmodum apostolici (Gregor IX.). Der Papst schreibt selbst (Epist. pont. Rom. 146 in Mon. Germ. hist. Epist. tom. I, 104): Suscipiens de manibus nostris imperii diadema. Nur die Krönung Friedrichs II. kann auch Jakob von Viterbo im Auge haben, wenn er in seinem 1300/1302 geschriebenen, ungedruckten Traktate de regimine christiano schreibt[1]): Papa etiam evaginatum

[1]) Die Stelle verdanke ich der Güte des Herrn Prof. Dr. Grauert.

gladium sumit de altari et ei tradit intelligens in gladio curam totius imperii sic dicens: Accipe gladium desuper beati Petri corpore sumptum per nostras manus licet indignas vice tamen et auctoritate sanctorum apostolorum consecratas imperialiter tibi concessum nostreque benedictionis offitio in defensione sancte dei ecclesie divinitus ordinatum ad vindictam malefactorum laudem vero bonorum et memor esto de quo psalmista prophetavit dicens: »Accingere gladio tuo super femur tuum potentissime,« ut in hoc per eundem vim equitatis exerceas, molem iniquitatis potenter destruas et sanctam dei ecclesiam eiusque fideles propugnes et protegas nec minus sub fide falsos quam christiani nominis hostes execres ac dispergas, viduas et pupillos clementer adiuves ac defendas, desolata restaures, restaurata conserves, ulciscaris iniusta, confirmes bene disposita, quatinus in hoc agendo virtutum triumpho gloriosus iusticieque elector egregius cum mundi salvatore cuius tipum geris in nomine sine fine regnare merearis. Der ganze Passus stimmt mit den Ordines 14, 13a (Zürich) und 13 beinahe wörtlich überein. Wir haben somit hier eine wichtige Bestätigung der Richtigkeit unserer Beziehung der betreffenden Ordines auf die Krönung Friedrichs II. Die ebenfalls die Schwertübergabe betreffende Angabe Innocenz' IV. in dem Conceptbuche Alberts von Beham habe ich bereits oben S. 84 N. 1 angeführt.

Was die Kommunion des Kaisers in der zweiten und dritten Periode betrifft, so empfing sicherlich sowohl er als seine Gemahlin in der Krönungsmesse noch während der ganzen Zeit das Abendmahl unter beiden Gestalten. Denn wenn auch bereits im Anfang des 12. Jahrhunderts einzelne Klöster die Verordnung erliessen, dass Laien nur unter der Gestalt des Brodes kommunizieren sollten, so blieb doch die Sitte, unter beiden Gestalten das Abendmahl zu empfangen, bis zur Mitte des 13. Jahrhunderts die überwiegende.[1]) Zu allerletzt liess man sicherlich bei einer so feierlichen Gelegenheit, wie die Krönung des Kaisers es war, von der alten Gewohnheit ab.[2])

---

[1]) S. J. Hoffmann a. a. O. S. 184 ff.

[2]) Auch als nach der zweiten Hälfte des 13. Jahrhunderts die Kommunion unter einer Gestalt allgemein wurde, behielt wenigstens der Kaiser das Privileg, bei seiner Krönung unter beiden Gestalten zu kommunizieren; die Kaiserin allerdings musste sich der neuen Gewohnheit fügen. Dies geht hervor aus dem (um das Jahr 1311 geschriebenen cf. oben S. 29) Ordo Romanus des J. Gaietanus, wo es in Cap. CVII De unctione et coronatione regis rubrica (Mabillon, Mus. ital. II, 407 ff.) heisst: Et tunc sacram communionem rex genuflexus de manu Papae sedentis, et mitram tenentis in capite, suscipiat cum osculo pacis: ante tamen osculetur Pontificis manum; et tunc reverenter hostiam sumat: reversusque ad altare idem rex sacratissimum sanguinem Domini nostri Jesu-Christi sumat de

6. Zug zum Lateran und Festmahl daselbst.

An die Krönungsmesse schloss sich in der ersten Periode der Kaiserkrönung eine feierliche Prozession zum Lateran und ein glänzendes Festmahl daselbst. Der Kaiser entledigt sich also nach der Messe der Sandalen und Schuhe,[1]) die er bei der Krönung getragen — es unterstützt ihn dabei der Pfalzgraf vom Lateran — um die roten Kaiserstiefel mit den Sporen des hl. Mauritius anzuziehen; auch wird ihm, sowie seiner Gemahlin, die Krone, die sie vor dem Evangelium abgelegt hatten, wieder auf das Haupt gesetzt. Darnach verlassen sie mit dem Papste, der voraus schreitet, die Basilika des hl. Petrus. Die Pferde stehen bereit. Der Papst besteigt zuerst seinen Zelter — der Kaiser hält ihm dabei ehrfurchtsvoll den Steigbügel — und eröffnet, nachdem man noch die Tiara auf sein Haupt gesetzt, die Prozession. Ihm folgt der Kaiser mit seinen Begleitern, denselben, die ihm während der Krönung beigestanden hatten, hinter diesem reitet die Kaiserin, den Schluss bilden die übrigen hohen Persön-

---

calice per ministerium diaconi cum calamo; während in Cap. CX De communione Eucharistiae, quam regina recipit de manu Papae (Mabillon l. c. p. 411) nur von der Kommunion unter einer Gestalt die Rede ist: Post communionem Papae, et postquam rex communicaverit, et sacrum sanguinem Domini nostri Jesu Christi susceperit, regina genuflexa, de manu Romani Pontificis sedentis, et mitram tenentis in capite, consecratam hostiam reverenter sumat. Friedrich III. war der erste, der die Kommunion nur unter der Gestalt des Brotes empfing. Den Grund hievon giebt nach Mabillon l. c. p. LXII ff. Augustinus Patricius an in seinem Buche »de adventu imperatoris in Urbem«, wo es heisst: Communicavit summus Pontifex altaris Sacramentum cum imperatore, diacono, et subdiacono de pane tantum: de calice autem, etsi consuetudo sit communicantes cum Pontifice participare, propter insurgentem tamen Hussitarum ac Boëmorum damnatam haeresim, quae calicis potationem ad salutem necessariam putat, praeter Pontificem bibit nemo. Erst Ferdinand I. erhielt von Pius IV. kraft Uebertragung seiner eigenen geistlichen Jurisdiktion das Recht, seinem Sohne Maximilian den Kelch zu gestatten (cf. Schlecht, Dispensbreve Pius' IV. für Maximilian II. im Histor. Jahrb. XIV. Bd. 1. Heft S. 16 ff.). Von da an scheint der Kelch wieder regelmässig bei der feierlichen Gelegenheit der Krönung dem Könige (Kaiser) gereicht worden zu sein; wenigstens steht fest, dass später Leopold II. bei seiner Krönung vom Kurfürsten von Mainz Hostie und Konsekrationskelch erhielt. (Wahl- und Krönungsdiarium Leopolds II. p. 321, auf welches Eichhorn, Die Staats- und Rechtsgesch. Bd. 2 5. Aufl. S. 349 N. d aufmerksam macht). Nach gütiger Mitteilung von Hr. Prof. Dr. Grauert, dem ich vorstehende Nachricht verdanke, besitzt heute noch der Kaiser von Oesterreich das Privileg, am Gründonnerstag unter den Gestalten des Brotes und Weines zu kommunizieren.

[1]) Den Ort, wo dies geschieht, nennt der Ordo nicht. Es war aber wohl dieselbe Kapelle des hl. Gregorius, in der der Kaiser die ersten priesterlichen Gewänder erhielt. Wilhelm v. Malmesbury berichtet wenigstens (Gesta reg. Angl. lib. V. c. 425 SS. X, 480): Peracto itaque toto ipsius (Heinrichs V.) consecrationis officio, apostolicus et imperator, complexis invicem dextris, iverunt cum celebri pompa ad cameram quae est ante Confessionem sancti Gregorii, ut ibii deponeret apostolicus sua sacerdotalia, imperator autem sua regalia.

lichkeiten. Unter dem feierlichen Geläute sämtlicher Glocken der Stadt bewegt sich der Zug durch die festlich bekränzten Strassen zum Lateran. An einzelnen Stationen sind die Kleriker der Stadt aufgestellt, ebenso die Juden an einem bestimmten Orte, welche die Vorüberziehenden mit Lobgesängen begrüssen. Vor und hinter dem Zuge streuen die Kämmerer des Kaisers Geld unter die Menge; zugleich haben diese den Weg frei zu halten. Bei der Ankunft vor dem Lateranpalast erschallen nochmals die üblichen Lobrufe, angestimmt vom ersten der Kardinäle des hl. Laurentius vor den Mauern. Darauf steigt der Kaiser vom Pferde, legt seine Krone vom Haupte, um dem Papst abermals Marschallsdienste zu leisten. Dieser begiebt sich dann, begleitet vom Kaiser und dem Stadtpräfekten, in den palatium maius genannten Teil des Lateran; dort verabschieden sich Kaiser und Papst, um ein wenig auszuruhen, während die kaiserlichen Kämmerer im Verein mit dem päpstlichen an sämtliche Beamte des Palastes ein Geldgeschenk, Presbyterium[1]) genannt, austeilen.

Nunmehr beginnt das festliche Mahl, der Schlussakt des feierlichen Tages. Der Kaiser sitzt dabei zur Rechten des Papstes; die Kaiserin dagegen speist in einem nach der Kaiserin Julia benannten Saale,[2]) wohin sie von dem Primicerius und Sekundicerius der Richter geleitet worden, mit den Bischöfen und übrigen Grossen ihres Gefolges. Nach beendigtem Mahle hält ein Diakon eine kurze Lesung, die Sänger tragen noch ein Lied vor, worauf nach einem Segensspruche Papst und Kaiser sich trennen. Der Kaiser begiebt sich zu seiner Gemahlin, der Papst in seine Gemächer — das Fest ist beendet.

Dieser Zug zum Lateran, wie ihn der Ordo der ersten Periode vorschreibt, konnte nicht immer stattfinden, die feindselige Stimmung der römischen Bevölkerung und andere Umstände machten ihn zu wiederholtenmalen unmöglich. Sowohl Heinrich IV. als Heinrich V. unterliessen ihn. So kam es, dass man die Prozession zum Lateran in der Folgezeit ganz fallen liess und eine kleinere an ihre Stelle setzte, bei welcher es nicht nötig war, den Bereich der mit sicheren Mauern umschlossenen Leonina zu verlassen. Die Ordines der dritten Periode mit dem Ordo des Cod. Vat. 4748 wenigstens sprechen nur von einer Prozession bis zur Kirche St. Maria in Transpontina. Nachdem die Messe vollendet ist und der Kaiser

---

[1]) Das presbyterium war ein Geldgeschenk, das sonst der Papst zum Schlusse grösserer Feierlichkeiten an diejenigen zu verteilen pflegte, die an derselben teilgenommen hatten, und zwar erhielt jeder nach Massgabe seines Ranges. cf. Phillips, Kirchenrecht Bd. 6 S. 351.

[2]) Die camera Juliae ist vielleicht die der Flavia Julia Helena. cf. Töche, Heinrich VI. S. 187 N. 1.

noch den päpstlichen Segen empfangen hat, schreiten die beiden Häupter der Christenheit zum Platze, wo die Pferde bereit stehen; der Kaiser hält, wie in früheren Zeiten, dem Papste den Steigbügel, führt dessen Pferd zur rechten Seite noch eine kleine Strecke weit, besteigt sodann sein eigenes Pferd und Papst und Kaiser reiten in feierlichem Zuge zur genannten Kirche, wo sie sich mit einem Friedenskusse trennen, doch nur dem Körper nach, wie es im Ordo heisst, nicht im Geiste.[1]) In der einen der beiden Formeln der zweiten Periode heisst es dagegen nur, dass der Kaiser sofort nach vollendeter Messe mit der Krone auf dem Haupte in sein Lager zurückkehre.[2]) Es fand indessen sehr wahrscheinlich auch eine kleine Prozession oder wenigstens ein feierlicher Abschied statt, in ähnlicher Weise wie in der dritten Periode; der Weg zum Lager führte wohl an der Kirche St. Maria Transpontina vorbei.

Die Ordines der dritten Periode ermangeln nicht, die alte Gewohnheit zu erwähnen, nach welcher der neugekrönte Kaiser reiche Geldgeschenke an alle, welche bei der Feier beteiligt gewesen, auszuteilen hat, an die höchsten kirchlichen und städtischen Würdenträger nicht minder wie an die niedrigeren Beamten.

Der Zug zum Lateran und das Festmahl daselbst wird zum erstenmale erwähnt in der Chronik Thietmars von Merseburg lib. VII. c. 1 (SS. III, 835): Eodem die papa eis cenam ad Lateranis fecit copiosam. Besonders feierlich war die Prozession Konrads II. zum Lateran durch das Geleite, das ihm die beiden Könige Rudolf von Burgund und Knut d. G. von Dänemark gaben: Wipo, Vita Chuonradi imp. c. 16 (SS. XI, 265): His itaque peractis (nach Beendigung der Krönung) in duorum regum praesentia Ruodolfi regis Burgundiae et Chnutonis regis Anglorum, divino officio finito imperator duorum regum medius ad cubiculum suum honorifice ductus est. Unter dem cubiculum ist eben die camera maioris palatii des Ordo zu verstehen.[3]) Am deutlichsten ist die Nachricht Hermanns von Reichenau (Chron. ad a. 1047 SS. V. 126) bei Heinrich III.: Peractisque missarum sollemniis, ipse domnus papa et imperator cum imperatrice, ita ut erat coronatus ad Lateranense palatium cum ingenti gloria proficiscuntur, cunctis civibus Romanis mirantibus honoremque singulis quibusque pro facultate obiter

[1]) Der Ordo des Cod. Vat. 4748 fügt noch bei: et post imperator ad castra revertitur coronatus.

[2]) Ordo 11: Et post missam ad castra revertitur coronatus.

[3]) Aus der Urkunde bei Böhmer N. 1311, datiert 5. April. in civitate Leoniana folgt noch nicht, dass der Kaiser die ganze Zeit, da er in Rom war, hier wohnte. Was wäre das überhaupt für ein Umzug gewesen von der Peterskirche bis zu einem cubiculum in der Leonina, da ja diese selbst in der Leonina lag! cf. Bresslau, Konrad II. Bd. I. S. 145 N. 2.

impendentibus. Die Sitte, Geld unter das Volk zu werfen, erwähnt Donizo (Vita Mathildis lib. II. c. 18 SS. XII, 402):

Antiquo more processio regis honore
Facta fit extensa, nummis eius cooperta.

Fälschlich verlegt Donizo den Vorgang auf die Einzugsprozession, was bei seiner sonstigen Unzuverlässigkeit nicht sehr zu verwundern ist.

Die Ceremonie des Steigbügelhaltens wird thatsächlich bei den Schriftstellern erst in ziemlich später Zeit genannt und zudem nicht als Brauch bei der Kaiserkrönung, sondern bei sonstigen Begegnungen zwischen Papst und Kaiser.[1]) Es scheint jedoch ganz natürlich zu sein, dass die Sitte des Steigbügelhaltens bei Gelegenheit der Krönung des Kaisers schon lange bestand, ehe dieser Dienst auch bei anderen Anlässen von den Päpsten verlangt wurde. In der That berichtet Centius Camerarius, man habe, als Friedrich I. sich weigerte, den Steigbügel zu halten, nachgewiesen, dass von Alters her die Könige dem Papste diesen Dienst geleistet hätten.[2])

Als Brauch bei der Kaiserkrönung wird die Sitte ausser der schon erwähnten, da aber nicht passenden Angabe des Petrus von Monte Cassino[3]) ausdrücklich genannt bei Ottos IV. Krönung: Arnoldi Chronica Slavorum lib. VII. c. 19 (SS. XXI, 249): Cum igitur ventum fuisset ad equos, imperator non immemor apostolice reverentie, que exhibenda est ipsorum vicario fideli et reverendo pape Innocentio, strepam ipsius devote apprehendit.

Auf den Zug zum Lateran ist auch die Prozession zu beziehen, die Benzo von Alba in seiner Heinrich IV. gewidmeten Schrift lib. I. c. 9 (SS. XI, 602) schildert. Zum Beweise davon ist

---

[1]) Zum erstenmale wird die Sitte, abgesehen natürlich von der karolingischen Zeit, erwähnt bei Konrad, dem Sohne Heinrichs IV., dann bei Lothar, als er mit Innocenz II. in Lüttich zusammentraf, und endlich mit Bezug auf Lothars Beispiel bei Friedrichs I. Zusammenkunft mit Hadrian IV. cf. Waitz, Verfg. Bd. 6 S. 194.

[2]) Watterich II, 342: Rex in stratoris officio exhibendo et tenendo streugam illum honorem domno Papae nequaquam exhibuit, qui ab antecessoribus eius Romanorum regibus ob apostolorum Principis reverentiam Romanis consueverat Pontificibus exhiberi. Die Kardinäle versichern, domnum imperatorem de antiqua consuetudine ac Romanae ecclesiae dignitate domno Papae stapedem debuisse tenere. Besonders wird das Beispiel Lothars angeführt: Tandem vero antiquioribus principum et illis, qui cum imperatore Lothario ad domnum Papam Innocentium venerant, requisitis et investigata ex relatione illorum et veteribus monumentis prisca consuetudine, iudicio imperialis curiae decretum est et communi principum favore firmatum, quod domnus imperator pro apostolorum Principis et sedis Apostolicae reverentia exhiberet stratoris officium et streugam domno Papae teneret. Aehnlich Boso, Vita Hadriani bei Watterich II, 327 ff.

[3]) cf. oben S. 68.

es aber nötig auf das von Benzo entworfene Programm der Kaiserkrönung überhaupt näher einzugehen.

Die Schilderung Benzos trägt den Stempel grosser Verworrenheit an sich, ohne indessen ganz und gar Falsches zu berichten. Aus dem Ganzen geht hervor, dass Benzo mehrere Kaiserkrönungen vor Augen schwebten, namentlich die Vorgänge bei den drei letzten Krönungen (Konrads II., Heinrichs III. und Heinrichs IV.).[1]) Da aber Benzo zwei bis drei Jahre nach Heinrichs IV. Krönung[2]) und erst 40 Jahre nach der Heinrichs III. schrieb, während seit der Krönung Konrads II. schon 60 Jahre verflossen waren, so mochten Benzo die einzelnen Vorgänge nur verschwommen in Erinnerung sein, so dass er ähnliche Momente des Krönungsceremoniells mit einander verwechselte und das Einzelne vielfach an falscher Stelle einfügte, auch einzelne Vorgänge, die sich früher nur zufällig an die Kaiserkrönung angeschlossen hatten, als zum Ordo selbst gehörig betrachtete. Wenn man dazu bedenkt, dass der Zweck der ganzen Schrift Benzos weniger wahrheitsgetreue Erzählung, als vielmehr unwürdige Schmeichelei gegen Heinrich IV. war,[3]) so wird man keinen Anstand nehmen dürfen, seine Angaben überall da zu korrigieren, wo sie mit dem Ordo nicht übereinstimmen.

Nach dem Vorgange bei der Krönung Konrads II. lässt Benzo den Einzug des Kaisers und die Krönung an verschiedenen Tagen stattfinden, die Einzugsprozession aber verwechselt er mit der Prozession, die nach dem Ordo nach Beendigung der Krönungs-Messe zum Lateran ziehen soll. Mit jener Prozession zum Lateran aber stimmt die Schilderung Benzos im wesentlichen vollständig überein. Benzo schreibt: Processio vero Romani imperatoris celebratur talibus modis. Portatur ante eum

---

[1]) Benzo giebt im ersten Kapitel des ersten Buches seiner Schrift (SS. XI, 600) dem Könige folgenden Rat: Paululum quoque intermissis secularibus consiliis legat quantulumcunque de historiis patrum praecendentum, ut inde sibi assummat bonae imitationis emolumentum. Legere enim aliorum annales plurimum valet ad instruendos ritus imperialis. Was Benzo hier dem Könige rät, hatte er gewiss selbst fleissig gethan.

[2]) Nach der Untersuchung von Hugo Lehmgrübner, Benzo von Alba in Historische Untersuchungen hg. von J. Jastrow Heft 6, hat Benzo das erste Buch seiner Schrift, das cap. 7 bis cap. 12 Benzos Programm der Kaiserkrönung enthält, 1085/1086 geschrieben; auf keinen Fall kann die Abfassung des Buches später als 1089 fallen (S. Lehmgrübner a. a. O. S. 28 und S. 29). Die drei ersten Kapitel des ersten Buches sind bereits in der zweiten Hälfte des J. 1083 oder Anfang 1084 geschrieben. (S. Lehmgrübner a. a. O. S. 27). Benzo ist geboren am Anfang des 11. Jahrhunderts (bald nach dem J. 1010 vgl. Lehmgrübner a. a. O. S. 4).

[3]) Schwarzer a. a. O. S. 178 f.

sancta crux gravida ligni dominici, et lancea sancti Mauricii[1]). Deinde sequitur venerabilis ordo episcoporum, abbatum et sacerdotum, et innumerabilium clericorum. Tunc rex indutus bysino podere, auro et gemmis inserto, mirabili opere, terribilis calcaribus aureis,[2]) accinctus ense, adopertus Frisia clamide, imperiali veste, habens manus involutas cyrotecis lineis cum anulo pontificali, glorificatus insuper diademate imperiali,

> Portans in sinistra aureum pomum,
> Quod significat monarchiam regnorum,
> In dextera vero sceptrum imperii
> De more Julii, Octaviani et Tiberii;
> Quem sustentant ex una parte papa Romanus,
> Ex altera parte archipontifex Ambrosianus.
> Hinc et inde duces, marchiones, et comites,
> Et diversorum procerum ordines.

Sic imperator incedit ad processionem; nulla humana lingua potest explicare talem gloriam tantumque honorem. Retro vero secuntur quinque viri, diversa clamide et patricialibus circulis redimiti. — Tu es Deus qui facis mirabilia, quia imperatore gressum movente, tollitur clamor omnium ad sidera. Clerici incipiunt: Iam bone pastor. Teutonici: Kyrie eleyson, helfo. Sancte Petre heleyson. Singule quidem nationes secundum ritum patriae prorumpunt in suas vociferationes.[3]) Tot igitur innumerabilium vocum clamoribus exterrita tellus tremit, et coelum desuper ad laudem tanti imperatoris faciem aeris serenissimam reddit, ut in die tantae festivitatis sit gloria in excelsis, et in terra pax hominibus bone voluntatis. Wenn Benzo in dieser seiner Schilderung die Angabe macht, dass der Prozession ein Kreuz und eine Lanze vorausgetragen werde und der Kaiser in der Linken einen Reichsapfel halte — Dinge, welche der Ordo nicht erwähnt — so gehören diese zu den Insignien, welche bei der eigentlichen Krönungsceremonie zwar nicht benutzt wurden, welche der Kaiser aber doch als zu den Reichsinsignien gehörig nach Rom mitzubringen

---

[1]) Dies ist eine Verwechslung mit der hl. Lanze, die Heinrich I. von König Rudolf von Burgund erhielt (Waitz, Verfg. VI, 233); die Lanze des hl. Mauritius, die unter Konrad II. durch Schenkung Rudolfs II. von Burgund an den deutschen König kam, galt nur als Insigne des burgundischen Reiches, nicht als Reichsinsigne. cf. Waitz a. a. O. S. 235.

[2]) Der Umstand, dass der Kaiser Sporen trägt, zeigt, dass Benzo nur die Prozession zum Lateran vorgeschwebt hat; denn die Sporen werden (nach dem Ordo) dem Kaiser erst nach der Krönungsmesse angezogen. Schwarzer (a. a. O. S. 179) glaubt, dass Benzo nur die Prozession von der Kirche St. Mariä del Torre bis zur porta argentea schildern wolle, während Waitz a. a. O. S. 187 die Prozession wirklich als Einzugsprozession betrachtet.

[3]) Ordo: Clerici Urbis omnes, sicut soliti sunt, laudes faciant per loca sua. Judaei similiter in loco suo.

pflegte.[1]) Diese konnten also bei der Prozession ganz gut Verwendung finden, auch wenn der Ordo darüber nichts besimmte.

Unglaublich und unmöglich ist es allerdings, wenn Benzo bei dieser Prozession den Kaiser vom Papst und dem Erzbischof von Mailand geführt werden lässt; es veranlasste ihn aber zu dieser Bemerkung sicherlich die Erinnerung an den Bericht der Commemoratio superbie Ravennatis archiepiscopi,[2]) nach welcher dem Mailänder das Recht zukommt, den Kaiser in die Kirche des hl. Petrus zu geleiten, um ihn dem Papste zur Krönung vorzustellen. Diesen Bericht aber hat Benzo nicht nur in übertreibender Schmeichelei gegen Heinrich IV. entstellt, sondern auch den Vorgang selbst an ganz falscher Stelle eingefügt. Was die fünf Männer betrifft, die Benzo hinter dem Kaiser einherschreiten lässt, so liegt dieser Angabe vielleicht eine Beziehung zu den zwölf Männern zu Grunde, die nach Thietmar Heinrich II. bei seinem Einzuge in die Stadt umgaben.[3])

Wenn somit die von Benzo beschriebene Prozession thatsächlich nichts anderes ist, als eine Schilderung der Prozession zum Lateran, so ist damit sofort auch die Beschreibung des Gastmahles zu verbinden, das nach Benzo am Tage des Einzuges des Kaisers nach seiner Konsekration und Benediktion stattfinden soll; denn in Wirklichkeit ist jener Bericht genau eine Schilderung des Festmahles, das nach dem Ordo an die Prozession zum Lateran sich anschliesst. Der betreffende Passus bei Benzo lautet: Expleta missa ad palacium redeunt, et ad mensam accedunt:

Resultat Roma gaudiis, laudes[4]) refert apostolis,
Per quorum sanctum meritum Roma tenet imperium;
Una est vox leticiae civium et miliciae,
Frequentat universitas Alleluia per semitas.

Postquam autem cum modestia sumpserint cibum, hymno dicto,[5]) si fuerit aestivum tempus, vadunt parumper dormitum.[6])

---

[1]) cf. oben S. 80 N. 5.

[2]) cf. oben S. 66 f.

[3]) Waitz, Verfg. VI, 187 N. 4 hat auch an eine solche Beziehung gedacht. Auch Gregorovius, Gesch. der Stadt Rom IV, 18 N. 2 weist bei Erwähnung von Thietmars Bericht auf Benzo hin. Vielleicht dachte Benzo auch an die Quinqueviri mensarii bei Livius VII., 21, eine Kommission zur Ordnung des Schuldenwesens und wollte damit die kaiserlichen Kämmerer bezeichnen, die nach dem Ordo Geld unter das Volk werfen.

[4]) Der Ordo: Quumque pervenerit ad ascensorium (Aufgang zum Lateran), prior cardinalium sancti Laurentii foras muros, incipit laudes, sicut mos est, et ceteri respondent.

[5]) Der Ordo: Finito prandio surgat unus ex diaconibus — et legat lectionem, qua perlecta surgant cantores, et cantent quod soliti sunt.

[6]) Der Ordo: Die Kämmerer teilen das presbyterium aus pontifice et imperatore in camera pausantibus.

Wie der Vergleich mit dem Ordo zeigt, stimmen dieser und Benzo selbst in Einzelheiten mit einander überein.

Wird endlich mit den beiden angeführten Abschnitten der Passus vereinigt, mit welchem Benzo selbst den Zug zum Lateran schildern will, so erhält man ein im wesentlichen ziemlich vollständiges Bild der ganzen Prozession, wie sie der Ordo giebt. Benzo schreibt nämlich in cap. 10: (Cesar) venit usque ad scalarum gradus (der Peterskirche nach vollzogener Krönung), ubi eum praestolatur Romanus senatus; ascendensque equum [1]) cum equitibus Romanis, Teutonicis et Langobardis, pergit per viam triumphalem. In omnibus quidem plateis salutatur Romanis cantilenis. [2])

Benzo hat also die Prozession zum Lateran, wie sie nach den Bestimmungen des Ordo stattfindet, in drei Teile zerlegt und diese Teile an drei verschiedenen Stellen eingefügt, nachdem er aus der einen Prozession zwei gemacht und das unmittelbar an diese sich anschliessende Festmahl von ihr getrennt hat.

Mit dem Zuge zum Lateran und dem Gastmahle daselbst schliessen die Feierlichkeiten einer Kaiserkrönung, wie sie der Ordo der ersten Periode giebt, ab, und man kann in der That nicht sagen, dass sie arm an Abwechslung seien. Aber Benzos übertreibender Schmeichelei scheinen sie nicht genügt zu haben. Abgesehen davon, dass er nach dem Bankett im Lateran, das nach ihm allerdings am Tage des Einzuges stattfindet, den Kaiser abends mit den Insignien des Patricius geschmückt zur Vesper ziehen und ihn auf die am folgenden Tage stattgehabte Krönung noch eine Messe in der Basilika Konstantins hören lässt (nach Benzo hat die Krönung ohne Messe stattgefunden), dehnt er die Feierlichkeiten auf volle sieben Tage aus: Am dritten Tage besucht der Kaiser mit der Krone geschmückt die Basilika St. Pauli, am vierten Tage St. Croce in Gerusalemme; die drei weiteren Tage sind der Abhaltung einer Synode gewidmet, auf der die Angelegenheiten der Kirche und des Staates besprochen werden.

Bei der Beurteilung dieser Angaben ist jedenfalls zu erwägen, dass es Benzo sichtlich vor allem nur darum zu thun ist, so viele Feierlichkeiten ausfindig zu machen, dass eine volle Woche mit ihnen ausgefüllt wird. [3]) Was aber die Synode während der drei letzten Tage betrifft, so mochte Benzo zu dieser Angabe

---

[1]) Der Ordo: Et acceptis coronis sequantur (der Kaiser mit seiner Gemahlin) dominum papam pergentem ad equitandum.

[2]) cf. oben S. 99 N. 3.

[3]) Vielleicht wollte er auch der schon unter Gregor VII. sich bildenden Anschauung entgegentreten, dass der gekrönte Kaiser nur eine Nacht noch in Rom bleiben dürfe.

durch die Erinnerung an die Vorgänge bei der Krönung Konrads II. gekommen sein; denn damals fand allerdings eine Synode in der lateranensischen Kirche statt.[1]) Aber während sie sich dort nur infolge der eben waltenden Umstände an die Krönung anschloss, hat sie Benzo zu einem wesentlichen Bestandteil der Krönungsfeierlichkeiten selbst gemacht.

Nach dieser Betrachtung ist sicher kein Anlass vorhanden, auf Grund von Benzos Schilderung die Möglichkeit der Beziehung des Ordo des Cencius auf Heinrich III. oder überhaupt auf die Zeit, in die wir ihn verlegt haben, zu bezweifeln oder gar ganz abzuleugnen, zumal es durchaus nicht richtig, dass, wie Steindorff[2]) meint, überall, wo man hinblickt, zwischen Benzos Programm für die Kaiserkrönung und der Formel wesentliche Unterschiede hervortreten.

Wahrscheinlich hat Heinrich IV. den Umzug zum Lateran nicht gehalten, da derselbe von der Engelsburg aus hätte gestört werden können. Benzo selbst klagt (a. a. O. c. 7): In consecratione cesaris augusti passa est imperialis corona non modicum detrimentum. Das Gleiche geschah bei der Krönung Heinrichs V. infolge der feindseligen Haltung der Römer. Annales Romani (SS. V, 476): Coronatus est autem idem rex portis omnibus Romane urbis, ne quis civium ad eum accederet, obseratis. Post corona eacceptionem finitis missae sollempnibus, ipse statim ad castra in campum egreditur. Fast gleichlautend die Chronik des Petrus von Montecassino lib. IV. c. 40 (SS. VII, 782): Post coronationem finitis missarum sollempniis, imperator statim ad castra in campum egreditur.

In der zweiten und dritten Periode ist den Bestimmungen der geänderten Ordines entsprechend von einer Prozession zum Lateran auch bei den Schriftstellern nirgends mehr die Rede. Lothar, dem es nicht gelungen war, in den Besitz der Peterskirche zu gelangen, kehrte nach seiner Krönung im Lateran alsbald mit dem Papste zu seiner Wohnung auf dem Aventin zurück: Boso, Vita Innocentii II. bei Watterich II, 177: Et exinde (vom

---

[1]) Aber erst am 6. April, während die Krönung schon am 26. März 1027 erfolgte. (Bresslau, Konrad II. 1. Bd. S. 148). Auch nach Heinrichs III. Krönung hielt Clemens II. in den ersten Tagen des Januar 1047 eine grosse Synode, auf welcher für den Kaiser, falls er erscheinen sollte, ein Sessel zur Rechten des Papstes bereit stand (s. Steindorff, Heinrich III. Bd. 1 S. 320). Vielleicht dachte Benzo auch an die Vorgänge bei der Krönung Heinrichs II., wo ebenfalls bald nach der Krönung eine Synode in der Peterskirche abgehalten wurde. (s. H. Pabst bei Hirsch, Heinrich II. Bd. II. S. 426 ff.).

[2]) cf. die Bemerkungen Schwarzers a. a. O. S. 178 bis 179. Steindorff, Heinrich III. Bd. I S. 476 giebt selbst zu, dass der Kaiser, nachdem er vom Pfalzgrafen vom Lateran für die Prozession bekleidet worden sei, ungefähr einen Anblick geboten habe, wie nach Benzos Schilderung der König vor der Krönung.

Lateran) ad montem Aventinum utrique cum gaudio pariter redierunt. Vortrefflich stimmt es mit dem Ordo, wenn Friedrich I. in seinem Briefe an Otto von Freising (SS. XX, 348) schreibt: Quo (gemeint ist die Krönung) rite peracto, dum omnes nimio labore et estu confecti ad tentoria rediremus et cibum caperemus. Otto selbst berichtet in den Gesta Frid. imp. lib. II. c. 22 (SS. XX, 407): Peractis omnibus (nach der Krönung) imperator cum corona solus equum faleratum insidens, caeteris pedes euntibus, per eandem qua introierat portam egressus, ad tabernacula quae ipsis muris adhaerebant revertitur, Romano pontifice in palatio, quod iuxta ecclesiam habebat, remanente. Richtig schreibt auch Martin von Troppau (Chronicon SS. XXII, 470): Cum peractis omnibus, ante nonam ad stacionem suam, quae erat in prato Neronis, exivisset, Romani . . . Das von E. Monaci aufgefundene Gedicht erzählt V. 665 ff. (a. a. O. S. 27):

Rex eciam meritos aris indicit honores,
Ditia dona ferens simul et libamina summo
Offert pontifici pro cunctis rite litanti.
Tandem, propositis completis ordine sacris,
Castra petit letus sumpto diademate ductor,
Ex tunc imperii nomen regnique habiturus,
Appositisque epulis mensis sua corpora curat.

Bezüglich der Krönung Heinrichs VI. berichtet Roger de Hoveden (Chronica SS. XXVII, 154) geradezu: Romani vero clauserunt portas Urbis et custodierunt eas in manu forti et armata, non permittentes eos intrare.[1]) Damit stimmt die Angabe des allerdings unzuverlässigen Petrus de Ebulo (G. del Re, Cronisti e scrittori sincroni Napoletani I, 410): Post haec cantatis ad castra revertitur hymnis.

Auch Otto IV. verliess nach vollzogener Krönung ohne weiteren Aufenthalt die Stadt: Braunschweigische Reimchronik V. 6813—6822 (M. G. D. Chr. II, 544):

dho her was gekronet so
und dhe wigunghe was gethan,
daz is got lob můste han,
gekronet an keyserlicher wete
trat her nidher dhe grete
uz sente Peters tome.
sus treckete her uz von Rome
an vil grozer werdicheyt.
und mit im sin scare breyt
unz an dhe pavlun und dhe thelde.

---

[1]) Wenn Gregorovius, Gesch. der Stadt Rom 2. A. Bd. 4 S. 591 N. 1 den Ordo des Cencius als Beweis anführt, dass der Zug zum Lateran stattgefunden habe, so begeht er den oft gemachten Fehler, dass er den Ordo als Relation über die stattgehabte Krönung betrachtet.

Ganz im Einklang mit dem Ordo berichten die Ann. Ceccanenses ad a. 1209 (SS. XIX, 298): Oddo coronatus imperator vestitus imperialibus vestimentis sacratis, mitratus et coronatus, ivit cum domno papa usque ad portam Romae, et domnus papa ibi eum benedixit. Dass Otto beim Besteigen der Pferde dem Papste den Steigbügel hielt, wie Arnold von Lübeck erzählt,[1]) haben wir schon oben erwähnt.[2])

Die gewöhnlichen Geldgeschenke scheint Otto nicht gegeben zu haben, wenigstens giebt Willelmus Britho dies auch als Grund der Feindseligkeiten der Römer an (Gesta Francorum SS. XXVI, 302): Propter quasdam expensas, quas Romani ab imperatore ex debito petebant, — orta fuit inter eos discordia, et conflixerunt Romani cum eis (den Deutschen). Aehnlich Thomae Tusci Gesta Imp. et Pont. C SS. XXII, 509): Quia Romanis non satis fecit de expensis sibi debitis, contra eum et Theotonicos pugnaverunt.

Dass auch Friedrich II. als der letzte Kaiser der von uns behandelten Periode nach der Krönung alsbald zum Monte Mario zurückkehrte, wird durch keine entgegenstehende Nachricht widerlegt. Auf dem Monte Mario verblieb der Kaiser in den auf die Krönung folgenden Tagen.[3])

Auf solche Weise verlief das Ceremoniell einer Kaiserkrönung im Mittelalter. Es war ein hochbedeutsamer Akt, wenn der König der Deutschen mit dem Diademe des Kaisertums geschmückt wurde. Die Ordines selbst, namentlich die Gebete,

---

[1]) cf. oben S. 97.

[2]) Später folgte der Papst dem vorausgegangenen Kaiser auf den M. Mario nach; dieser führte ihn dann noch zwei Meilen weiter, um am Orte, wo die Zelte aufgeschlagen waren, ein Mahl mit ihm zu feiern. Reimchronik a. a. O. V. 6832 ff. Nach Arnold (Chronica Slavorum lib. VII. c. 19 SS. XXI, 249) hatte zuerst der Papst den Kaiser zum Mahle eingeladen, gab aber dann Ottos Bitten, lieber sein Gast sein zu wollen, nach: Finito officio domnus papa imperatorem devote vocat ad convivium, quem domnus imperator precibus instantissimis optinet venire secum. Mit den Angaben der Reimchronik und Arnolds stimmt schlecht, was die Ann. Ceccanenses a. a. O. schreiben: Celebrato sacrificio coronationis domnus papa volens reverti Romam, non poterat propter innumerabiles armatos equites Teutonicos, qui manebant extra ianuas Sancti Petri usque in portam Romae pontis Sancti Petri und nachher domnus papa ibi (an der porta Romae) eum (sc. Ottonem) benedixit, licentiavit et rogavit eum, ut alio die adveniente recederet a territorio Romano; quod ipse minime fecit.

[3]) Am 26. Nov. brach er von dort auf. Winkelmann Friedrich II. Bd. 1 S. 118. Hier ist auch die Angabe des Nikolaus von Butrinto in seiner relatio de Heinrici VII. imperatoris itinere Italico (hg. v. Dr. Ed. Heyck) S. 61 anzuführen, nach welcher sich der Kaiser Heinrich VII. i. J. 1312 gegenüber der Bitte der Römer, noch länger in Rom zu bleiben, eben damit entschuldigt, dass der Kaiser nach alter Gewohnheit alsbald nach der Krönung Rom verlasse: Dominus imperator excusabat se et propter consuetudinem antiquam imperatorum, qui recedunt corona accepta.

die sie enthalten, erklären die Bedeutung der Kaiserkrönungen zur Genüge.[1])

Es ist eine wahrhaft ideale Stellung, zu welcher der zum Kaiser gekrönte Herrscher der Theorie nach erhoben wird; er ist erhaben über alle Könige der Erde,[2]) ihm schulden auch alle Völker und Nationen Treue.[3]) Gross und der Höhe der Würde entsprechend sind aber auch die Pflichten, die der gekrönte Kaiser zu erfüllen hat. Nicht nur die gewöhnlichen Christentugenden, wie er es im Skrutinium versprochen,[4]) hat der Kaiser zu üben; ihm als dem Haupte der Christenheit erwachsen auch ganz besondere Aufgaben. Hat er schon im Krönungseid geschworen, ein Beschützer und Verteidiger der hl. römischen Kirche sein zu wollen, so wird im Verlaufe des Krönungsceremoniells in den dabei gesprochenen Gebeten zu wiederholtenmalen auf diese erste Pflicht hingewiesen und dieselbe genauer bestimmt. Der Kaiser hat in gewissem Sinne die Kirche Gottes zu regieren[5]): Im Inneren der Kirche hat er für die Reinheit des Glaubens zu sorgen, die Häresien auszurotten und die Untergebenen zu standhaftem Ausharren im katholischen Glauben anzuhalten;[6]) nach aussen hin aber hat er auf der einen Seite das Lager Gottes zu verteidigen und zu schützen und die Feinde der Kirche abzuwehren, auf der anderen Seite muss er das Evangelium des ewigen Reiches unter ihnen, den Heiden, verbreiten und dem christlichen Namen neue Gebiete erschliessen.[7]) Mit Rücksicht auf diese Aufgabe, die dem Kaiser vorzüglich durch das Zeichen des Ringes[8]) nahegelegt

[1]) Es kann nicht unsere Aufgabe sein, eine erschöpfende Darstellung der Bedeutung des Kaisertums zu geben; es soll hier als Beitrag nur dasjenige angeführt werden, was sich aus den Ordines selbst ergiebt.

[2]) Gebet des Bisch. v. Albano: Ut — super omnia regna praecellat. Zweites Gebet bei Uebergabe des Scepters (im Ordo des Cencius): Honorifica eum prae cunctis regibus terrae.

[3]) Gebet des Bischofes von Porto: Praesta ut illi gentes teneant fidem.

[4]) cf. oben S. 73.

[5]) Erstes Gebet bei der Salbung des Kaisers: Ad regendam ecclesiam tuam nihil ei praefinita officiant. Gebet des Bischofs von Ostia über die Kaiserin an der porta argentea: Statumque sanctae Dei ecclesiae regendum.

[6]) Erstes Gebet bei Uebergabe des Ringes: Scias triumphali potentia hostes repellere, haereses destruere, subditos coadunare, et catholicae fidei perseverabilitati connecti.

[7]) Erstes Gebet bei Uebergabe des Schwertes (Ordo des Cencius): resistere et eiicere omnes inimicos tuos valeas, et cunctos sanctae Dei ecclesiae adversarios, regnumque tibi commissum tutari, atque protegere castra Dei. Erstes Gebet bei Uebergabe des Scepters: Sanctam ecclesiam populumque christianum tibi a Deo commissum regia virtute ab improbis defendas. Ferner in der missa pro imperatore: Secreta: Protectione fidelium populorum antiqua brachii tui operare miracula, ut superatis pacis inimicis secura tibi serviat christiana libertas. Postcom.: Deus, qui ad praedicandum aeterni regni evangelium Romanum imperium praeparasti.

[8]) Ordo des Cencius: Accipe anulum, signaculum videlicet sanctae fidei.

wird, führt er den Titel »christlichster Kaiser«;[1]) eben um dieser Aufgabe willen trägt er auch geistliche Gewänder, wird selbst Kanoniker von St. Peter.

Das Kaisertum ist unmittelbar von Gott. Gott, dem alle Macht und Ehre gebührt, setzt den Kaiser ein,[2]) er, der Lenker des Reiches,[3]) verleiht die Würde des Kaisertums; im Namen Gottes des Vaters, des Sohnes und des hl. Geistes erhält der Kaiser die Krone, das Zeichen des Ruhmes.[4]) Der Papst und die Bischöfe sind also nur die Mittelspersonen, durch welche Gott, die Quelle alles Guten, seinen Willen ausführen lässt.

Dem deutschen König kommt das Anrecht auf die Kaiserkrone zu;[5]) das Kaisertum selbst ist nur die Vollendung seiner Machtvollkommenheit, die Bestätigung seiner Weihe, durch welche sein Thron feste Dauer und Stabilität erlangt[6]). Dieses Anrecht kommt dem deutschen Könige fast erblich zu; der Bischof von Ostia betet über die Kaiserin, sie möge mit Nachkommen gesegnet werden, die — wie ihr Gemahl — berufen seien, die Kirche Gottes zu regieren und zu verteidigen,[7]) was eben die vorzüglichste Aufgabe des Kaisers ist.

Allerdings fehlt es im Krönungsceremoniell nicht an Momenten, die leicht missdeutet werden konnten. Der Krönungseid mochte manchen als Lehenseid erscheinen; der Umstand, dass der Kaiser demütig dem Papste die Füsse küsst, dass er ihn stets zur Rechten gehen lässt, dass er ihm den Steigbügel hält, konnte, trotzdem diese Dinge nach der Auffassung der Zeit durchaus nicht als etwas Erniedrigendes erschienen, doch in manchen die

---

[1]) Zweites Gebet bei Uebergabe des Schwertes (bei Cencius): Propitiare christianissimo regi nostro.

[2]) Erstes Gebet bei der Salbung des Kaisers: In tua (Gottes) dispositione constituto. Zweites Gebet bei Uebergabe des Scepters: Omnium Domine fons bonorum — a te sibi (dem Kaiser) praestitum honorem corroborare dignare. Erstes Gebet bei der Messe für den Kaisers: Qui tua constitutione est princeps. Postcom.: Deus, qui — Romanum imperium praeparasti. Laudes: Domino nostro N. a Deo coronato.

[3]) Gebet des Bischofs von Porto: Deus, — gubernator imperii.

[4]) Accipe signum gloriae in nomine Patris et Filii et Spiritus sancti.

[5]) Ordo der deutschen Königskrönung, Waitz S. 34: Ut eum ad imperii fastigium producere digneris; in den offiziellen römischen Ordines der Kaiserkrönung wird allerdings dieses Anrecht formell nicht anerkannt.

[6]) Der Ordo in der Kölner Handschrift 141 (Waitz S. 68) schliesst: Et sic firmetur in regno. In dem Gebet des Bischofs von Porto (bei Cencius) heisst es: Deus — confirmator regni.

[7]) Gebet des Bischofs von Ostia an der porta argentea: Fructu uteri sui foecundari seu gratulari mereatur ad decorem totius regni, statumque sanctae Dei ecclesiae regendum, nec non protegendum.

Ansicht erwecken, als ob der Kaiser niedriger stehe als der Papst[1]). Eben diese Momente gaben wohl auch Anlass zu jener oben S. 91 f. erwähnten fabelhaften Erzählung des Roger von Hoveden, die in ihrer weiten Verbreitung — findet sie sich ja doch in einer Volkslegende ebenso wie bei dem Fortsetzer des Thomas von Aquin[2]) — sicherlich nicht wenig dazu beitrug, den Weg für die Auffassung zu bereiten, als ob der Kaiser Lehensmann des Papstes sei, eine Auffassung, die gerade in den Ordines selbst die stärkste Widerlegung findet, sobald man den Inhalt der einzelnen Gebete näher betrachtet.

[1]) In den Ordines der zweiten und dritten Periode der Kaiserkrönung sind diese Momente noch vermehrt. So heisst es im Gebete bei Uebergabe des Schwertes: Accipe gladium — per nostras manus tibi concessum. Gleich darauf wird der Kaiser (wenigstens in den Ordines 11, 13, 14 und im Ordo des Cod. Vat. 4748) auf Grund der Schwertumgürtung) »miles beati Petri« genannt (cf. oben S. 84 N. 1), ein Ausdruck, mit dem man vorzugsweise einen Lehensmann bezeichnete (cf. Waitz, Verfg. Bd. 6 S. 38).

[2]) cf. oben S. 92.

Exkurs

über die Eide, welche der deutsche König vor der Krönung zum Kaiser dem Papste zu schwören hat.

I.

IE Ordines der Kaiserkrönung enthalten regelmässig einen Eid, welchen der zu krönende Kaiser dem Papste zu leisten hat, ehe dieser Salbung und Krönung an ihm vollzieht.[1]) Die Form dieses Krönungseides blieb nicht immer dieselbe; es sind vielmehr drei verschiedene Fassungen, welche die Ordines uns bieten. Die Beantwortung der Frage, welche dieser drei Fassungen zu einer bestimmten Zeit gegolten habe, geht selbstverständlich Hand in Hand mit der zeitlichen Beziehung der Ordines selbst.

In seiner kürzesten Fassung lautet der Eid nach der Form bei Waitz, Formeln S. 62, also:

»In nomine Christi promitto, spondeo atque polliceor ego N. imperator coram Deo et beato Petro apostolo, me protectorem ac defensorem esse hujus sanctae Romanae aecclesiae in omnibus utilitatibus, in quantum divino fultus fuero adjutorio, secundum scire meum ac posse«.

---

[1]) Schon vor der Zeit, mit welcher sich unsere Abhandlung befasst, wird diese Gepflogenheit erwähnt. Die Vita Sergii II (bei Duchesne, liber Pontificalis tom. II, 88) erzählt: Tunc almificus praesul, claudi faciens omnes ianuas beati Petri, atque serrari praecepit, et regi (Ludwig II.), Spiritu sancto admonente, sic dixit: »Si pura mente et sincera voluntate et pro salute reipublicae ac totius urbis hujusque ecclesiae huc advenisti, has mea ingredere ianuas iussione: Sin aliter nec per me, nec per meam concessionem istae tibi portae aperientur«. Statim rex illi respondens dixit, quod nullo maligno animo aut aliqua pravitate vel malo ingenio advenisset. Von Berengar von Friaul wird in den Gesta Berengarii (ed. Dümmler) v. 147 bis 149 berichtet:

Ante fores stant ambo domus, dum vota facessit
Rex; etenim se cuncta loco vovet ultro daturum,
Que prius almifici sacris cessere tyranni.

Der von uns in Abschnitt I vorgenommenen Verteilung der Ordines entsprechend, war diese Form des Eides von Otto I. bis Otto III. in Gebrauch. Die Kürze des Eides und das Alter der Handschriften, die den Eid enthalten und zum Teil aus dem 10. Jahrhundert stammen, rechtfertigen zur Genüge diese Annahme.[1])

Sehr bemerkenswert ist, dass der Kaiser nur sagt »ich verspreche, gelobe und verheisse«, dass er also nicht eigentlich schwört. Denn es war ursprüngliche Sitte, dass der deutsche König nicht in Person einen förmlichen Eid schwört; er verspricht nur in feierlicher Weise oder es schwören andere in seinem Namen (»in eius anima«)[2]). Der Ausdruck »Eid« ist so für die Zeit der Ottonen eigentlich nicht ganz richtig.

Seit Heinrich II. schwört der Kaiser nicht nur dem gegenwärtigen Papste allein, sondern dehnt seinen Eid auch auf dessen Nachfolger aus, wie Thietmar von Merseburg ausdrücklich bezeugt.[3]) Das Gleiche geschieht in dem Eide, den der längere Ordo des Cencius (10 Cenc. II.) enthält, was neben anderem für uns ein Grund war, den Ordo des Cencius schon auf Heinrich II. zu beziehen.[4]) Der erweiterte und schärfer gefasste Eid lautet (LL. II, 187) folgendermassen:

»In nomine domini nostri Jesu Christi. Ego N. rex, et futurus imperator Romanorum, promitto, spondeo, polliceor, atque per haec evangelia iuro coram Deo et beato Petro apostolo, tibi N. beati Petri apostoli vicario fidelitatem, tuisque successoribus canonice intrantibus; meque amodo protectorem ac defensorem fore huius sanctae Romanae ecclesiae, et vestrae personae, vestrorumque successorum in omnibus utilitatibus, in quantum divino fultus fuero adiutorio, secundum scire meum ac posse, sine fraude et malo ingenio. Sic me Deus adiuvet et haec sancta Dei evangelia«.

---

[1]) Vgl. oben Abschn. I S. 16 f.

[2]) Vgl. Waitz, Verfassungsgeschichte VI, 378 ff. und Jaffé, Bibliotheca rer. Germ. II, 586 f. Diese Gewohnheit hat Helmold im Sinne, wenn er in der Slavenchronik I, 39 (SS. XXI, 42) von Heinrich V. berichtet: Susceptus est igitur cum magno cleri · Urbisque tripudio. Ubi autem ventum est ad consecrationem, exegit ab eo domnus papa iuramenta, quatinus in katholice fidei observantia integer, in apostolice sedis reverentia promtus, in ecclesiarum defensione sollicitus existeret. Sed rex superbus iurare noluit, dicens imperatorem nemini iurare debere, cui iuramentorum sacramenta ab omnibus sint exhibenda. Facta est igitur contentio inter domnum papam et regem, et interceptum est opus consecrationis. Statim armatus regis exercitus efferatus est in iram, inieceruntque manus in clerum et spoliaverunt eos vestibus sacris. Heinrich V. verweigerte indessen mit Unrecht den persönlichen Eid, denn jedenfalls seit Heinrich III. schwur der Kaiser persönlich, wenigstens wenn er bei dem Papste zur Krönung erschien. Siehe nachher.

[3]) cf. die Stelle oben S. 13.

[4]) cf. oben S. 14.

Die Worte »per haec evangelia iuro« und »Sic me Deus adiuvet et haec sancta Dei evangelia« zeigen, dass wir es jetzt mit einem förmlichen Eid zu thun haben, nicht mehr bloss mit einem feierlichen Versprechen. Persönlich schwur der König nur einem König gegenüber[1]; wenn dies jetzt der zu krönende Kaiser auch dem Papste gegenüber thut, so ist dies nicht etwa als ein Zeichen der niedrigeren Stellung des ersteren, sondern im Gegenteil als Zeichen der Gleichberechtigung und Gleichstellung der beiden höchsten Gewalten der Christenheit aufzufassen[2]).

Ueber die Bedeutung des Ausdruckes »fidelitas« ist bereits oben S. 14 N. 1 das Nötige gesagt worden. Die Worte »canonice intrantibus«, die auf successoribus folgen, scheinen in der ursprünglichen Form des Eides nicht gestanden zu sein; sie machen vielmehr den Eindruck, als ob sie infolge irgend eines Vorkommnisses, etwa eines Schismas, nachträglich eingefügt worden seien. Ein Schisma gab es in der That, als Heinrich III. seine Romfahrt unternahm. Nicht weniger als drei Päpste, Benedikt IX., Silvester III. und Gregor VI. machten zu gleicher Zeit den Anspruch, Nachfolger des hl. Petrus zu sein. Heinrich III. setzte sie ab, Silvester und Gregor auf einer Synode zu Sutri (20. Dez. 1046)[3]), Benedikt auf einer Synode in Rom (23. Dez.)[4]) und erhob einen neuen Papst in der Person des Bischofes Suidger von Bamberg (24. Dez.)[5]), nicht ohne wenigstens den Schein einer freien Wahl durch Klerus und Volk zu wahren. Mit Rücksicht auf die kaum beseitigten Zustände wurde, als der König am folgenden Tage, dem Tage seiner Erhebung zum Kaiser, dem neuen Papste (Clemens II.) den üblichen Krönungseid zu schwören hatte, das »canonice intrantibus« dem Worte successoribus angefügt, wobei man noch den Vorteil hatte, dass auch die eben geschehene Papstwahl etwaigen Zweifeln gegenüber als kanonisch bestätigt wurde. Für die Zeit vor Heinrich III., d. h. für die Krönungen Heinrichs II. und Konrads II. ist daher ein Eid in Anspruch zu nehmen, der die Worte »canonice intrantibus« nicht hatte,[6]) im übrigen aber mit

---

[1]) cf. Waitz, Vg. VI, 379.

[2]) Die persönliche Eidesleistung bei der Kaiserkrönung gehört demnach auch zu den Ausnahmen von der Regel, dass der König nie persönlich schwört und ist Waitz, Vg. VI, 379 darnach zu ergänzen.

[3]) cf. Steindorff, Heinrich III. Bd. 1 S. 313.

[4]) cf. Steindorff a. a. O. S. 314.

[5]) cf. Steindorff a. a. O. S. 315.

[6]) Vielleicht wurden auch die Worte, welche den Eid im Ordo des Cencius als förmlichen Eid erscheinen lassen (»per haec evangelia iuro« und »sic me Deus adjuvet et haec sancta Dei evangelia«), erst bei Heinrichs III. Krönung eingefügt, da Thietmar von Heinrich II. nur berichtet »devota professione« respondit (cf. oben S. 13 u. S. 66), also keinen Ausdruck gebraucht, der »Eid« bedeutet. Dem Papste

der im Ordo des Cencius enthaltenen Eidesformel übereinstimmte. Diese letztere blieb in Geltung bis auf Heinrich V.

Mit der Neuformierung des Ordo für die Krönung Lothars von Supplinburg (cf. oben S. 20 ff.) erfuhr auch der Krönungseid eine Umgestaltung. Er erhielt jetzt die Fassung, welche während der ganzen zweiten und dritten Periode der Kaiserkrönung die geltende blieb[1]). Der Eid hat im Ordo des Cod. Vat. 4748 folgenden Wortlaut:

»Ego enim N. rex Romanorum[2]) annuente Domino futurus imperator promitto, spondeo, et polliceor atque iuro coram Deo et beato Petro me de cetero protectorem ac defensorem fore summi Pontificis et Sancte Romane Ecclesie in omnibus necessitatibus et utilitatibus suis custodiendo et conservando possessiones, honores et iura eius quantum divino fultus adiutorio fuero secundum scire et posse meum, recta et pura fide. Sic Deus adiuvet et hec sancta Dei evangelia.«

Wie man sieht, hat auch die Form des Eides in der zweiten und dritten Periode der Kaiserkrönung durchaus das Gepräge eines förmlichen, persönlich geleisteten Eides[3]).

Der neue Eid zeigt dem früheren gegenüber einerseits eine Verkürzung, andererseits eine Erweiterung: Weggelassen wurde insbesondere die Stelle »(iuro) — tibi N. beati Petri apostoli vicario fidelitatem, tuisque successoribus canonice intrantibus«; das Wort »fidelitas« mochte in den Augen des zu krönenden Kaisers und der ihn begleitenden Reichsfürsten anstössig erscheinen, nachdem es anfing, mehr und mehr terminus technicus für einen Lehenseid zn werden. Eingefügt wurden die Worte »custodiendo et conservando possessiones, honores et iura eius«, um die »necessitates et utilitates ecclesiae« näher zu bestimmen.

Soweit die Krönungseide nach den in den Ordines selbst enthaltenen Formeln.

---

gegenüber mochte Heinrich III. um so weniger die Ablegung eines förmlichen Eides verweigern, als er früher schon sogar einem gewöhnlichen Grossen des Reiches ein eidliches Versprechen gegeben hatte (cf. Waitz a. a. O. VI, 379). — Den Römern gegenüber scheint allerdings der deutsche König bei seinem Einzuge zur Kaiserkrönung von Anfang an einen förmlichen Eid persönlich geleistet zu haben. »Electus iurat hoc sacramentum Romanis: Ego N. futurus imperator iuro — Sic me Deus adjuvet et haec sancta Dei evangelia« heisst es im Ordo des Cencius (cf. oben S. 52 N. 4). Ob aber nicht die ursprüngliche Form auch dieses Eides etwas anders aussah? Vielleicht war es auch nur eine professio.

[1]) Dass die im Ordo 11 (Const.) enthaltene Eidesformel nicht in die Zeit der zweiten Periode der Kaiserkrönung gehört, ist bereits oben S. 32 gesagt worden.

[2]) Den Namen »rex Romanorum« führt der deutsche König seit Heinrich V. cf. Schwarzer a. a. O. S. 192.

[3]) Im Ordo wird thatsächlich auch vorgeschrieben »Rex super eum (i. e. evangelii textum) corporaliter praestet — iuramentum«.

II.

Der durch den jeweils geltenden Ordo vorgeschriebene Eid war aber nicht immer der einzige, den der Papst vom Kandidaten des Kaisertums verlangte. Bereits der erste Kaiser, dessen Krönung unsere Abhandlung zum Gegenstand hat, Otto d. G., musste, noch ehe er Rom betrat, dem Papste bestimmte Zusicherungen zum Schutze seiner Person und seiner Rechte machen. Die Getreuen des Königs leisteten in dessen Namen folgenden Eidschwur:

»Tibi domno Johanni papae ego rex Otto promittere et iurare facio per Patrem et Filium et Spiritum sanctum et per hoc lignum vivificae crucis et per has reliquias sanctorum: ut si permittente Deo Romam venero, sanctam Romanam aecclesiam et te, rectorem ipsius, exaltabo, secundum meum posse. Et numquam vitam aut membra neque ipsum honorem, quem nunc habes et per me habiturus eris, mea voluntate aut meo consensu aut meo consilio aut exortatione perdes. Et in Roma nullum placitum neque ordinationem faciam de omnibus, quae ad te vel ad tuos Romanos pertinent, sine tuo consilio. Et quicquid de terra sancti Petri ad nostram potestatem venerit, tibi reddam. Cuicumque autem regnum Italicum commisero, iurare tibi faciam illum: ut adiutor tui sit ad defendendam terram sancti Petri secundum suum posse.«[1])

Dieser von Otto I. geleistete Eid, resp. das in ihm enthaltene Versprechen der Sicherheit an Leben, Gliedern und Ehre, gab später — von den nächsten Nachfolgern Ottos d. G. wurde ein solcher Eid nicht mehr verlangt — das Beispiel für ähnliche Forderungen des Papstes gegenüber den deutschen Königen. Heinrich IV. musste zu Canossa, nachdem er von Gregor VII. Lossprechung vom Banne erhalten, dem Papste, der damals die Absicht hatte, nach Deutschland zu gehen, um auf dem Reichstag zu Augsburg den Streit zwischen den Fürsten und dem Könige zu entscheiden, Sicherheit versprechen und zwar nicht nur für die Person des Papstes, sondern auch für alle, die in dessen Begleitung wären oder von ihm ausgesandt würden oder zu ihm

---

[1]) So lautet der Eid nach der Form I bei Pertz (LL. II, 29 = Jaffé, Bibl. rer. Germ. II, 588); die Ueberschrift zum Eid ist diese: »Iuramentum quod facere fecit suos fideles Otto augustus antequam Romam adiret«. Ich halte mit Jaffé (siehe dessen Ausführungen a. a. O. S. 586 ff.) nur die Form I für echt. Waitz (Vg. VI, 177 N. 3) ist geneigt, auch der Form II Echtheit zuzuerkennen. Jedenfalls gefälscht ist die Form III (nach welcher Otto persönlich den Eid geleistet hätte), schon deswegen, weil zur Zeit der Ottonen jedenfalls daran festgehalten wurde, dass es dem Ansehen des Königs widerspreche, in Person zu schwören.

kommen möchten: »Item, si idem domnus papa Gregorius ultra montes seu ad alias partes terrarum ire voluerit, securus erit ex mei parte et eorum, quos constringere potero, ab omni laesione vitae et membrorum eius seu captione — tam ipse quam qui in eius conductu et comitatu fuerint seu qui ab illo mittuntur vel ad eum de quibuscumque terrarum partibus venerint — in eundo et ibi morando seu inde redeundo. Neque aliud aliquod impedimentum habebit ex meo consensu, quod contra honorem suum sit; et si quis ei fecerit, cum bona fide secundum posse meum illum adiuvabo. [Ita me Deus adiuvet et haec sancta evangelia).«[1])

Dem Eide Heinrichs IV. liegt keine Beziehung zur Kaiserkrönung zu grunde. Anders verhält sich die Sache später: Sämtliche ähnlichen Sicherheitsschwüre der späteren Zeit sind geleistet mit Rücksicht auf den Romzug des deutschen Königs. So der Eid Konrads, des Sohnes Heinrichs IV., den derselbe 1095 dem Papste Urban II. schwur, nachdem ihn dieser als König anerkannt und ihm die Kaiserkrone in Aussicht gestellt hatte: Bernoldi Chronicon 1095 (SS. V, 463): Deinde fecit ei fidelitatem juramento de vita ac membris et de papatu Romano. Domnus autem papa in filium sanctae Romanae ecclesie recepit illum eique consilium et adjutorium ad obtinendum regnum et ad coronam imperii adquirendam coram populo firmissime promisit; ausführlicher ist eine Stelle aus einem Londoner Codex[2]) (SS. VIII, 474): 17 Kal. Mai (1095) fecit sacramento securitatem ei de vita, de menbris, de captione, de papatu Romano, et regalibus sancti Petri tam intra Romam quam extra Romam acquirendis, tenendis ac defendendis contra omnes homines, bona fide, sine fraude et malo ingenio.[3])

---

[1]) Gregorii VII. registr. IV, 12a ed. Jaffé, bibl. II, 259. Den Eid leistete Heinrich nicht selbst, sondern es schworen andere in seinem Namen; cf. Lambertus, annal. ad a. 1077 (SS. V, 259) und Bertholdus, annal. ad a. 1077 (SS. V, 289). Gregor VII. bezeugt selbst (Reg. VII, 14a bei Jaffé a. a. O. S. 402) »Heinricus iuramento per duos episcopos (Eberhard von Naumburg und Gregor von Vercelli) michi promisit«. — Petrus von Montecassino III, 49 (SS. VII, 738) bezeichnet diesen Sicherheitseid Heinrichs IV. als »fidelitas«: Demumque caesar Romano pontifici fidelitatem iuraret, oder nach anderer Lesart: more antecessorum suorum Romano pontifici fidelitatem faceret. Waitz a. a. O. VI, 182 N. 2 findet einen Widerspruch zwischen Petrus und der urkundlichen Fassung des Eides, was aber nach Feststellung des Begriffes fidelitas = securitas durchaus nicht richtig ist. Vgl. oben S. 14 N. 1 und Scheffer-Boichorst, der Sicherheitseid unserer Könige, Neues Archiv XVIII, 173.

[2]) Beide Berichte sollen nach der Vermutung von Scheffer-Boichorst a. a. O. S. 173 aus einer gemeinsamen Quelle stammen.

[3]) In den angeführten beiden Berichten ist zu beachten, dass die Ausdrücke »fidelitas« und »securitas« für ein und denselben Begriff gebraucht sind. cf Scheffer-Boichorst a. a. O.

Aehnliches wir hier Konrad, musste Heinrich V. im Jahre 1111 zu Sutri schwören; der Eid lautete nach den Annales Romani (SS. V, 474 = LL. II, 67) also: Ego Heinricus rex ab hac hora inantea non ero in facto aut consilio, ut domnus papa Paschalis II. perdat papatum Romanum, vel vitam vel membra, vel capiatur mala captione, aut per me aut per summissam personam, nec ipse nec fideles ipsius qui pro ipso securitatem mihi fecerunt.

Der Sicherheitseid wird hier auch auf die Abgesandten des Papstes ausgedehnt, der seinerseits auch dem Könige Sicherheit gelobte: fideles ipsius, qui pro ipso securitatem mihi fecerunt. In ähnlicher Weise, wie der König, schworen auch einige Reichsfürsten (cf. LL. II, 67).

Alle diese Sicherheitseide haben das gemeinsam, dass sie zwar — mit Ausnahme des Eides Heinrichs IV. zu Kanossa — mit Rücksicht auf die etwaige Kaiserkrönung, aber bereits vor der Ankunft in Rom, also nicht unmittelbar vor der Kaiserkrönung geleistet werden. Wenn die Päpste auf unmittelbare Ableistung vor der Krönung verzichteten, so hatte dies vielleicht darin seinen Grund, dass die seit Heinrich II. (resp. Heinrich III.) gebräuchliche Form des gewöhnlichen Krönungseides das Versprechen der Sicherheit ebenfalls enthielt in den Worten »(iuro) tibi N. beati Petri apostoli vicario fidelitatem«.[1])

Als aber diese Worte bei der Neuformierung des Ordo für die Krönung Lothars von Supplinburg aus dem Krönungseid ausgeschieden wurden, dieser also nichts mehr von einem Versprechen der persönlichen Sicherheit enthielt, wurde die Ablegung eines besonderen, ausdrücklichen Sicherheitseides unmittelbar vor der Kaiserkrönung verlangt. Anlass dazu mochten auch die Erfahrungen bei der Krönung Heinrichs V. geben, der wohl zu Sutri einen Sicherheitseid gewährt, ihn aber bei der Krönung selbst nicht gehalten hatte. Der Eid, wie ihn Lothar schwur, lautet also:

»Ego Lotharius rex promitto et iuro tibi domino pape Innocentio tuisque successoribus securitatem vite et membri et male captionis, et defendere papatum et honorum tuum, et regalia

---

[1]) cf. oben S. 14 N. 1 u. S. 110. Scheffer-Boichorst a. a. O. S. 173 scheint zu glauben, dass nach dem Ordo des Cencius der König (Heinrich II.) vor der Krönung einen eigenen Sicherheitseid ablege. Er schliesst dies aus den Worten »iurat fidelitatem domino papae«; Scheffer-Boichorst hat aber übersehen, dass darauf folgt »in hunc modum: In nomine domini nostri Jesu Christi. Ego N. rex« etc. (folgt der gewöhnliche Krönungseid). Es wird also im Ordo mit den Worten »iurat fidelitatem« nicht auf einen besonderen Sicherheitseid hingewiesen, sondern der gewöhnliche Krönungseid damit bezeichnet, wohl mit Beziehung darauf, dass in demselben selbst das Wort »fidelitas« vorkommt.

sancti Petri que habes manu tenere, et que non habes iuxta meum posse recuperare« (LL. II, 82).[1])

Dass Friedrich I. den gleichen Eid und zwar im unmittelbaren Anschluss an den gewöhnlichen Krönungseid leistete, zeigt Boso (Vita Hadriani bei Watterich, Vitae pontif. Rom. II, 328): Consuetam professionem et plenariam securitatem (sc. vite et membri etc.) exhibuit.[2])

In ein neues Stadium tritt die Forderung eines Sicherheitseides mit Heinrich VI. Der Eid wird wieder (wie bei Heinrich V.) schon vor dem Einzuge in die ewige Stadt verlangt; aber es schwört der König nicht persönlich, sondern es schwören andere für ihn; er selbst stellt nur eine Urkunde darüber aus. Heinrich VI. that dies am See Anguillara; die bezügliche Urkunde hat folgenden Wortlaut (bei Huillard-Bréholles, Examen des chartes de l'Eglise Romaine App. VI. in den Notices et extraits des manuscrits de la bibliothèque impériale XXI, 326):

Henricus Dei gratia Romanorum rex et semper Augustus. Notum fieri volumus universis presentem paginam intuentibus quod nos juramenta securitatis venerabilibus patribus nostris Celestino pape et cardinalibus sancte Romane ecclesie et rebus ipsorum et Romanorum in coronatione nostra et illuc eundo et ibi stando et inde redeundo, que principes et comites, barones, nobiles et alii Imperii fideles de mandato nostro et in nostra fecerunt presentia, rata habemus, et ea secundum quod in scripto [distinctum][3]) et bona fide utrinque est intellectum nos observaturos promittimus, et firmiter et inviolabiliter faciemus observari.

Datum juxta lacum Anguillarie, II idus aprilis.

Aehnliches geschah bei Otto IV.: Bevor er den Monte Mario herabstieg, um in die ewige Stadt einzuziehen, schworen die Fürsten und Grossen des Reiches ebenfalls »iuramenta securitatis;« die Urkunde Ottos darüber (Registr. Innocentii III. de negotio imp. n. 192 ed. Baluze I, 763) lautet also:

Otto Dei gratia Romanorum Rex et semper Augustus.

---

[1]) Cencius Frangipane sprach den Eid vor, während sein Neffe Otto und andere vornehme Römer als Zeugen unmittelbar dabei standen: LL. II, 82: Hoc est iuramentum quod dominus rex Lotharius tempore heresis filii Petri Leonis domino pape Innocentio prestitit ante fores basilice sancti Salvatoris que Constantiniana appellatur, in die qua coronatus est ab ipso Innocentio antequam coronam acciperet, domino Cencio Fraiapane iuramentum computante, et Octone nepote suo ac ceteris nobilibus Romanis ibi existentibus.

[2]) Diese Stelle scheint Waitz übersehen zu haben, wenn er Vg. VI, 180 schreibt: »Dagegen ist unter den Staufern von solchen Vorgängen nicht die Rede«. Auch die Nachfolger Friedrichs I. leisteten den Sicherheitseid. Vgl. unten.

[3]) Distinctum habe ich aus der unten folgenden Urkunde Ottos IV. ergänzt.

Notum fieri volumus universis praesentem paginam intuentibus quod nos juramenta securitatis venerabilibus patribus nostris Innocentio Papae et Cardinalibus sanctae Romanae Ecclesiae et rerum ipsorum et totius populi Romani in coronatione nostra, illuc eundo, ibi stando, et inde redeundo, quae Principes, Comites, Barones, nobiles et alii imperii fideles de mandato nostro et in nostra fecerunt praesentia, rata habemus, et ea secundum quod in scripto distinctum, et bona fide utrinque est intellectum, nos observaturos promittimus, et firmiter et inviolabiliter faciemus observari. Datum in castris in Montemalo IV. Non. Octob. Indictione decimatertia.

Das in den angeführten Urkunden erwähnte scriptum ist nicht mehr erhalten; sein Inhalt wird aber ähnlich gelautet haben, wie der von Lothar und Friedrich I. geleistete Sicherheitseid.[1])

Scheffer-Boichorst spricht die Vermutung aus, »dass Otto IV. sowohl als Heinrich VI. den Eid der Sicherheit unmittelbar vor der Krönung auch persönlich abgelegt haben. So entsprach es ja altem Herkommen.«[2]) Es klingt in der That mehr als unwahrscheinlich, dass Heinrich VI. und Otto IV. ohne persönliche Leistung des Sicherheitseides davon gekommen wären, nachdem bereits mehrere ihrer Vorgänger sich dazu verstanden hatten. Bei der steigenden Macht des Papsttums und der Verschärfung seiner Ansprüche dächte man eher auch an eine verschärfte, denn an eine gemilderte Form des Eides. Eine Verschärfung ist aber vorhanden, wenn der Sicherheitseid erst von den Fürsten des Reiches geschworen, wenn er sodann vom König urkundlich bekräftigt und endlich vom König selbst noch in Person unmittelbar vor der Krönung geschworen wird.

Die Annahme, dass sowohl Heinrich VI. als Otto IV. persönlich den Sicherheitseid bei ihrer Krönung zum Kaiser leisteten, wird überdies auch durch einzelne Nachrichten direkt unterstützt. Heinrich VI. verspricht in einem an den Papst Klemens III. gerichteten Brief, datiert Bingen, 18. April 1189, dass er all' das bei seiner Krönung thun wolle, was sein Vater gethan habe, dass er also auch den von jenem dabei persönlich geleisteten Sicherheitseid ebenfalls leisten werde. Der Papst dürfe versichert sein, schreibt er, »quod nos Paternitati vestre plurimum placere studebimus, personam vestram ac fratrum vestrorum venerabilium

---

[1]) cf. Scheffer-Boichorst a. a. O. S. 174. Böhmer bringt die in der Urkunde Ottos IV. genannten Eide in Zusammenhang mit den Versprechungen, welche Otto zu Speyer (22. März 1209) gemacht hatte. Wie irrig diese Annahme war, zeigt die beinahe wörtliche Uebereinstimmung der Urkunde Ottos mit der Heinrichs VI. Vgl. Böhmer-Ficker, Reg. imp. V, 97 n. 301.

[2]) a. a. O. S. 175.

cardinalium sincere diligendo, et sanctam Romanam ecclesiam in omni jure suo defendendo, ampliando ac manutenendo, parati etiam ea facere in coronatione recipienda que serenissimus pater noster F. Romanorum imperator Augustus et alii antecessores nostri beato Petro et Romane ecclesie facere ab antiquo consueverunt.[1]) Der Passus personam vestram — manutenendo weist deutlich auf einen Sicherheitseid hin und lehnt sich auch thatsächlich im Ausdruck an den Eid Lothars an.[2]) Zwei Eide, den allgemeinen Krönungseid und den Sicherheitseid hat auch Roger von Hoveden (Chronicon SS. XXVII, 154) im Auge, wenn er von der Krönung Heinrichs VI. schreibt: Dominus vero papa — recepit sacramentum a predicto Alemannorum rege, quod ipse ecclesiam Dei et iura ecclesiastica fideliter servaret illibata, et quod rectam iusticiam teneret et quod patrimonium beati Petri, si quod inde ablatum esset, in integrum restitueret, et quod Tusculanum ei redderet. Die Worte »quod ipse ecclesiam Dei et iura ecclesiastica fideliter servaret illibata« lehnen sich an die Worte des damals gebräuchlichen allgemeinen Krönungseides[3]) »defensorem fore — sanctae Romanae ecclessiae — conservando — iura eius« an, während der Passus »et quod patrimonium beati Petri, si quod inde ablatum esset, in integrum restitueret« deutlich einer Stelle des Sicherheitseides, wie ihn Lothar schwur,[4]) entspricht: et regalia sancti Petri que habes manu tenere, et que non habes iuxta meum posse recuperare. Die Worte »et quod Tusculanum ei redderet« beziehen sich auf die Abmachungen zwischen Heinrich und den Römern vor der Krönung. Es ist nicht klar, ob diese Worte dem Sicherheitseid eingefügt wurden, oder ob Heinrich noch einen besonderen, also dritten Eid leistete.

Auch anlässlich der Krönung Otto's IV. finden sich Stellen, die weit eher auf einen von Otto geleisteten Sicherheitseid, als auf den gewöhnlichen Krönungseid[5]) bezogen werden können.

Den Sicherheitseid hat ohne Zweifel der Prämonstratenser Robert im Kloster des hl. Marian zu Auxerre im Auge, wenn er in seiner Chronik (SS. XXVI, 273) von »prestitis iuramentis super fidelitate Romane ecclesie« spricht.[6]) Der Ausdruck »fidelitas«

---

[1]) Huillard-Bréholles a. a. O. App. V (Notices et extraits XXI, 326). Einen fast gleichlautenden Brief hatte Friedrich Barbarossa bereits am 10. April von Hagenau aus nach Rom gesandt; Huillard-Bréholles a. a. O. App. IV.

[2]) cf. den Eid oben S. 114.

[3]) cf. oben S. 111.

[4]) cf. oben S. 114.

[5]) Auf diesen bezieht die folgenden Angaben Winkelmann, Otto IV. von Braunschweig II, 492.

[6]) Da Robert den Plural »iuramenta« gebraucht, konnte er an Sicherheits- und allgemeinen Krönungseid zugleich gedacht haben.

wird ja synonym mit »securitas« gebraucht.[1]) An den gleichen Eid scheint auch Willelmus Britho (Gesta Francorum SS. XXVI, 302) zu denken, der also berichtet: Exegit tamen papa ab eo in ipsa coronatione iusiurandum de patrimonio et iure beati Petri indempniter ei et ecclesie Romane in pace dimittendo et contra quoslibet deffendendo.[2])

Ist demnach daran festzuhalten, dass Heinrich VI. und Otto IV. in gleicher Weise, wie ihre nächsten Vorgänger persönlich unmittelbar vor der Krönung dem Papste Sicherheit schworen, so liegt es nahe, dass auch der letzte Kaiser, mit dem sich unsere Untersuchung befasst, Friedrich II., von dieser Pflicht nicht entbunden worden sein wird. Diese Vermutung wird bestätigt durch eine Stelle in dem Schreiben, das Honorius III. im Jahre 1226 an Friedrich richtete[3]) (Hahn, Collectio Monumentorum tom. I, 150 = Huillard-Bréholles, Historia diplomatica Friderici II. tom. II, pars I, 554): Vinculo fidelitatis es nobis nostrisque successoribus obligatus. Mit diesen Worten weist Honorius zweifellos auf einen Sicherheitseid hin[4]), in dem Sicherheitseid ist auch von successores die Rede[5]), nicht aber in dem allgemeinen Krönungseid, wie er zur Zeit Friedrichs II. üblich war. Eine ähnliche Stelle findet sich in dem Konzeptbuch Alberts von Beham (Bibliothek des literar. Vereines in Stuttgart XVI, 89): Aliud(est) de Romanorum principe, qui Romano pontifici, a quo imperii honorem et diadema consequitur, fidelitatis et subjectionis vinculo se astringit, sicut antiquitas tradidit et modernitas approbavit[6]).

Allerdings bleibt unsicher, ob auch bei der Kaiserkrönung Friedrichs II. die Fürsten des Reiches schon vor der Ankunft in Rom dem Papste Sicherheit schworen und Friedrich den Eid beurkundete. Es wird aber wohl von ihm auch nicht weniger verlangt worden sein, als von seinen beiden Vorgängern und seinem nächsten Nachfolger im Kaisertume, Heinrich VII. In der

---

[1]) cf. oben S. 14 N. 1 und S. 113 N. 3.

[2]) Auf Verwechslung mit der Urkunde, in welcher Otto den von den Seinigen geleisteten Sicherheitseid bestätigt hatte (cf. oben S. 115 f.), beruht es wenn Wilhelm weiter schreibt: Recepto itaque iureiurando, et instrumentis publicis super hoc confectis et imperiali karactere confirmatis. Gerade dieser Irrtum zeigt aber, dass Wilhelm an den Sicherheitseid dachte.

[3]) Ficker, Forschungen II, 403 und Winkelmann, Otto IV. von Braunschweig II, 490 und 492 lassen dieses Schreiben irrtümlicher Weise von Innocenz III. an Otto IV. gerichtet sein.

[4]) Zur Bedeutung des Wortes »fidelitas« vgl. auch unten S. 119 N. 2.

[5]) cf. den Eid Lothars oben S. 114.

[6]) Innocenz IV., der diese Worte schreibt, vergleicht den Eid des Kaisers mit dem Treueid, den die Bischöfe dem Könige zu leisten haben: Aliud est enim de regibus aliis, qui a suis pontificibus inunguntur, a quibus pro temporalibus subjectionis et fidelitatis recipiunt juramenta, aliud de Romanorum principe etc.

Bulle, in welcher Clemens V. seinen Legaten für die Krönung dieses Kaisers Weisung giebt, wird nach dem gewöhnlichen Krönungseid[1]) ein Sicherheitseid eingefügt, der demjenigen nachgebildet ist, den einstens Otto I. geschworen hatte (LL. II, 532). Diesen Eid hatten bereits im Jahre 1309 die Gesandten Heinrichs in seinem Namen in Avignon geschworen — von einer urkundlichen Bestätigung des von seinen Gesandten geleisteten Eides durch den Kaiser ist allerdings nirgends die Rede — und beigefügt, dass ihn Heinrich bei seiner Krönung zum Kaiser persönlich leisten werde: Dictum sacramentum ... tempore coronationis sue personaliter renovabit[2]) (LL. II, 494), was auch geschah.

III.

Seit Otto IV. tritt uns neben dem allgemeinen Krönungseid und dem Sicherheitseid, welche seit Lothar III. der Kandidat des Kaisertums unmittelbar vor der Krönung abzulegen hat, noch ein weiterer Eid entgegen, der ebenfalls in Beziehung zur Kaiserkrönung steht, wenn auch nicht in so naher, wie die genannten.

Bekanntlich hat Otto IV., um von Innocenz III. die öffentliche Anerkennung als König zu erlangen, die von diesem während des Thronstreites mit besonderem Eifer betriebenen Rekuperationen der römischen Kirche zu Neuss am 8. Juni 1201 durch Eidschwur bestätigt[3]). Am Schlusse der Urkunde verspricht er, das eben

---

[1]) Dass der Sicherheitseid regelmässig nach dem allgemeinen Krönungseid abgelegt wurde, zeigt auch die schon oben S. 115 angeführte Stelle Bosos: consuetam professionem et plenariam securitatem exhibuit.

[2]) In dem Schreiben, durch welches Heinrich VII. seine Gesandten beim päpstlichen Stuhle beglaubigt, datiert Konstanz, 2. Juni 1309 (LL. II, 492), wird auf diesen eventuell zu leistenden Eid bereits Rücksicht genommen mit den Worten: Damus et concedimus eisdem (den Gesandten) . . . potestatem . . . prestandi in animam et super animam nostram, debite vobis et sancte Romane ecclesie fidelitatis iuramentum. Das iuramentum fidelitatis, das die Gesandten thatsächlich dann zu Avignon leisteten, war nichts anderes als ein Sicherheitseid, ein Beweis, wie man auch noch zur Zeit Heinrichs VII. »fidelitas« im Sinne von »securitas« auffasste und gebrauchte.

[3]) Registr. Innocentii III. de negot. imp. n 77 ed. Baluze I, 723 (LL. II, 205). Winkelmann, Philipp von Schwaben und Otto IV. von Braunschweig I, 88 und Erläut. VII. ist der Ansicht, dass die datumlose Urkunde in den Rouleaux de Chuny nr. XV, p. 285. welche Ficker, Forsch. zur Reichs- und Rechtsgesch. Italiens II, 389 Anm. 1 mit Waitz in den Forsch. zur D. Gesch. VIII, 502 ff. nur für eine andere Ausfertigung der Neusser Urkunde hält, von Otto bereits am Tage seiner Wahl, 9. Juni 1198 ausgestellt und beschworen worden sei. Zur Charakteristik des Inhaltes der Urkunde vgl. Ficker a. a. O. II, 389 ff. Ebenda S. 391 spricht Ficker die Vermutung aus, dass die Urkunde Ottos vom 8. Juni 1201 wohl schon dem Wortlaute nach zu Rom aufgesetzt war, und dem Könige einfach zur Genehmigung vorgelegt wurde. Dem Ordo der Kaiserkrönung in der Züricher Handschrift des Chronicon Ottonis Frising. (cf. oben S. 22 und S. 29) ist nun thatsächlich eine allgemeine — wie ich glaube, für Rudolf von Habsburg bestimmte

Beschworene nach Erlangung der Kaiserkrone nochmals durch Eid und Urkunde zu bestätigen: Omnia vero praedicta tam iuramento quam scripto firmabo cum imperii fuero coronam adeptus.

Hat nun Otto IV. wirklich bei seiner Krönung zum Kaiser nochmals einen besonderen Eid zur Sicherstellung der päpstlichen Territorien geleistet? Winkelmann, Otto IV. von Braunschweig II, Erläut. VIII, § 4 und Ficker, Forschungen zur Reichs- und Rechtsgeschichte Italiens II, 402 ff. glauben die Frage verneinen zu müssen. Winkelmann weist zunächt nach, dass Innocenz III. selbst in keinem seiner Erlasse auf einen speziellen vor der Krönung zur Sicherstellung der päpstlichen Territorien geleisteten Eid sich berufe.[1] Wenn der Papst wirklich von sacramenta und scripta spricht,[2] gegen die Otto durch die Angriffe auf Sicilien und das Patrimonium sich verfehlt habe, so sind diese Aeusserungen auf die Neusser Urkunde von 1201 zu beziehen, welche Innocenz wieder hervorholte, als es einmal zum völligen Bruch mit dem Kaiser gekommen war.[3]

An den eigenen Mitteilungen des Papstes sind die Nachrichten der Schriftsteller zu messen. Winkelmann geht die Berichte derselben der Reihe nach durch und stellt fest, dass sie teils als ungenau, teils als ganz falsch sich erweisen. Dies erklärt sich daraus, dass einerseits der Papst nur ganz allgemein von promissiones und juramenta spricht und anderseits Otto selbst nichts veröffentlicht, so dass nichts Sicheres zu den Ohren der Schriftsteller gelangen konnte.

Mit den Auslassungen des Papstes stimmt der Bericht der Braunschweiger Chronik üher die Zusammenkunft des Papstes und Königs zu Viterbo überein, wodurch das Ergebnis aus jenen, dass Otto keinen besonderen Eid geleistet habe, bestätigt wird.

— Eidesformel angefügt, durch welche diese Vermutung bestätigt wird. Ebenda findet sich auch die allgemeine Form eines Privilegiums, welches mit dem von Otto IV. 22. März 1209 ausgestellten ebenfalls wörtlich übereinstimmt, weshalb es scheint, dass die obige Vermutung Fickers auch auf das Privilegium Ottos ausgedehnt werden müsse. Siehe das Nähere hierüber unter Beilage VI.

[1]) Die einzige Stelle, in welcher Innocenz nach Ficker a. a. O. S. 403 und Winkelmann a. a. O. S. 490 auf einen Eid Bezug nehmen soll: Quae nobis iurasti, servare studeas sine fraude (Hahn a. a. O. S. 150 = Huillard-Bréholles a. a. O. S. 555) bezieht sich gar nicht auf Otto IV., sondern auf Friedrich II., an den Honorius III. 1226 den bezüglichen Mahnbrief richtete. cf. oben S. 118 N. 3.

[2]) z. B. Böhmer, Acta imperii p. 631.

[3]) So auch Ficker a. a. O. II, 403. Die Ausdrücke erklären sich auch durch den von den Reichsfürsten in Ottos Namen geleisteten und von Otto selbst beurkundeten und vor der Krönung persönlich wiederholten Sicherheitseid (vgl. oben S. 115 ff.), besonders da derselbe ausdrücklich bestimmt »defendere papatum et honorem tuum, et regalia sancti Petri que habes manu tenere, et que non habes iuxta meum posse recuperare« (cf. den Eid oben S. 114 f.).

Der Papst habe zwar, erzählt die Chronik, einen solchen verlangt, der König aber habe gebeten, dass ihm die Krönung bedingungslos gewährt werde. Doch machte Otto dem Papste die Zusage, thun zu wollen, was sich als Recht der Kirche herausstelle. Es handelte sich um Gebiete, welche früher ganz vom Reich besetzt waren.[1]) Dahin gehören zunächst Tuscien, dann das mathildische Erbe; wahrscheinlich aber hat Otto auch betreffs Siciliens eine allgemeine Zusicherung gemacht. Aus letzterem Umstande erklärt es sich ganz gut, wenn manche Schriftsteller betonen, dass Otto einen besonderen Eid betreffs des Königreiches Sicilien geleistet habe: Robert. Altissiod. (SS. XXVI, 273): (Otto) benedictionem sortitur quibusdam ab eo prestitis iuramentis super fidelitate Romane ecclesie et super regno Siculo nullatenus impugnando; Richard von St. Germano a. 1209 (SS. XIX, 334): (Otto) apud Sanctum Petrum in Romanum imperatorem coronatur — prestito iuramento de conservando regalibus sancti Petri et de non offendendo regem Sicilie Fredericum; endlich Vita Ricc. comitis (Murat. Scr. VIII, 123), in welcher Otto angeklagt wird nulla pontificis, nulla sacramenti habita ratione, quo se ecclesiam Romanam et pratrimonium eius necnon regnum Friderici, ipsi ecclesie commendatum, defensurum iuravit. Unter dem Eindruck der nachfolgenden Ereignisse — der Angriff auf Sicilien war ja der Hauptgrund zur Exkom-

---

[1]) Der Bericht der Chronik lautet V. 6644 ff. (Mon. Germ. hist., Deutsche Chroniken tom. II, 542) also:

Dher pabes wolte, han ich vernomen,
daz her im ê hette gesvoren,
svaz dhe keysere hi bevoren
dhes pabeses hetten besezen,
dhes sollte her irgezen,
das solte her im wider lazen.
we vrolich se zosamne sazen,
daz truch doch dher koninch riche
an herzen nicht algeliche;
her leyz iz gen zo dher zit.
dha wart iewedhersit
besprechenes vil gephlegen.
dher koninc bat, daz her dhen segen
im gebe und dhe wiginghe
sundher vordegedunge;
svaz her dhanne zo rechte solte,
albetalle her daz thon wolte.
went iz ducht im und dhen sinen
dher kronen nicht herlic scinen,
daz her in so dhunghe.
dher pabes siner gerunghe
volgete, als ich horte,
uf daz neheyn zvêunghe worte,
dhe her vorchte sere.

munikation des Kaisers — haben diese Schriftsteller aus einer allgemeinen Zusage einen Eid gemacht.

Wenn der Papst, wie die Braunschweiger Chronik berichtet, von Otto wirklich einen Eid zur Sicherstellung der päpstlichen Territorien verlangte und sich etwa auf den zu Neuss geleisteten Eid berief, der dem König die Erneuerung des Eides bei der Kaiserkrönung vorschrieb, so konnte Otto auf das Privileg, welches er zu Speyer am 22. März 1209 der römischen Kirche ausgestellt hatte,[1]) hinweisen mit dem Bemerken, dass er durch dieses Privileg die durch die Neusser Verbriefung ihm auferlegte Verpflichtung schon — und zwar in ausgiebiger Weise — erfüllt habe.

So musste denn der Papst auf eine Erneuerung der eidlichen Versprechungen zur Sicherstellung der von ihm gemachten Rekuperationen verzichten: Otto hat keinen diesbezüglichen Eid vor der Krönung mehr geleistet.

Den Nachfolgern Ottos gegenüber war allerdings die Kirche vorsichtiger, gewitzigt durch die Erfahrungen bei der Krönung Ottos, der eben auf Grund seines Speyrer Privilegs die Erneuerung des Eides von 1201 verweigert hatte. Bekanntlich sind die Verbriefungen Ottos IV., trotzdem sie nur ihn persönlich, nicht aber das Reich verpflichteten,[2]) von seinen Nachfolgern erneuert worden und zwar in einer auch für das Reich verbindlichen Form. Da ist es nun sicherlich nicht blosser Zufall, wenn bei Friedrich II. zweimal das Juramentum dem Privilegium nachgestellt ist.[3]) In diesem Falle wurde die im juramentum ausgesprochene Verpflichtung »Omnia vero supradicta tam iuramento quam scripto firmabo, cum imperii fuero coronam adeptus« nicht durch das nachfolgende Privileg aufgehoben, sondern blieb in Geltung. So hat Friedrich II. sowohl am 12. Juli 1213 zu Eger dem Papste

---

[1]) Registr. Innocentii III. de neg. imp. n. 189 ed. Baluze I, 762 = LL. II, 216.

[2]) cf. Ficker a. a. O. II, 393 und 395.

[3]) Auf Grund des Umstandes, dass seit Friedrich II. das Juramentum und das Privilegium stets in unmittelbarer Verbindung mit einander, also als zusammengehörige Stücke erscheinen, vermutet Herr Prof. Dr. Grauert, dass beide Stücke in Rom gleichzeitig auf Innocenz' III. Veranlassung concipiert worden seien: Falls für das Privilegium die Zustimmung der Fürsten nicht zu erlangen wäre, sollte das Juramentum einen Ersatz dafür bieten und dazu dienen, Otto von Braunschweig wenigstens persönlich im Gewissen zu binden. Der Gang der Dinge brachte es in der That mit sich, dass der Papst es zunächst nur wagen durfte, das Juramentum dem Könige vorzulegen; denn 1198 und 1201 war keine Aussicht vorhanden, die Gesamtheit der Fürsten für das Privilegium zu gewinnen. Erst im Jahre 1209, nachdem sich die Dinge zu Gunsten Ottos und der Curie geändert hatten, trat dann Innocenz mit dem Privilegium hervor; freilich hatte er auch 1209 nicht die Genugthuung, die Grossen des Reiches mit seinem Verlangen einverstanden zu sehen, er erreichte auch da nur wieder ein persönliches Zugeständnis des Königs. Vgl. Ficker a. a. O. II, 393 ff.

Innocenz III. als auch im September 1219 zu Hagenau Honorius III. erst das Privilegium Ottos IV. erneuert und hierauf das juramentum geleistet.[1]) Das in letzterem enthaltene Versprechen der Wiederholung des Eides nach Empfang der Kaiserkrone hat Friedrich thatsächlich auch erfüllt: Nachdem er am 22. November 1220 die Kaiserkrone erhalten hat, bestätigt er im Januar 1221 zu Capua durch Urkunde mit Goldbulle seinen Eid vom September 1219.[2])

---

[1]) Böhmer-Ficker, Regesta imperii V. nr. 705—707 und nr. 1050—1051.

[2]) Böhmer-Ficker, Regesta imp. V. nr. 1276. Aehnliches that Kaiser Heinrich VII.: Am 11. Okt. 1310 bestätigte und beschwor er die Privilegien Ottos IV., Friedrichs II. und Rudolfs mit dem Versprechen »quod post imperialis diadematis coronationem susceptam predicta omnia ratificabimus, confirmabimus, et recognoscemus, et faciemus et servabimus, atque iurabimus; et de supradictis omnibus infra octo dies nostras patentes dabimus litteras quadruplicatas, harum seriem continentes, ad perpetuam rei memoriam et ad securitatem et cautelam vestram et successorum vestrorum et sancte Romane ecclesie et apostolice sedis, imperialis maiestatis typario communitas. (LL. II, 501). Am 29. Juni 1312 wurde Heinrich zum Kaiser gekrönt, am 6. Juli bestätigte er durch Eid und Urkunde seine Verbriefungen vom 11. Okt. 1310. (LL. II, 536.) Vgl. auch die Verbriefungen Rudolfs von Habsburg LL. II, 395 und 403, den Eid Wilhelms von Holland LL. II, 365.

Beilagen.

I.

Ordo der Kaiserkrönung aus einem Pontificale eccl. Bambergensis fol. 27 lin. 19 — fol. 28[1] lin. 11. Der Codex mit der Signatur Ed. III, 3 (H. J. Jaeck, Beschreibung der öffentl. Bibliothek in Bamberg Nr. 1012), stammt aus dem 11., vielleicht auch schon aus dem 10. Jahrh. Die Kunde von dem Ordo verdanke ich der gütigen Mitteilung des Hrn. Dr. Ebner (Brief vom 27. Jan. 1892 an Prof. Dr. Grauert). Der Ordo gehört der ersten Periode der Kaiserkrönung an. Vgl. oben S. 15 N. 2 und S. 17 N. 1.

Incipit ordo Romanus ad benedicendum imperatorem, quando coronam accipit.

Promissio imperatoris.

In nomine Christi pomitto, spondeo atque polliceor ego N. imperator coram deo et beato Petro apostolo, me protectorem ac defensorem esse huius aecclesie sanctae Romane in omnibus utilitatibus in quantum divino fultus fuero adiutorio, secundum scire meum ac posse.

Orationem primam det episcopus de castello Albanensi, ante portam argenteam.

Deus in cuius manu corda sunt regum, inclina ad preces humilitatis nostre aures misericordie tue, et principi nostro N. regimen tue appone sapientie, ut haustis de tuo fonte consiliis, et tibi placeat, et super omnia regna praecellat. Per.

Orationem secundam det episcopus Portuensis, intra aecclesiam beati Petri apostoli, in medio rote.

Deus inenarrabilis auctor mundi. Ut supra in ordinatione regis.

Deinde vadant ante confessionem beati Petri apostoli, et prosternat se pronus in terram, et archidiaconus faciat letaniam. Qua finita episcopus Ostiensis unguat ei de oleo exorcizato brachium dextrum, et inter scapilium, et dicat orationem istam.

Dominė deus omnipotens, cuius est omnis potestas, et dignitas, te supplici devotione atque humillima prece deposcimus, ut huic famulo tuo N. prosperum imperatorie dignitatis concedas effectum, ut in tua dispositione constituto, ad regendam aecclesiam tuam sanctam nihil ei praesentia officiant, futuraque non obsistant, sed inspirante sancti spiritus tui dono, populum sibi subditum equo iusticie libramine regere valeat, et in omnibus operibus suis te temper timeat, tibi iugiter placere contendat. Per dominum.

Pontifex vero stet sursum ante altare, et imponat ei diadema in capite dicens:

Accipe sigum gloriae in nomine patris, et filii, et spiritus sancti, ut spreto antiquo hoste, spretisque contagiis omnium vitiorum, sic iudicium et iusticiam diligas, ut ab ipso domino nostro Jesu Christo, in consortio sanctorum aeterni regni coronam percipias. Qui cum deo patre et spiritu sancto.

Item missa pro eodem imperatore. Deus regnorum omnium.

II.

Durch den hochw. P. von Nostitz in Feldkirch wurde ich auf die Angabe Merkels bei Savigny, Gesch. d. röm R. im M. A. 2. Bearb. Bd. 7 S. 8 aufmerksam gemacht, dass in einem Codex der Laurentiana mit der Signatur »aedil. 122« ein Kaiserkrönungsritual saec. VIII. oder IX. in. enthalten sei. Durch gütige Vermittlung des Hrn. Prof. Dr. Grauert erhielt ich durch den kgl. Archivar Casanova in Florenz einen Auszug aus dem Ordo. Casanova ist mit Prof. Cesare Paoli der Ansicht, dass der Codex dem 9. Jahrh. angehöre (Brief vom 12. Dez. 1891 an Prof. Dr. Grauert); Herr Dr. A. Ebner aber meint — was wahrscheinlicher ist — dass der Codex aus dem 10. Jahrh. stamme. (Brief vom 27. Jan. 1892 an Prof. Dr. Grauert). Der Ordo ist, wie der vorige, der ersten Periode der Kaiserkrönung zuzuweisen. Vgl. oben S. 15 N. 2 und S. 17 N. 1.

Incipiunt orationes ad benedicendum imperatorem quando coronam accipit.

Deus in cuius manu corda sunt regum inclina ad preces humilitatis nostre aures misericordie tue et imperatori nostro famulo tuo illi regimen tue appone sapientie...

Benedictio. — Tunc imponit diadema dicens missam pro eodem imperatore; — super oblata; — ad compl.

Deus qui ad predicandum eterni regni evangelium romanum imperium — pretende famulo tuo imperatori nostro arma celestia ut pax ecclesiarum nulla turbetur tempestate bellorum.

Incipit oratio ad benedicendum imperatorem quando coronam accipit.

Ordinatio imperatricis in ingressu ecclesie oratio: ... et super hanc famulam tuam ill. quam supplici devotione in imperatricem eligimus, benedictionum tuarum dona multiplica eamque dextera tue potentie semper et ubique circumda . . .

III.

Ordo der Kaiserkrönung aus Cod. Vat. 4748 saec. XIV. fol. LV—LXVIII, auf Otto IV. zu beziehen. Siehe das Nähere oben S. 32 ff.

Ordo ad benedicendum et coronandum imperatorem.[1]

Cum rex in imperatorem electus pervenerit ad portam Collinam quae est iuxta castellum Crescentii, recipiatur honorifice a clero urbis cum crucibus et turribulis et processionaliter deducatur usque ad gradus basilice Sancti Petri cantantibus universis ℟: »Ecce mitto Angelum meum«; Camerariis eius missilia spargentibus ante ipsum et prefecto urbis gladium proferente.[2] Cum autem pervenerit ante basilicam in platea que cortina vocatur, dexterandus est a senatoribus usque ad gradus predictos, ubi eo descendente, tradendus est equus cum[3] rex insederat illum.[4] Interim summus Pontifex cum ordinibus suis preparet se in secretario, tanquam celebraturus divina et processionaliter exiens usque ad suggestum arche[5] que est in capite graduum ubi super faldistorium sedeat, cum consedentibus super primum gradum a parte dextera episcopis, et presbiteris, et a sinistra diaconibus cardinalibus, et in proximiori gradu subdiaconibus et acolitis, primicerio et cantoribus astantibus circa illos cum magnatibus et nobilibus, offitialibus et ministralibus[6] aule papalis. Tunc rex cum archiepiscopis et Episcopis, principibus et magnatibus suis ascendens ad Summum Pontificem reveretur[7] osculetur pedem ipsius, et offerens ei aurum quantum sibi placuerit benigne recipiatur ab eo ad osculum et ad amplexum. Quo demum surgente rex ipse a parte dextera, et prior diaconorum cardinalium a parte sinistra deducant eum usque ad ecclesiam Sancte Marie in Turribus, ubi ante altare subdiacono evangelii textum tenente rex super eum corporaliter prestet huiusmodi iuramentum.

Ego enim N. rex Romanorum annuente Domino futurus imperator promitto, spondeo, et polliceor atque iuro coram Deo et beato Petro me de cetero protectorem ac defensorem fore summi Pontificis et Sancte Romane Ecclesie in omnibus necessitatibus et utilitatibus suis, custodiendo et conservando possessiones, honores et iura eius, quantum divino fultus adiutorio

---

[1]) Die fehlerhaften Stellen habe ich mit Hilfe der Ordines 17, 14, 13a und 13 korrigiert.

[2]) i e. praeferente. [3]) Corr. cui. [4]) illis. [5]) areae. [6]) ministerialibus. [7]) reverenter.

fuero secundum scire et posse meum, recta et pura fide. Sic Deus adiuvat et hec sancta dei evangelia.

Deinde summus Pontifex cum ordinibus suis ad altare beati Petri procedit et facta ibi oratione ad sedem ascendit rege cum suis et tribus episcopis videlicet Ostiensi, Portuensi et Albanensi in ecclesie[1]) Sancte Marie in turribus remanente, ubi a canonicis Sancti Petri receptus in fratrem imperialibus induatur insignibus, dato ipsius pallio camerario domini pape. Quo facto precedentibus eum dictis canonicis et cantantibus »Petre amas me« cum ad hostium basilice principis Apostolorum pervenerint, que porta Argentea nuncupatur, deducentibus eum hinc inde comite Lateranensis Palatii et Primicerio iudicum Romanorum Albanensis Episcopus ante ipsam portam argenteam hanc super eum benedictionem effundat, cum »Dominus vobiscum. ℟. Et cum Spiritu tuo«.

Oratio.

Deus, in cuius manu corda sunt reguum[2]) inclina ad preces humilitatis nostre aures misericordie tue, et imperatori nostro famulo tuo illi regimini[3]) tue appone sapientie, ut haustis de tuo fonte consiliis, et tibi placeat et super omnia regna precellat. Per.

Cum autem intrat[4]) ecclesiam in medio rote pervenerint, Portuensis Episcopus hanc orationem super ipsum decantet. Versus. »Dominus vobiscum. ℟. Et cum spiritu tuo«.

Oratio.

Deus inennarabilis auctor mundi, conditor generis humani, gubernator imperii, confirmator regni, qui ex utero fidelis amici tui patriarchae nostri Habrae praelegisti regem seculi[5]) profuturum, tu presentem regem hunc cum exercitu tuo[6]) per intercessionem omnium Sanctorum uberi bene ✠ dictione locupleta, et in solium regni firma stabilitate connecte, visita eum sicut visitasti Moysen in rubro, Johannem[7]) Nave in prelio, Gedeon in agro, Samuelen in templo, et illa cum[8]) bene ✠ dictione syderea ac sapientie tue rore profunde[9]) quam beatus David in psalterio, Salomon filius eius te remunerante precepit[10]) de celo. Sis ei contra acies inimicorum lorica, in adversis galea, in prosperis patientia, in protectione clippeus sempiternus, et presta ut gentes illi teneant fidem, proceres sui habeant pacem, dilligant caritatem, abstineant se a cupiditate, loquantur institiam, custodiant veritatem, et ita populus iste pululet coalitus benedictione eternitatis, ut semper maneant tripudiantes in pace victores. Per.

---

[1]) ecclesia. [2]) regum. [3]) regimen. [4]) intra. [5]) seculis. [6]) suo. [7]) Jesum. [8]) eum. [9]) perfunde. [10]) percepit.

Qui cum ad confessionem beati Petri pervenerit prosternat se pronus in terram, et prior diaconorum super eum facit letaniam, qua finita prior presbiterorum dicat »Pater noster« ℣. Et ne nos. ℣. Salvum fac servum tuum. ℟. Deus meus sperantem in te. ℣. Esto ei Domine virtus fortitudinis. ℟. A facie inimici. ℣. Nihil profitiat inimicus in eo. ℟. Et filius iniquitatis. ℣. Domine exaudi orationem meam. ℟. Et clamor meus ad te veniat. ℣. Dominus vobiscum. ℟. Et cum spiritu tuo. Oremus.

Oratio.

Pretende quaesumus domine famulo tuo dexteram celestis auxilii, ut te toto corde perquirat, et que digne postulat assequi mereatur. Per.

Oratio.

Aciones[1]) nostras quaesumus domine aspirando preveni, et adiuvando prosequere ut omnis nostra oratio et operatio a te semper incipiat, et per te cepta finiatur. Per.

Post hec procedant ad altare Sancti Martini[2]), ubi Ostiensis Episcopus ungat ei in modum crucis de oleo exorcizato brachium dextrum et intra scapulas hanc orationem dicendo. ℣. Dominus vobiscum. ℟. Et cum spiritu tuo. Oremus.

Oratio.

Domine deus omnipotens, cuius est omnis potestas et dignitas, te supplici devotione atque humilima prece depossimus[3]), ut huic famulo tuo N. prosperum imperatorie dignitatis concedas effectum, ut in tua dispositione constituto ad regendam ecclesiam tuam Sanctam nichil a[4]) presentia offitiant, futura nichil obsistant, sed inspirante spiritus Sancti dono populum sibi subditum equo institie libramine regere valeat et in omnibus operibus suis te semper timeat, tibique iugiter placere contendat. Per. invitus[5]) eiusdem.

Alia oratio.

Deus Dei filius Jhesus Christus Dominus noster, qui a patre oleo exultationis unctus est, pro particibus[6]) suis, ipse per presentem sacri ungimus[7]) infusionem spiritus Paracliti super caput tuum infundat bene ✠ dictionem eandemque usque ad interiora cordis tui penetrare fatiat quatinus hec[8]) visibili et tractabili dono invisibilia precipere[9]) et temporali regno iustis miserationibus executo eternaliter congregare[10]) ei merearis, qui solus sine peccato rex

[1]) Actiones. [2]) Mauritii. [3]) deposcimus. [4]) ei. [5]) in unitate. [6]) participibus. [7]) unguiminis. [8]) hoc. [9]) percipere. [10]) conregnare.

regum vivit et gloriatur cum deo patre in unitatem[1]) eiusdem spiritus Sancti per omnia secula seculorum.

His itaque peractis ascendat rex ad altare beati Petri ubi summus Pontifex recipiat eum ad osculum sicut unum ex diaconibus indeque procedat ad pulpitum vel ambonem ubi thalamus constructus de lignis et ornatus palliis debet esse ei paratus, et ibi cum suis archiepiscopis et episcopis principibus et magnatibus secundum capacitatem loci consistat. Primicerius autem et scola cantorum in choro in altare decantent introitum et alia[2]), et post kyrieleison et hymnum Angelicum decantatum summus Pontifex dicit orationem que competit illi dei, et secundo hanc orationem pro ipso imperatore. Missa pro imperatore.

Oratio.

Deus regnorum omnium et Christiani maxime protector imperii da famulo tuo N. imperatori nostro triumphum virtutis tue scienter excolere, ut qui tua constitutione est princeps tuo semper munere sit potentes (sic! für potens). Per.

Secreta oratio.

Suscipe Domine preces et hostias ecclesie tue pro salute famuli tui N. supplicantis et in protectione fidelium populorum antiqua brachii tui optare[3]) miracula, ut superatis pacis inimicis securetur et firmetur Christiana libertas. Per.

Post comunio. oratio.

Deus qui ad praedicandum eterni regni evangelium Romanum imperium preparasti, praetende famulo tuo N. imperatori nostro arma celestia, ut pax ecclesiarum nulla turbetur tempestate bellorum. Per.

Cumque lecta fuerit Epistola et graduale et Allia[4]) cantatum in tripolata[5]) cantilena imperator procedat processionaliter ad altare et ibi summus Pontifex gladium evaginatum de altare sumit eique tradit curam intelligens imperii tocius in gladio sic dicendo:

Accipe gladium desuper beati Petri corpore sumptum per nostras manus licet indignas vice tantum[6]) et autoritate Sanctorum Apostolorum consecratas imperialiter tibi concessum nostreque bene ✠ dictionis offitio in defensionem Sancte Dei ecclesie divinitus ordinatum. Ad vindictam malefactorum, laudem vero bonorum, et memento de quo psalmista probavit[7]) dicens, acingere gladio

---

[1]) unitate. [2]) Alleluia? [3]) operare. [4]) Alleluia? [5]) interpolata. [6]) tamen. [7]) prophetavit.

tuo circa femur tuum potentissime ut in hoc per eundem vim equitatis exerceas, molem iniquitatis potentem destruas, et Sanctam Dei ecclesiam eiusque fideles propugnes ac protegas nec minus sub fide falsos quam Christiani nominis hostes execres ac dispergas, viduas ac pupillos clementer adiuves ac defendas, desolata restaures, restaurata conserves, ulciscaris iniusta, confirmares bene disposita quatinus hec agendo virtutum triumpho gloriosus iustitieque cultor egregius cum mundi salvatore cuius typum geris in nomine, sine fine regnare merearis. Qui a[1]) Deo Patre etc.

His verbis expletis accingit illi ensem in vagina repositum ita dicens:

Accingere gladio tuo super femur tuum potentissime et attende quia sancti[2]) in gladio, sed per fidem vicerunt regna.

Mox autem accinctus eximit gladium de vagina viriliterque ter illum vibrat et vagine continuo recommendat. Eo igitur sic accincto et beati Petri milite mirabiliter facto subsequenter apostolicus imponit ei mitram clericalem in capite, ac super mitram imperatorium diadema de altari sumptum dicens:

Accipe signum glorie, diadema regni, coronam imperii in nomine Pa ✠ tris, et Filii ✠ et Spiritus ✠ Sancti ut superato antiquo hoste spretisque contagiis vitiorum omnium sic iustitiam miram[3]) et iuditium diligas, et ita iuste et misericorditer et pie vivas, ut ab ipso domino nostro Ihesu Christo in consocio[4]) Sanctorum etiam regni coronam accipias. Qui cum patre etc.

Deinde tradit ei sceptrum in manu dextera et pomum aureum in sinistra. Quo facto dicit super eum orationes huiusmodi ℣ Dominus vobiscum. ℟ Et cum spiritu tuo.

Oratio.

Respice quaesumus omnipotens deus serenis obtutibus hunc gloriosum famulum tuum illum, ut sicut bene ✠ dixisti Abraam, Isaac et Iacob, sic illi largiaris bene ✠ dictiones spiritualis gratie, eumque plenitudine tue potencie irrigare atque profundere digneris, ut tribuas ei de rore celi et de pinguetudine terre habundantiam frumenti vinei[5]) et olei et omnium frugum opulentiam et ex largitate divini muneris longeva tempora, ut illo regnante sit sanitas corporis in patria, pax inviolata in regno et dignitas gloriosa regalis palatii maximo splendore regie potestatis oculis hominum luce clarissima corruscare atque splendescere qui[6]) splendidissimi fulgoris maximo profusa lumine videatur. Tribue ei omnipotens Deus, ut si[7]) fortissimus protector et consolator ecclesiarum atque cenobiorum Sanctorum maxima pietate regalis munificentie, atque

---

[1]) cum? [2]) fehlt non. [3]) misericordiam. [4]) consorcio. [5]) vini. [6]) quasi. [7]) sit.

ut sit fortissimum[1]) regum, triumphator hostium ad oprimendas rebelles et paganas nationes, sitque suis inimicis satis terribilis maxima fortitudine regalis potencie, optimatibus quoque atque precelsis proceribus ac fidelibus sui regni sit munificus et amabilis et pius et ab omnibus timeatur atque diligatur, et post gloriosa tempora atque felicia vite presentis gaudia in perpetua beatitudine habitare mereatur. Per.

Benedictio.

Bene ✠ dic domine quaesumus hunc principem nostrum N. quem ad salutem populi nobis a te credissimus[2]) esse concessum, fac annis esse multiplicem, salubri corporis robore vigentem ad senectutem optatam pervenire felicem; sit nobis fiducia obtinere gratiam populo, quam Aaron in tabernaculo, Heliseus in fluvio, Ezechias in lecto, Zacharias vetulus impetravit in templo. Sit nobis regendi auctoritas qualem Iosue suscepit in castris, Gedeon sumpsit in praeliis, Petrus accepit in clave, Paulus est usus in dogmate; et ita pastorum cura tuum profitiat in ovile sicut Isaac profecit in fruge, et Iacob est dilatatus in grege quod ipse prestare digneris, qui vivis et gloriaris deus per omnia secula seculorum.

Alia benediclio:

Deus Pater eterne glorie sit adiutor tuus et protector et omnipotens bene ✠ dicat tibi preces tuas[3]) longitudinem dierum adimpleat, tronum regni tui iugiter firmet, et gentem populumque tuum in eternum conservet, et inimicos tuos confusione induat et super te sancti ✠ ficacio Christi floreat, ut qui tibi tribuit in terris imperium ipse in celis conferat premium.

His orationibus expletis illico procedens imperator osculatur apostolico pedes. Quibus gloriosissime gestis apostolicus ad eminentiam redeat specule tribunalis, et imperator ad faldistorium scandit ei in amplo gradu sub apostolici dextera preparatum, deinde coronatus incedens sceptrum in dextera manu portat, in sinistra pomum, et sic ad thalamum redeat. Ipsoque ibi cum suis principibus consistente, prior subdiaconorum cum subdiaconis Romane curie et capellanis aule imperialis ad pectorale dexterum ante crucifixum argenteum laudem imperatori alta voce decantet hoc modo: Exaudi Christe. Scriniariis vero urbi ssericis capis indutis ante pectorale consistentes in choro respondeant: »Domino N. invictissimo Romanorum imperatori et semper augusto salus et victoria«. Qua laude tercio repetita prior subdiaconorum cum suis tribus vicibus dicat »Salvator mundi« et scriniarii vicissim

---

[1]) fortissimus. [2]) credimus. [3]) fehlt wohl exaudiat.

respondeant »Tu illum adiuva«. Deinde iste cum suis duabus vicibus dicat »Sancta Maria«. Et illi vicissim respondeant »Tu illum adiuva«. Et sic deinceps »Sancte Michael. Sancte Gabriel. Sancte Iohannes Baptista. Sancte Petre. Sancte Paule. Sancte Andrea. Sancte Stephane. Sancte Laurenti. Sancte Vincenti. Sancte Silvester. Sancte Leo. Sancte Gregorii. Sancte Benedicti. Sancte Basilii. Sancte Saba. Sancta Agnes. Sancta Cecilia. Sancta Lucia«. Quibus finitis isti bis dicant »Kyrieleison«. Ac deinde simul omnis dicant »Kyrieleison«. Post hec evangelio decantato imperator coronam (sic!) et manto depositis accedat ad summum Pontificem et offerat ad pedes eius aurum quantum sibi placuerit. Ipsoque Pontifice descendente pro incipiendis missarum misteriis ad altare imperator more subdiaconi offerat calicem et ampulam et stet ibi donec Pontifex ad sedem reversus communicet, sacramque communionem de manu eius suscipiat cum osculo pacis, et sic ad thalamum rediens in ambonem resumat mantum pariter et coronam. Missa finita pontificalem benedictionem reverenter accipiat et statim precedat ad locum ubi debet summus Pontifex equitare, et cum ipse Pontifex equum ascenderit, teneat stapedium selle eius, et arrepto freno aliquantulum ipsum adextret, moxque suum equum ascendens procedat iuxta summum Pontificem equitans ad sinistram ipsius usque ad ecclesiam Sancte Marie in transpidina, ubi dato sibi osculo non corde set corpore separentur et post imperator ad castra revertitur coronatus.

Si Regina fuerit coronanda debet ei super lectorium exopposito thalamus preparari ubi cum duabus ad minus puellis et aliquibus ex principibus imperii tam ecclesiasticis quam mundanis resideat. Item benedictio regine vel imperatricis ad ingressum ecclesie in medio rote, Episcopus Ostiensis dat super eam hanc orationem.

Oratio.

Omnipotens sempiterne Deus, fons et origo totius bonitatis, qui feminei sexus fragilitatem nequaquam reprobando avertis, sed dignanter comprobando potius eligis, et qui infirma mundi eligendo fortia queque confundere decrevisti quique etiam glorie virtutisque tue triumphum in manu Judith femine olim iudaice plebi de hoste sevissimo resignare voluisti, respice quaesumus ad preces humilitatis nostre et super hanc famulam tuam N. quam supplici devotione in reginam vel imperatricem eligimus, benedictionum tuarum dona multiplica eamque dextera tue potencie semper et ubique circumda, ut in benedictione muniminis undique firmiter protecta visibilis seu invisibilis hostis nequitias triumphaliter expugnare valeat et una cum Sarra atque Rebecca,

Lia atque Rachele beatis reverendisque feminis fructu uteri sui fecundari seu gratulari mereatur ad decorem totius regni vel imperii, statumque sancte Dei ecclesie regendum nec non et protegendum, per Christum dominum nostrum qui ex intemerate beate Marie Virginis alvo nasci, visitare ac renovare hunc dignatus est mundum, qui tecum vivit et gloriatur deus in unitate Spiritus Sancti per immortalia secula seculorum. Amen.

Et post coronationem imperatoris deducatur ad altare ante summum Pontificem amicta regalibus indumentis et summus Pontifex det super eam hanc benedictionem dicens:

Oratio.

Deus qui solus habes immortalitatem lucemque habitas inaccessibilem, cuius providencia in sui dispositione non fallitur, qui fecisti ea que futura sunt, et vocas ea que non sunt tanquam que sunt, qui superbos equo moderamine de principatu dicere[1]) atque humiles dignantur[2]) in sublime provehis, ineffabilem misericordiam tuam supplices exoramus, ut sicut Hester reginam Israelitice causam[3]) salutis de captivitatis sui compede solutam ad Regis Assueri thalamum regnique sui consortium transire fecisti, ita hanc famulam tuam N. humilitatis nostre benedictione Christiane plebis salutis gratiam[4]) ad dignam sublimemque regis vel imperatoris nostri copulam et regni vel imperii sui participum[5]) misericorditer transire concedas, et ut imperialis vel regalis federe contagii semper permanens pudica, proximam virginitati palmam continere queat, tibique deo vivo et vero in omnibus et super omnia iugitur placere desideret, et te inspirante que tibi placita sunt toto corde perquirat.

Post hec ungitur per Episcopum Ostiensem oleo sancto in eisdem locis in quibus unctus est imperator cum hac oratione.

Oratio.

Spiritus Sancti gratia nostre humilitatis officio in te copiosa descendat, ut sicut manibus nostris licet indignis oleo materiali linita[6]) pinguescit[7]) exterius, ita eius invisibili ungimine delibuta inpinguari merearis exterius[8]) (sic!) eiusque spirituali unctione perfectissime semper imbuta, et illicita declinare tota mente, et spernere discas et valeas, et utilia anime tue cogitare iugiter optare atque optari[9]) queas et operis[10]) auxiliante domino nostro Ihesu Christo, qui cum Patre et eodem Spiritu Sancto.

Deinde summus Pontifex ei mitram imponat, ita quod cor-

---

[1]) deiicis. [2]) dignanter. [3]) causa. [4]) gratia. [5]) participium. [6]) oblita. [7]) pinguescis. [8]) interius. [9]) operari. [10]) opereris.

nua mitre sint a dextris et a sinistris, et super mitram coronam imperialem imponat. Dicendo:

Offitio nostre indignitatis in reginam vel imperatricem solempniter benedicta, accipe coronam regalis vel imperialis excellentie, que licet ab indignis episcopalibus tamen manibus capiti tuo imponitur. Unde sicut exterius auro et gemmis redimita enites, ita ut[1]) interius auro sapientie virtutumque gemmis decorari contendas, quatinus post occasum huius seculi cum prudentibus virginibus sponso perhenni domino nostro Ihesu Christo digne et laudabiliter occurrens regina, celestis aule merearis ingredi ianuam auxiliante eodem domino nostro Ihesu Christo, qui cum patre et spiritu sancto.

Coronata vero regina reducatur ad thalamum et post evangelium ducatur ad oblationem summo Pontifici exhibendam stetque in gradibus iuxta absidam versus altare Sancti Leonis, donec de manu summi Pontificis post imperatorem sacram comunionem accipiat, et tunc ad thalamum reducta permaneat usque ad finem misse.

Consuevit autem imperator larga presbyteria omnibus ordinibus exibere, quibus ea eum coronatur summus Pontifex elargitur, videlicet Episcopis, presbiteris et diaconis Cardinalibus, primicerio et cantoribus, subdiaconis, basilicariis et regionariis et universitati cleri Romani, capellanis et ceteris offitialibus et ministrialibus curie, prefecto urbis, senatoribus, iudicibus, advocatis et scriniariis ac prefectis navalium.

Consuevit etiam rex quando descendit de monte Gaudii et venit ad Ponticellum praestare hoc iuramentum Romanis:

Ego enim N. rex futurus imperator iuro me servaturum Romanis bonas consuetudines suas, sic me deus adiuvet et hec sancta Evangelia.

IV.

Ordo der Kaiserkrönung aus Cod. mscpt. C. 33 der Bibliothek der kantonalen Lehranstalten (Universitätsbibliothek) in Zürich, fol. 159b bis fol. 160b. Der Ordo ist als private Bearbeitung des bei der Krönung Friedrichs II. angewandten Ceremoniells zu betrachten. Das Nähere siehe oben S. 22 und S. 29.

Incipit ordo consecrationis Regis Romanorum in Imperatorem.

Cum rex in Imperatorem electus pervenerit Romam ad portam Collinam iuxta castellum Crescentii, recipiatur honorifice a clero urbis cum crucibus et thuribulis, et processionaliter ducatur usque

[1]) et.

ad gradus basilice sancti Petri, cantantibus universis: Ecce mitto angelum meum etc., camerariis eius missilia spargentibus ante ipsum et praefecto urbis gladium praeferente. Cum autem pervenerit ante basilicam in plateam quae cortina vocatur, dextrandus est a senatoribus usque ad gradus praedictos, ubi eo descendente tradendus est equus cui rex insederat.

Interim summus pontifex cum omnibus ordinibus suis praeparet se in secretario tamquam celebraturus divina, et processionaliter exiens usque ad suggestum arce[1]) superioris quae est in capite graduum, super faldestorium ibi sedeat, consedentibus a parte dextera episcopis et presbiteris, a sinistra dyaconis cardinalibus, et in proximiori gradu subdyaconis et accolitis, primicerio et cantoribus astantibus circa illos, cum magnatibus, nobilibus, officialibus, et ministerialibus aule papalis. Tunc rex cum Archiepiscopis et episcopis, principibus et magnatibus suis ascendens ad summum pontificem reverenter osculetur pedes illius, et offerens ei aurum, quantum sibi placuerit, benigne recipiatur ab eo ad osculum et amplexum, Quo demum surgente, rex a parte dextera et prior dyaconum a parte sinistra deducant eum usque ad ecclesiam sancte Marie in turribus, ubi ante altare subdyacono ewangelii textum tenente Rex super eum corporaliter praestet huiusmodi iuramentum.:

Ego N. rex Romanorum, annuente domino futurus imperator, promitto, spondeo, polliceor atque iuro coram deo ac beato Petro, me de cetero protectorem ac defensorem fore summi pontificis ac sancte Romane ecclesie in omnibus necessitatibus ac utilitatibus suis, custodiendo et conservando possessiones, honores et iura eius, quantum divino fultus adiutorio possum, secundum scire ac posse meum, recta ac pura fide, sic me deus adiuvet et haec sancta.

Deinde summus pontifex cum ordinibus suis ad altare procedit et facta ibi oratione ad sedem ascendit, Rege cum suis et tribus episcopis, videlicet Ostiensi,, Portuensi, Albanensi, in ecclesia sancte Marie in turribus remanente. Ubi a canonicis sancti Petri receptus in fratrem imperialibus induitur insignibus, dato ipsius pallio domini pape camerario. Qui praecedentibus illis canonicis et cantantibus: Petre amas me?, cum ad hostium principis apostolorum pervenerit, quae porta argentea nuncupatur, deducentibus eum hincinde Comite Lateranensis palacii et primicerio iudicum Romanorum, Albanensis episcopus ante portam argenteam hanc super eum benedictionem infundat:

Deus in cuius manu corda sunt regum, inclina ad preces

[1]) i. e. areae.

humilitatis nostre aures misericordie tue, et imperatori nostro famulo tuo N. regimen tue appone sapientie, ut haustis de tuo fonte consiliis et tibi placeat et super omnia regna precellat. Per dominum nostrum Jesum Christum filium tuum etc.

Cum autem intra ecclesiam in medio rote pervenerint, Portuensis episcopus hanc orationem decantet:

Deus huius venerabilis auctor mundi, conditor generis humani, gubernator imperii, confirmator regni, qui ex utero fidelis amici tui patriarche nostri Abrahe praeelegisti regem seculis futurum, tu praesentem regem hunc cum exercitu suo per intercessionem omnium sanctorum uberi benedictione locupleta, et in solium regni firma stabilitate connecte. Visita eum sicut Moysen in rubo, Ihesum Navem in praelio, Gedeon in agro, Samuelem in templo, et illa eum benedictione sanctifica ac sapientie tue rore perfunde, quam beatus David in psalterio, Salomon filius eius te remunerante recepit e celo. Sis ei contra acies inimicorum lorica, in adversis galea, in prosperis patientia, in protectione clipeus sempiternus, et praesta, ut gentes sue teneant fidem, proceres sui habeant pacem, diligant caritatem, abstineant se a cupiditate, loquantur iusticiam, custodiant veritatem, et ita populus ille pullulet celitus[1]) benedictione eternitatis, ut semper maneant tripudiantes in pace victores. Per dominum nostrum etc.

Qui cum ad confessionem beati Petri pervenerit coronandus, se prosternat pronus in terram, et prior dyaconorum super eum faciat letaniam; qua finita episcopus Hostiensis dicat;[2]) Pater noster. Et ne nos. Salvum fac servum tuum. Esto ei turris fortitudinis. Nichil proficiat inimicus in eo. Domine exaudi orationem meam. Dominus vobiscum. Oremus. Pretende domine famulo tuo dexteram celestis auxilii etc. Item. Actiones nostras quaesumus domine aspirando praeveni etc.

Post hoc procedant ad altare Mauricii, ubi Hostiensis episcopus ungat ei de oleo exorzizato brachium dextrum et inter scapulas, dicens hanc orationem:

Domine deus omnipotens, cuius est omnis potestas et dignitas, te suplici devotione atque humillima prece deposcimus, ut huic famulo tuo concedas prosperum imperatorie dignitatis effectum, ut in tua dispositione constituto ad regendam sanctam ecclesiam tuam nichil ei praesentia officiant, futuraque non obsistant, sed inspirante sancti spiritus tui dono populum sibi subditum equo iusticie libramine regere valeat, et in omnibus

---

[1]) i. e. coalitus.

[2]) Ordo 14 hat hier: Qua finita, episcopus Ostiensis annunciet; priorque presbyterorum dicat; Ordo 13: Qua finita prior presbyterorum dicat; ebenso der offizielle Ordo 17 und der Ordo des Cod. Vat. 4748.

operibus suis te semper tuente securus maneat, tibique iugiter placere contendat. Per dominum.

Item alia oratio:

Deus dei filius Jhesus Christus dominus noster, qui a patre oleo exultationis unctus est prae participibus suis, ipse per praesentem sacri ungiminis infusionem spiritus paraliti super caput tuum infundat benedictionem, eandemque usque ad interiora cordis tui penetrare faciat, quatinus hoc visibili et tractabili dono invisibilia percipere et temporali regno iustis miserationibus executo eternaliter ei conregnare merearis, qui solus sine peccato rex regum vivit et gloriatur cum deo patre in unitate spiritus sancti deus per infinita saecula saeculorum. Amen.

Hiis itaque peractis ascendat rex ad altare beati Petri, ubi summus pontifex facta confessione recipit eum ad osculum sicut unum ex dyaconibus; tunc procedat ad pulpitum vel ambonem, ubi thalamus constructus de lignis et ornatus de palliis debet ei esse paratus. Ubi cum suis archiepiscopis et episcopis, principibus et magnatibus secundum capacitatem loci consistat; primicerius autem et scola cantorum in choro ante altare decantent introitum et post Kyrieleison et ymnum angelicum decantatum summus pontifex dicit orationem quae competit illi diei; postea dicit orationem de imperatore:

Deus regnorum omnium et christiani maxime protector imperii, da servo tuo N. imperatori nostro triumphum virtutis tue secuturum excolere, ut qui tua constitutione est princeps, tuo semper munere sit potens. Per dominum.

Secreta. Suscipe domine preces et hostias ecclesie tue pro famulo tuo supplicantis, et in protectione fidelium populorum antiqua brachii tui operare miracula, ut superatis pacis inimicis secura tibi serviat christiana libertas. Per dominum.

Post communionem. Deus qui ad praedicandum eterni regni ewangelium romanum inperium praeparasti, praetende famulo tuo imperatori nostro arma celestia, ut pax ecclesiarum nulla turbetur tempestate bellorum. Per.

Cumque lecta fuerit epistula et graduale cantatum, inperator ascendat processionaliter ad altare, ubi summus pontifex imponit ei mitram clericalem in capite, et super mitram inperatorium dyadema dicens:

Accipe signum glorie, dyadema regni, in nomine patris et filii et spiritus sancti, ut spreto antiquo hoste spretisque contagiis viciorum omnium sic iusticiam, misericordiam et iudicium diligas, ut ita iuste, misericorditer et pie vivas, ut ab ipso domino nostro

Jhesu Christo in consorcio sanctorum eterni regni coronam percipias. Qui cum deo patre.

Deinde sceptrum et pomum aureum tradit ei.

Sed sciendum, quod facta conmonitione[1]) cum impositione dyadematis dicere potest papa has orationes, si voluerit:

Prospice quaesumus, omnipotens deus, serenis obtutibus hunc gloriosum famulum tuum N. et sicut benedixisti Abraham, Isaac et Jacob, sic ei largiaris benedictiones spiritualis gratie eumque plenitudine tue potentie irrigare atque perfundere digneris et tribuas ei de rore celi, et de pinguetudine terre habundantiam frumenti, vini et olei et omnium frugum opulentiam, et ex largitate divini muneris longeva tempora, ut illo regnante sit sanitas corporis in patria, sit pax inviolata in regno, et dignitas gloriosa regalis palacii maximo splendore regie potestatis oculis omnium fulgeat, luce clarissima coruscare atque splendescere quasi splendidissimi fulgoris maximo perfusa lumine videatur. Tribue ei, omnipotens deus, ut sit fortissimus protector patrie et consolator ecclesiarum, atque cenobiorum sanctorum maxima pietate regalis munificentie, atque ut sit fortissimus regum, triumphator hostium, ad opprimendas rebelles et paganas nationes. Sitque suis inimicis satis terribilis maxime fortitudine regalis potentie, optimatibus quoque atque proceribus ac fidelibus sui regni sit munificus, amabilis et pius, et ab omnibus timeatur atque diligatur, et post gloriosa tempora atque felicia huius vite gaudia in perpetua beatitudine habitare mereatur. Per.

Benedictio eius:

Benedic, quaesumus, domine hunc principem nostrum N., quem ad salutem populis nobis a te credimus esse concessum; fac annis esse multiplicem, salubri corporis robore vigentem, ad senectutem optatam pervenire felicem; sit nobis fiducia optinere gratiam populo, quam Aaron in tabernaculo, Helyseus in fluvio, Ezechias in lecto, Zacharias vetulus impetravit in templo. Sit nobis regendi auctoritas, qualem Josue suscepit in castris, Gedeon sumpsit in praeliis, Petrus accepit in clave, Paulus est usus in dogmate, et ita pastorum cura tuum proficiat in ovile, sicut Isaac profecit in fruge, et Jacob est dilatatus in grege. Quod ipse praestare dignetur.

Deus pater eterne glorie sit adiutor tuus et protector, et omnipotens benedicat tibi, preces tuas in cunctis exaudiat, et vitam tuam longitudine dierum adimpleat, tronum regni tui fideliter firmet et gentem populumque tuum in eternum conservet, inimicos

---

[1]) Rectius coronatione; cf. pag. 23 N. 2 und pag. 27 N. 2.

tuos confusione induat, et super te sanctificatio Christi floreat, ut qui tibi tribuit in terris imperium, ipse in celis conferat praemium. Qui vivit et regnat.

Interposita ergo cantilena coram altari beati Petri praesentatur domino pape in supereminenti specula residenti. Is itaque tunc ad ipsum altare ascendit, et gladium vaginatum de altari sumit, et ei tradit curam intelligens[1]) imperii tocius in gladio sic dicens:

Accipe gladium desuper corpus beati Petri sumptum, per nostras manus licet indignas, vice tamen et auctoritate sanctorum apostolorum consecratas imperialiter tibi concessum, nostreque benedictionis officio in defensionem sancte dei ecclesie divinitus ordinatum ad vindictam maleficorum, laudem vero bonorum, et memor de quo psalmista prophetavit dicens: Accingere gladio tuo super esto femur tuum potentissime: ut in hoc per eundem vim equitatis exerceas, molem iniquitatis potenter destruas, et sanctam dei ecclesiam eiusque fideles propugnes ac protegas, nec minus sub fide falsos, quam Christiani nominis hostes execres ac disperdas, viduas ac pupillos clementer adiuves ac defendas, desolata restaures, restaurata conserves, ulciscaris iniusta, confirmes bene disposita, quatinus in hoc agendo virtutum triumpho gloriosus iusticieque cultor egregius cum mundi salvatore, cuius tipum geris in nomine, sine fine regnare merearis. Qui cum deo patre vivit et regnat.

Hiis expletis accingit eum ense, iterum ita dicens: Accingere gladio tuo super femur tuum potentissime, et attende, quia sancti non in gladio, sed per fidem vicerunt regna.

Sciendum quod in aliquibus libris primo datur gladius et postea dyadema.

Mox autem ubi coronatus accinctus ense fuerit, eximit illum de vagina viriliterque illum ter vibrat, et vagine continuo recommendat; et statim procidens osculatur pedes pape. Quibus gloriosissime gestis papa redit ad eminentiam specule tribunalis, et imperator ad faldastorium scandit ei in amplo gradu sub apostolici dextera praeparatum. Qui coronatus incedens pomum aureum in dextera manu portat, et in sinistra sceptrum, et sic ad talamum redit. Ipso autem ibi cum suis principibus consistente, prior subdyaconorum cum subdyaconis Romane curie et capellanis aule imperialis ad pectorale dextrum ante crucifixum argenteum laudem imperatori alta voce decantet hoc modo: Exaudi Christe. Scriniarii vero urbis sericis cappis induti, ante pectorale consistentes in choro, respondeant: Domino N. invictissimo Romanorum imperatori et semper augusto salus et victoria. Qua laude tertio

---

[1]) Ergänzt aus Ordo 13.

repetita, prior dyaconorum[1]) cum suis ter dicat: Salvator mundi, et scriniarii vicissim respondeant: Tu illum adiuva. Deinde ille cum suis bis dicat: Sancta Maria, et illi vicissim respondeant: Tu illum adiuva, et sic deinceps: Sancte Michahel; sancte Gabriel; sancte Raphahel; sancte Petre; sancte Paule; s. Andrea; s. Stephane; s. Laurenti; s. Vincenti; s. Silvester; s. Leo; s. Gregori; s. Benedicte; s. Blasi; s. Agnes; s. Cecilia; s. Lucia. Quibus finitis isti bis dicant: Kyrie eleison, ac deinde similiter omnes Kyrie eleison.

Post haec ewangelio decantato Imperator corona et manto depositis, accedit ad summum pontificem et offerat ad pedes eius aurum quantum sibi placuerit, ipsoque pontifice descendente pro perficiendis missarum sollempniis ad altare, Imperator more subdyaconi offerat calicem et ampullam, et stet ibi, donec pontifex ad sedem reversus communicet, et sacram communionem de manu eius recipiat cum osculo pacis, et sic ad talamum rediens in ambonem, resumat mantum pariter et coronam.

Missa finita pontificalem benedictionem reverenter accipiat, et statim procedat ad locum, ubi debet summus pontifex equitare, ut cum ipse pontifex equum ascenderit, teneat stapedium selle eius, et arrepto freno eum aliquantulum adextret, moxque suum equum ascendens procedat iuxta summum pontificem usque ad ecclesiam sancte Marie in Transpadina, ubi dato sibi osculo, ab invicem non corde, sed corpore separetur.

Si vero Regina fuerit coronanda, debet super lectorium ex adverso talamus praeparari, ubi cum duabis ad minus puellis et aliquibus principibus imperii, tam ecclesiasticis quam mundanis, resideat.

Quando autem regina ecclesiam ingreditur, sic oratur:

Omnipotens sempiterne deus, fons et origo tocius bonitatis, qui feminei sexus fragilitatem nequaquam reprobando avertis, sed dignanter comprobando pocius eligis, et qui infirma mundi eligendo forcia quoque confundere decrevisti, quique etiam glorie virtutisque tue triumphum in manu Judith femine olim Judaice plebi de hoste sevissimo resignare voluisti, respice quaesumus ad preces humilitatis nostre, et super hanc famulam tuam N., quam supplici devotione in Inperatricem eligimus, benedictionum tuarum dona multiplica, eamque dextera tue potentie semper et ubique circumda, ut umbone tui muniminis undique firmiter protecta, visibilis seu invisibilis hostis nequitiam triumphaliter expugnare valeat, et una cum Sara atque Rebecca, Lya atque Rachel beatis reverendisque feminis, fructu uteri sui fecundari seu gratulari mereatur, ad decorem tocius imperii, statumque sancte

---

[1]) Rectius subdyaconorum.

dei ecclesie regendum necnon protegendum, per Christum dominum nostrum qui ex intemerate beate Marie virginis alvo nasci, visitare ac renovare dignatus est hunc mundum, qui tecum vivit et gloriatur in unitate spiritus sancti deus per immortalia saecula saeculorum. Amen.

Post coronationem imperatoris deducatur ad altare ante summum pontificem amicta regalibus indumentis et ipse det super eam hanc benedictionem, dicens:

Deus, qui solus habes immortalitatem, lucem habitas inaccessibilem, cuius providentia in sui dispositione non fallitur, qui fecisti quae futura sunt, et vocas ea quae non sunt, tamquam ea quae sunt, qui superbos equo moderamine de principatu deicis, atque humiles dignanter in sublime provehis, ineffabilem misericordiam tuam supplices exoramus, ut sicut Hester Reginam Israelitice causa salutis de captivitate solutam ad regis Assueri thalamum regnique sui consorcium transire fecisti, ita hanc famulam tuam N. humilitatis nostre benedictione, gratia salutis Christiane plebis, ad dignam sublimemque imperatoris nostri copulam et imperii sui principium misericorditer transire concedas, ut imperialis federe coniugii semper permanens pudica, proximam virginitati palmam continere queat, tibique domino deo vivo et vero in omnibus et super omnia iugiter placere desideret, et te inspirante, quae tibi placita sunt, toto corde perficiat, per dominum.

Cum eam sacri olei unctione perfundit, dicat:

Spiritus sancti gratia nostre humilitatis officio in te copiosa descendat, ut sicut manibus nostris licet indignis oleo materiali oblita pinguescis exterius, ita eius invisibili ungimine delibuta impinguari merearis interius, eiusque spiritali unctione perfectissime semper inbuta, et illicita declinare tota mente et spernere discas et valeas, et utilia anime tue cogitare iugiter, obtare atque operari queas, et opereris auxiliante domino nostro Christo, qui cum patre et spiritu sancto.

Deinde summus pontifex ei mitram imponit ita quod cornua mitre sint a dextris et a sinistris, et super mitram coronam imponat dicendo:

Officio nostre indignitatis in Imperatricem sollempniter benedicta, accipe coronam Romanam imperialis excellentie, quae licet ab indignis, episcopalibus tamen manibus capiti tuo imponitur, unde exterius auro et gemmis redimita enites, ita et interius auro sapientie virtutumque gemmis decorari contendas, quatinus post occasum huius saeculi cum prudentibus virginibus sponso perenni domino nostro Ihesu Christo digne et laudabiliter occurrens, Regina celestis aule merearis ingredi ianuam, auxiliante eodem domino nostro Ihesu Christo, qui cum deo patre et spiritu sancto vivit et regnat per infinita saecula saeculorum. Amen.

Coronata vero regina reducatur ad thalamum, et post ewangelium ducatur ad oblationem summo pontifici faciendam, stetque in gradibus iuxta absidem versus altare sancti Leonis, donec de manu ipsius post imperatorem sacram communionem accipiat et tunc ad thalamum reducta permaneat usque ad finem misse.

Consuevit autem Imperator larga munera omnibus ordinibus exhibere, videlicet episcopis, presbiteris, dyaconis Cardinalibus, primicerio, cantoribus, subdiaconis, basilicariis, regionariis et universitati cleri Romani, capellanis et ceteris officialibus et ministerialibus curie, praefecto urbis, senatoribus, judicibus, advocatis, scriniariis ac praefectis navalium.

Consuevit etiam Rex, quando descendit de monte Gaudii et venit ad ponticellum, praestare hoc iuramentum Romanis:

Ego N. Rex, futurus Imperator, iuro me servaturum Romanis bonas consuetudines. Sic me deus adiuvet et haec sancta.

V.

Ordo der Kaiserkrönung secundum occidentales in dem S. 124 angeführten Bamberger Codex fol. 28[1] bis fol. 31. Er stimmt im wesentlichen mit der von Waitz S. 64 ff. gegebenen Formel überein, weshalb ich nur das allgemeine Gefüge des Ordo mitteile:

Item benedictio ad ordinandum imperatorem secundum occidentales.

Exaudi domine — custodiat. Per.

Consecratio.

Prospice omnipotens deus — habitare mereatur. Per dominum.

Et mittat pontifex coronam auream super caput eius his verbis:

Accipe coronam — derelinquas. Per.

Sequitur oratio.

Deus pater aeterne gloriae — conferat premium. Qui vivit.

Missa pro imperatore.

Deus regnorum omnium — sit potens. Per.

Secreta.

Suscipe domine — christiana libertas. Per.

Benedictio episcopalis.

Deus qui congregatis — triumphis. Amen.

Benedic domine — in templo. Amen.

Sit nobis regendi — in grege. Amen. Quod ipse praestare.

Ad communionem.

Deus qui ad predicandum — bellorum. Per.

Derselbe Codex enthält

fol. 17 bis fol. 27 einen Ordo der Königskrönung, welcher, wie eine nähere Vergleichung zeigte, fast wörtlich übereinstimmt mit der allgemeinen (römischen) Formel der Königskrönung, die Waitz S. 70 ff. aus den Handschriften von Aachen-Berlin und Ivrea veröffentlicht hat. Ich habe deswegen auf einen Auszug verzichtet.

Ferner

fol. 32 bis fol. 34[1] einen Ordo für die Krönung der Königin. Derselbe stimmt mit dem allgemein verbreiteten im wesentlichen überein. Ich teile deshalb wieder nur das allgemeine Gefüge mit:

Benedictio regine in ingressu ecclesie.

Omnipotens sempiterne deus, fons et origo — per inmortalia secula seculorum. Amen.

Item benedictio eiusdem ante altare.

Deus qui solus habes inmortalitatem — toto corde perficiat. Per.

In sacri olei nnctione.

Spiritus sancti gratia humilitatis nostre officio — auxiliante domino nostro Iesu Christo qui cum deo patre et eodem spiritu sancto vivit et regnat deus in secula seculorum. Amen.

Ad corone impositionem.

Officio indignitatis nostre — per infinita secula seculorum. Amen.

VI.

Dem in Cod. C. 33 der Kantonsbibliothek in Zürich enthaltenen Ordo der Kaiserkrönung ist auf Fol. 161a die Formel eines Juramentums und eines Privilegiums angefügt. Derselbe Lutold von Reginsberg, der den Ordo bei seinem Aufenthalte in Rom kopierte, hat auch diese zwei Formeln im Lateran aus dem Buche eines Notars abgeschrieben. So lautet eine Nachricht, die am Eingange der beiden Stücke steht: Formam iuramenti, quod praestabit rex Romanorum domino papae, scripsit frater Lutoldus Laterani de libro cuiusdam notarii cum forma privilegii, quod idem concedet eidem. Dem Inhalte nach decken sich beide Urkunden mit den Neusser und Speyrer Verbriefungen Ottos IV. und den ähnlichen Versprechungen von dessen Nachfolgern (cf. oben S. 119 ff). Was die Form derselben anbelangt, so sind in beiden die Namen des Papstes, des Königs und der Zeugen nur durch N. oder durch . . angedeutet.

Wie eine genaue Vergleichung zeigte, stimmt die Form des juramentum wörtlich mit dem von Rudolf von Habsburg am 20. Oktober 1275 zu Lausanne geleisteten Eide (L. L. II, 403) überein, nur sind in letzterem die in ersterem durch N. bezeichneten Stellen durch die Namen des Königs, des Papstes und der Zeugen ausgefüllt. Insbesondere finden sich im Eide Rudolfs übereinstimmend mit der Form des Eides in der Züricher Handschrift in Beziehung auf den Papst immer die Ausdrücke vos, vester etc., während in den Formen des Eides vor Rudolf ausnahmslos der Papst mit tu etc. angeredet wird (cf. die Eidesformeln LL. II, 205, 232, 365). Ebenso wird nur im Eide Rudolfs der Papst »divina providentia papa« genannt, in den Formeln vorher heisst es einfach »papa« allein. Es liegt so die Annahme nahe, dass wir es hier mit einem Entwurfe zu dem von Rudolf thatsächlich zu Lausanne geleisteten Eide zu thun haben; wo dieser Entwurf concipiert wurde, geht aus der angeführten Bemerkung Lutolds, dass er die Eidesformel im Lateran aus dem Buche eines Kardinals abgeschrieben habe, hervor. Dadurch wird die Vermutung Fickers (Forschungen zur Reichs- und Rechtsgeschichte Italiens II, 391), dass die Neusser Urkunde Otto's IV. wohl schon dem Wortlaute nach zu Rom aufgesetzt und dem Könige einfach zur Genehmigung vorgelegt wurde, bestätigt und dahin erweitert, dass auch bei den Nachfolgern Ottos Aehnliches geschah.

Die Form des von Lutold kopierten Privilegiums stimmt mit dem Speyrer Privilegium Ottos IV. vom 22. März 1209 so ziemlich Wort für Wort überein, weshalb die angeführte Vermutung Fickers auch auf dieses ausgedehnt werden muss.[1])

Im folgenden sei der gewiss nicht uninteressante Wortlaut des Juramentums sowohl als des Privilegiums, von welchen mir Herr Dr. Ludwig Sutter in Luzern eine Abschrift gütigst übersandt hat, angefügt:

Est autem huius forma iuramenti talis: In nomine sancte et individue Trinitatis. Ego N. dei gratia Romanorum rex semper augustus, vobis domino meo sanctissimo et patri karissimo divina providentia pape N., vestrisque successoribus, praesentibus subscriptis principibus et nobilibus imperii n. n. n., spondeo, polliceor et promitto et iuro, quod omnes possessiones, honores et iura Romane ecclesie pro posse meo bona fide protegam et servabo; possessiones autem quas ecclesia Romana recuperavit, liberas et quietas sibi dimittam, et ipsam ad eas retinendas bona fide iuvabo. Quas autem nondum recuperavit, adiutor ero ad recuperandum et recuperatarum secundum posse meum sine fraude ero defensor, et quaecumque ad manus meas devenerint sine difficultate restituere procurabo. Ad has pertinent tota terra que est a Radicofano usque Ceperanum, Exarchatus Ravenne, Pentapolis, Marchia Anconitanensis, ducatus Spoletanus, terra comitisse Mechtildis, Comitatus Vritonorii, dum adiacentibus terris expressis in multis privilegiis imperatorum a tempore Ludovici. Has omnes

1) Ueber die Ansicht des Prof. Dr. Grauert vgl. oben S. 122 N. 3.

pro posse meo restituam et quiete dimittam, cum omni iurisdictione, honore et districtu suo. Verumtamen cum ad recipiendum coronam imperii vel pro necessitatibus ecclesie ab apostolica sede vocatus accessero de mandato summi pontificis, accipiam procurationem ab eis. Adiutor etiam ero ad retinendum et defendendum ecclesie Romane regnum Sicylie. Vobis etiam domino meo pape et successoribus vestris omnem obedientiam et honorificentiam exhibebo, quam devoti et cattolici imperatores consueverint sedi apostolice exhibere. Et si propter negocium meum ecclesiam Romanam oportuerit intrare guerram, subveniam ei sicut necessitas postulaverit in expensis. Omnia vero praedicta tam iuramento quam scripto firmabo, cum imperii fuero coronam adeptus.

Tenor privilegii, quod debet dare rex Romanorum ecclesie Romane.

In nomine sancte et individue Trinitatis. Nos . . divina favente clementia Romanorum rex semper augustus. — Recognoscentes ab eo nostre promotionis donum misericorditer processisse, a quo est omne datum optimum et omne donum profectum, ipsum eiusque vicarium et sponsam eius, sanctam ecclesiam, disposuimus et decrevimus magnifice honorare, ut qui nobis in praesenti imperiale contulit regnum, in futuro quoque tribuat sempiternum. Proinde vos, reverentissime pater et domine summe pontifex N. papa, pro multis beneficiis nobis impensis sincerissimo veneramur affectu; vobis etiam vestrisque successoribus catholicis et ecclesie Romane omnem obedientiam, honorificentiam et reverentiam semper humili corde et devoto spiritu impendemus, quam praedecessores nostri reges et imperatores catholici vestris antecessoribus impendisse noscuntur; nichil ex hiis volentes diminui, sed magis angeri, ut nostra devotio clarius elucescat. Illum igitur abolere volentes abusum, quem interdum quidam praedecessorum nostrorum exercuise dicuntur in electionibus praelatorum, concedimus et sanccimus, ut electiones praelatorum libere ac canonice fiant, quatinus ille praeficiatur ecclesie viduate quem totum capitulum vel maior et sanior pars ipsius duxerit eligendus (sic! statt eligendum), dum modo nichil ei obstet de canonicis institutis. Appellationes autem in negociis et causis ecclesiasticis ad apostolicam sedem libere fiant, earumque prosecutionem sive processum nullus impedire praesumat. Illum quoque dimittimus et refutamus abusum, quem in occupandis bonis decedentium praelatorum aut etiam ecclesiarum vacantium nostri antecessores consueverint committere pro motu proprie voluntatis.

Omnia vero spiritualia vobis et aliis ecclesiarum praelatis relinquimus libere disponenda, ut quae sunt cesari, cesari, et quae sunt deo, deo recta distributione reddantur. Super eradicando autem heretice pravitatis errore auxilium dabimus et operam efficacem. Possesiones autem, quas ecclesia Romana recuperavit, ab antecessoribus nostris seu quibuslibet aliis ante detentas, liberas et quietas sibi dimittemus, et ipsam ad eas retinendas bona fide promittimus adiuvare. Quas vero nondum recuperavit, ad recuperandum pro viribus erimus adiutores; et quaecumque ad manus nostras devenient, sine difficultate restituere satagemus. Ad has pertinet tota terra quae est a Radicofano usque Ceperanum, Marchia Anconitana, Ducatus Spoletanus, Terra comitisse Mechtildis, comitatus Vritonorii, Exarchatus Ravenne, Pentapolis, cum aliis adiacentibus terris expressis in multis privilegiis imperatorum et regum a tempore Ludovici, ut eas habeat Romana ecclesia in perpetuum, cum omni iurisdiccione, districtu et honore suo. Verumtamen cum ad recipiendum coronam imperii vel pro necessitatibus ecclesie ab apostolica sede vocati venerimus, de mandato summi pontificis recipiemus procurationes sive fodrum ab eis. Adiutores etiam erimus ad retinendum et defendendum ecclesie Romane regnum Sicylie ac cetera iura quae ad eam pertinere noscuntur, tamquam devotus et catholicus princeps. Ut autem haec omnia memorato sanctissimo patri nostro N. sacrosancte Romane ecclesie summo pontifici eiusque successoribus per nos et nostros successores Romanos Imperatores et reges observentur, firmaque et inconcussa semper permaneant, praesens exinde privilegium conscriptum maiestatis nostre aurea bulla iussimus communiri. Testes autem etc. Datum etc. —

VII.

Herr Dr. Adalbert Ebner fand den Ritus der Kaiserkrönung noch in ff. Handschriften (Brief vom 27. Januar 1892 an Professor Dr. Grauert):

Monte Cass. NN 243 saec. X. ex.
Lucca, Capit. 607 saec. X. ex.
Vat. lat. 5791 saec. XIII/XIV.
Casanat. (Rom.) 614 saec. XI/XII.

Der hochw. P. von Nostitz in Feldkirch teilte mir mit, dass die Handschriften des britischen Museums Additional 17004 und 17005 Ordines enthalten, die mit Waitz, Beilage I, ziemlich übereinstimmen.

Der hochw. P. S. Bäumer O. S. B. machte mich darauf aufmerksam, dass laut Heinemann, die Handschriften der Bibl. zu

Wolfenbüttel I, S. 375/376 der Codex 530 (Helmstadiens. 493) saec. XI. auf fol. 202[1] einen Ordo ad benedicendum regem enthält.

Einen Ordo der Kaiserkrönung enthält auch laut mündlicher Mitteilung desselben hochw. Paters an Prof. Dr. Grauert ein Bamberger Codex saec. X. mit der Signatur »Ed. I.« In der Beschreibung der öffentlichen Bibliothek zu Bamberg von H. J. Jaeck habe ich den Codex nicht gefunden.

Der hochw. Herr Dr. A. Schröder, bischöflicher Archivar in Augsburg, teilte mir auf meine Anfrage gütigst mit, dass in einer Handschrift des bischöflichen Archives, signiert n. 21, 4⁰, Pontificale s. X. ex. vel XI. in. auf f. 23[1]—25[1] und nach Unterbrechung durch eine beim Binden unrichtig eingeschaltete Lage von 16 Blättern f. 42—46, ein ordo ad benedicendum regem enthalten sei. In derselben Handschrift findet sich fol. 46—47[1] ein ordo Romanus ad benedicendum imperatorem, der, wie ich aus den von Herrn Dr. Schröder gemachten Bemerkungen schliessen zu dürfen glaube, mit den oben S. 15 N. 2 aufgeführten kurzen Ordines übereinstimmt (Brief vom 27. Dez. 1893).

Ich kann hier nicht umhin, mein tiefes Bedauern darüber auszudrücken, dass es mir infolge der Verhältnisse nicht möglich war, dieses für meine Arbeit so wichtige, reiche Material zu heben und zu verwerten.

VIII.

Zusammenstellung der Ordines der Kaiserkrönung bei J. Schwarzer in Forsch. zur Deutschen Gesch. Bd. 22 (1882) S. 161—166.[1])

1. Benedictio ad ordinandum imperatorem secundum occidentales, aus einem Codex Gemundensis abgedruckt bei Martène de antiquis ecclesiae ritibus III, 165 ff. und daraus bei Pertz L. L. II, 78.

Gemund. — Waitz C. (II).

2. Ordo Romanus ad benedicendum imperatorem aus einer HS. des Kölner Domkapitels Nr. 141 bei Waitz, Formeln S. 67.

Köln. — Waitz B. (III).

3. Ordinatio imperatoris aus einem Bamberger Codex des 11. Jahrhunderts.

Bamb. a. b. — Waitz A. 4.

4. Romanus ordo ad benedicendum imperatorem, quando coronam accipit, aus einem liber benedictionum saec. XI. in der Ministerialbibliothek zu Schaffhausen cod. 94 fol. 39 b.

Schaffh. a, b.

[1]) Mehrere Handschriften enthalten zwei Ordines; Schwarzer bezeichnet dieselben durch a und b.

5. Ordo Romanus ad benedicendum imperatorem, quando coronam accipit, aus einem dem Bamberger Codex verwandten abgedruckt bei Hittorp in der Ausgabe des Ordo Romanus, Köln 1568, wiederholt in der Bibl. maxima patrum vol. XIII.
Hitt. a, b. Waitz A. 5.

6. Ordo Romanus ad benedicendum imperatorem quando coronam accipit aus einer Pariser HS. des beg. 12. Jahrh.
Paris a, b. Waitz A. 2.

7. Ordo Romanus ad benedicendum imperatorem quando coronam accipit aus einer Münchener HS. des 12. Jahrh.
München a, b. Waitz A. 3.

8. Ordo Romanus ad benedicendum quando imperator coronam accipit aus einem Aachener Chartular des 12. Jahrh., die Formeln aber sind von jüngerer Hand des beg. 16. Jahrh. hinzugefügt.
Aachen a, b. Waitz B. 2.

9. Ordo Rom. ad bened. imp. quando coronam accipit aus dem liber censuum des Albinus-Cencius aus dem Jahre 1192, zuerst gedruckt bei Raynald, Ann. eccl. ad a. 1209 Nr. 18; dann bei Mabillon, Museum Italicum II, 215; Muratori, Antiquit. Ital. I, 99; Cenni, Monumenta dominationis pontif. II, 256; Pertz, LL. II, 97; Watterich, Vitae pontif. II, 328.
Cenc. I. Waitz D.

10. Ordo Rom. ad bened. imp. quando coronam accipit a domino papa in basilica b. Petri apost. ad altare S. Mauritii aus derselben Sammlung des Cencius, abgedruckt zuerst bei Muratori, Antiqu. It. I, 101 (nach Waitz auch bei Martène II, 846 in der späteren Ausgabe); Cenni a. O. II, 261; Pertz LL. II, 187; Mai, Spicileg. Rom. VI, 288; Watterich a. O. II, 712.
Cenc. II.

11. Ordo Rom. ad bened. imp. quando coronam accipit aus einem Pontificale Constantinopolitanum des beginnenden 13. Jahrh. abgedruckt bei Martène a. O. III, 180; Pertz LL. II, 98; wahrscheinlich bald nach 1204 mit Errichtung des lateinischen Kaisertums in Constantinopel bei Einführung des lateinischen Ritus geschrieben.
Const. Waitz C.

12. Ordo qualiter rex Teutonicus Romam ad suscipiendam coronam imperii venire debeat ibique per manum Romani pontificis imperatorem coronari aus einem Pontificale eccles. Apamiensis in Syrien 1214 geschrieben, abgedruckt bei Martène III, 178; Pertz LL. II, 193.
Ap.

13. De coronatione imperatoris aus einem Rituale pontificale, ehemals dem Ritter Maffei gehörig, gedruckt bei Muratori,

Vetus Liturgia Romana II, 455. Die Handschrift gehört nach Schwarzer noch in das 12. oder spätestens in den Anfang des 13. Jahrh.

14. Ordo ad bened. imp. quando coronatur in dem ordinarium des Gajetanus, abgedruckt bei Mabillon, Mus. Ital. II, 397.

Gaj.

15. Ordo Romanus ad bened. imp. quando coronam accipit aus dem Dresdener Codex des Chronicon Altinate, gedruckt im Archivio storico Italiano App. V, 122.

Alt. a, b. Waitz A. 6.

16. Ordo ad bened. imp, quando coronam accipit aus einem Pontificale eccl. Arelatensis des 14. Jahrh. bei Martène II, 180.

Arel.

17. Der Ordo, welchen Clemens V. seinen Legaten für die Krönung Heinrichs VII. mitgab, aus dem römischen Archive zuerst ediert von Raynald, Annal. eccl. ad a. 1311 Nr. 7—18 und 1312 Nr. 39, dann von Würdtwein in den Subsidia Diplom. XI, 133; Dobner, Monum. hist. Boem. V, 300, und von Pertz LL. II, 528, wo auch noch ein Cod. chart. sec. XIV. principis de Fitalia Panormi verglichen ist.

Vat. I.

Die übrigen von Schwarzer aufgeführten Ordines (18—21) stehen ausser dem Bereich unserer Abhandlung.

Inhalt.

Zeitfracht Medien GmbH
Ferdinand-Jühlke-Straße 7
99095 Erfurt, Deutschland
produktsicherheit@kolibri360.de